金苑文库·教育系列

高等职业教育可持续发展研究

周建松　著

ZHEJIANG UNIVERSITY PRESS
浙江大学出版社

图书在版编目（CIP）数据

高等职业教育可持续发展研究 / 周建松著．—杭州：浙江大学出版社，2013.6

ISBN 978-7-308-11354-0

Ⅰ.①高… Ⅱ.①周… Ⅲ.①高等职业教育－可持续性发展－研究－中国 Ⅳ.①G718.5

中国版本图书馆 CIP 数据核字（2013）第 072835 号

高等职业教育可持续发展研究

周建松 著

责任编辑 李玲如
封面设计 十木米
出版发行 浙江大学出版社
（杭州天目山路 148 号 邮政编码 310007）
（网址：http://www.zjupress.com）
排 版 杭州中大图文设计有限公司
印 刷 杭州杭新印务有限公司
开 本 710mm×1000mm 1/16
印 张 18.75
字 数 326 千
版 印 次 2013 年 6 月第 1 版 2013 年 6 月第 1 次印刷
书 号 ISBN 978-7-308-11354-0
定 价 46.00 元

目　录

绪论

面向 2020 年的高等职业教育

高等职业教育既是我国职业教育的有机组成部分，也是我国高等教育的重要类型，在推进社会主义现代化建设，推动我国建设人力资源强国的进程中具有不可或缺的重要作用。高等职业教育如何认真贯彻《国家中长期教育改革和发展规划纲要(2010—2020 年)》，不断深化教育教学改革，推动体制机制创新，着力在适度扩大规模的同时突出提高质量，在重视人才培养的同时突出社会服务，在推进和谐发展的同时创新体制机制，是今后一个阶段的重要任务。

一、发展形势

我国高等职业教育未来十年将处在一个迅猛发展的时代。全球化对高等职业教育的影响不仅体现在对人才培养规格的要求上，也带来了优质教育资源的全球流动。国际化人才的培养和优质教育资源的竞争是未来高等教育的重要特征。信息化对高等教育的意义已经远远超出了技术层面上的意义。技术更新以及工作岗位更迭速度的不断加快使职业资格越来越成为高等院校办学的重要目标，对学生的培养也将从培养首次就业能力实现向“从学校到生涯”(STC)的转变，面向可持续发展的高等职业教育理念将逐步走向历史舞台的中央。

从国内看，中国处在由传统社会向现代社会的转型期，城市化进程、第二产业的转型升级以及第三产业的迅速发展为高等职业教育提供了广阔的发展空间。人口结构的变化、老龄化社会的出现以及社会财富的增加为高等职业院校发展带来强大竞争压力，也赋予了以谋生为最初特征的职业教育多元化的内涵。人们对优质高等职业教育和个性化的在职培训需求将不断增加。我国高等职业教育发展在未来十年将进入一个新的机遇与挑战期。

就高等职业教育自身而言，目前，我国职业教育发展呈现出三大转变趋势：一是从规模发展转向内涵发展；二是从模式选择转向制度创新；三是从“供给导向”转向“需求导向”[①]。从高等职业教育发展看，高等职业教育在整体上已经进入深化内涵、提升质量的发展新阶段，进一步提高教育教学质量、强化办学特色，实现人才培养、科学研究和社会服务整体水平的全面提升，是未来各高职院校立于不败之地的关键。

二、需要完成四大任务

伴随着科教兴国战略的有效实施和我国全面建设小康社会工作的不断深入，党中央、国务院于2010年分别召开科技工作会议、人才工作会议和教育工作会议，并颁布《国家中长期人才发展规划纲要(2010—2020年)》、《国家中长期教育改革和发展规划纲要(2010—2012年)》，结合2006年下发的《国家中长期科学和技术发展规划纲要(2006—2020年)》，三个纲要相互贯通，旨在推动我国科技工作、教育工作和人才队伍建设全面迈向2020年。综观三个纲要，尤其是教育规划纲要的精神，结合高等职业教育所面临的形势及发展实际，笔者认为，面向2020年中国高等职业教育发展需要完成以下四大任务：

1.持续提高高等职业院校办学水平。近十年来，尤其是“国家示范性高等职业院校建设计划”启动以来，我国的高等职业教育虽有快速发展，许多高职院校的办学水平和教学质量得到明显改善，但由于我国高等职业教育在大多数人的观念里，在招生、财政投入等相关政策的制定和执行过程中，同普通高等教育相比，仍然是“二流教育”，加上许多高等职业院校建校时间短、底子薄等历史原因，以及区域间及区域内部高等职业教育自身发展的不平衡性，高等职业教育在财政资金投入、管理及师资队伍建设、实习实训基地建设等方面依然处于劣势。在未来的十年，制定高等职业院校力、学标准，持续提升高职院校办学实力和水平，将是我国高等职业教育发展的一大战略性任务。

2.构建具有中国特色的高等职业教育体系框架。目前，我国已经取代日本成为世界第二大经济体，重工业是带动我国经济发展的重要动力，社会经济发展对专科层次的高职教育将有持续需求。但据专家预测，到2020年后，推动我国经济增长的动力将逐步转向现代服务业，就业岗位中传统意义上的白领数量将会明显增多，对一线人才需求的层次将持续提升，这是由经

① 唐林伟、马庆发：《中国社会转型期职业教育功能的嬗变》，《河北师范大学学报》2008年第9期。

济发展与产业结构调整对劳动者的需求特点决定的。到2020年前后，高职教育发展层次上移将成为一种趋势，专科、本科甚至研究生层次的高等职业教育将呈现出共同发展的态势。因此，要以专科层次高等职业教育为主，逐步建立“副学士(专科层次高等职业教育)—专业(职业)学士—专业(职业)硕士”的高职学历教育体系框架，建立学历证书教育与职业资格教育培训相融通的课程体系与培养体系。

3.探索具有中国特色的高等职业教育有效模式。有研究者指出，中国特色的高等职业教育是以高等学校学历教育框架为基础，是基于经济社会发展需要和中国国情的选择，中国特色的高等职业教育必须重视融入产业、行业、企业、职业和实践五大要素。[①] 通过近十年的改革，我国高等职业院校在探索校企合作人才培养模式方面取得了显著成就，为行业、企业培养了大批“一线人才”。但不可否认，目前相关校企合作的制度很多还停留在口头上和纸面上，甚至是处于理念表达阶段，工学结合管理平台的建设、“双师型”教师的培养等系统工程的完成还有一段很长路要走，高等职业教育要进一步提升人才培养质量，真正从传统学术教育“压缩饼干”的培养模式中走出来，克服传统教育教学模式的“路径依赖”，实现培养模式的转型，进一步探索具有中国特色的高等职业教育有效模式。

4.推进校企合作制度化建设。校企合作的深入推进已成为高职院校各项改革的着力点，而制度化建设将成为未来校企合作的关键。随着产业的升级、转型，企业将进一步认识到高等职业教育发展对自身的促进作用，认识到产学合作的重大意义。但另一方面，行业、企业参与校企合作积极性的发挥需要相关法律、法规的约束，也需要优惠政策的引导。同时，如何提高高等职业教育服务行业、企业发展能力，提升高等职业教育自身吸引力，在合作中如何保护校企双方合作的利益，都需要不断加强校企合作的制度建设，并在实践中不断完善和发展。

三、保障措施与路径选择

从现在起到2020年，是中国特色社会主义现代化建设全面推进的阶段，也是中国全面建成更高水平的惠及13亿人口的小康社会的重要时期，高等职业教育在建设人力资源强国，在全面小康社会和现代化建设中作用的发挥、任务的完成，需要一系列的保障措施，更需要合理的路径选择。

---

① 马树超、范唯:《中国特色高等职业教育再认识》,《中国高等教育》2008第13—14期。

1.坚持“大力发展”的政策导向。要逐步扩大高等职业教育招生规模，形成中、高职教育以及学历教育与在职培训协调发展的局面。到2020年，形成适应经济发展方式转变和产业结构调整要求，体现终身教育理念、中等和高等职业教育协调发展的现代职业教育体系，高职教育全日制在校生稳定在1000万人左右；要切实履行政府发展高等职业教育的职责，把职业教育纳入经济社会发展和产业发展规划，促使职业教育规模、专业设置与经济社会发展需求相适应；健全多渠道投入机制，加大职业教育投入，改变目前高职教育财政投入比例不足50%，高职生均学费高于生均财政拨款的现状；在政府主导下推动高等职业教育体制改革和机制创新，发挥政府在规划、引导和投入等方面的作用；要加快发展面向农村的高等职业教育不断优化高等职业教育的专业结构，把重点放在满足区域经济和社会发展的需要上，把重点放在服务“三农”上。

2.坚持提高质量的工作方针。要以提高质量为核心高等职业教育作为我国高等教育新的类型和重要组成部分，运行时间短，规模增加快，因而面临改革的建设任务特别重。从全国而言，总体上刚刚从规模扩张、粗放发展进入内涵建设和重视质量的阶段，许多学校在办学理念、师资队伍、教学条件等方面存在很大差距，提高质量，不仅是各级各类学校共同的任务，更是高等职业教育面向2020年的中心任务。坚持育人为本，德育为先，是高等学校培养人的基本导向。高等职业教育要把育人工作放在更加突出和重要的地位，提高质量的核心环节；要努力把社会主义核心价值观教育贯穿教育教学工作始终，着力培养信念执著、品德优良、知识丰富、本领过硬的高等应用型人才，重视学生职业道德教育和业务技能教育的有机统一；注重引入行业(企业)先进的文化进校园、进课堂、进头脑，推动大学文化与行业(企业)文化的有机融合；推动育人工作的深化。要推进办学模式改革高等职业教育要继续坚持服务为宗旨，就业为导向，走产学研结合发展道路的指导思想，充分发挥学校的主动性，善于整合资源，主动争取政府、行业和企业的支持，着力在构建学校与政府、行业和企业的合作办学、合作育人、合作就业、合作发展机制上下工夫；注意吸收和利用各种社会资源，为推进工学结合的人才培养模式改革服务，为完善学生的顶岗实力和就业机制建设创造更好条件。

3.坚持改革创新的建设重点。要树立高职教育先进理念，在新的发展阶段，深化改革、更新观念，建立充满活力的办学体制机制是重要任务。而这一目标的实现，必须建立在更新理念的基础上，培养和造就一大批“懂政治的教育行家、懂市场的内部管家和懂实务的理论专家”的优秀高职院校长，[①]是树立先进教育理念的关键所在。要推进办学体制机制创新，在坚持教育公益性原则的前提下，探索和健全政府主导、社会参与、主体多元、形式多样的办学模式和运行格局，既要在加强政府主导上下工夫，也要在增加财政投入上出实效，更要调动和扩大学校自主权，探索建立多方参与的学校董(理)事会议事决策制度，探索形成高职教育校企合作的紧密型机制要探索中外合作办学新模式。如何既能吸引优质教学资源培养人才，又能积极利用自身优势主动开展国际合作，是今后十年高职院校工作的重点。如何引入国际通用的职业资格标准和考核规范，培养国际化的高素质应用型技能人才，是体制改革创新的重点。

4.重视高职教育基础能力建设。加强高职教育项目建设实践证明，项目推动是促进各级主管部门和高职院校重视创新、重视基础、重视质量的重要途径和提高建设绩效的重要方法。今后十年，教育行政部门应在财政部门的支持下，继续实施示范建设项目，设立若干专项，支持高职教育把基础工作提高到一个新的水平。加强教师队伍建设要根据高等职业教育实践性、开放性、职业性特点，着力在专任教师的双师素质和专兼结合的教学团队建设上下工夫，学校要形成教师深入行业企业挂职锻炼机制，要充分利用校企合作有关政策，着力建设双师结构教学团队，把行业企业能工巧匠、业务骨干充实到教学队伍中加强实习实训基地。建设实习实训基地是改善办学条件、提高教学质量的重要前提。建设一大批理念相同、功能充分的校内外实习实训基地，创造条件实现“校内基地生产化，校外基地教学化”是今后几年的重要任务。

四、结论：推进高职教育持续发展

高等职业教育作为我国高等教育的新类型，应该在未来中国教育，尤其是高等教育发展中有新的作为，在中国特色的现代高等职业教育体系中发挥引领作用。

要重视高职教育文化建设。在规模扩张阶段基本结束、基建外延任务大致完成后，文化建设应该作为内涵建设的重点和可持续发展的基础工程。坚持大学文化(大学精神)为魂，行业文化(企业精神)为根，寻求两者有机结合的模式，推动高职教育的文化建设，意义十分重大。

---

① 周建松：《浅议现代高职院校长的管理理念与素养》，《中国高等教育》2010年第22期。

要探索高职教育体系构建。根据不同地位、不同行业、不同产业的实际情况，加强高等职业教育类型特征和人才规格研究，鼓励和允许一批先进制造业、现代服务业专业或办学水平相对较高的学校，积极探索四年制高等职业教育。

重视和加强高等职业教育理论研究和宣传。当前，要及时总结近年来高等职业教育改革发展的经验和做法，及时宣传其积极作用和贡献；同时，切实重视对高等职业教育的规律性研究，创建中国特色高等职业教育理论体系，以先进的理论成果指导中国高职教育发展。

第一章

质量提升:高职教育可持续发展的主题

第一节 《教育规划纲要》颁布以来我国高等职业教育的新变化

2010年召开的新世纪第一个全国教育工作会议,颁布了《国家中长期教育改革与发展规划纲要(2010—2020年)》,共同描绘了今后十年中国教育改革发展的宏伟蓝图,对各级各类教育提出了明确的目标和任务,由此引发了全国教育战线的新一轮改革浪潮。高等职业教育作为中国高等教育的重要类型与职业教育的较高层次,同样经历着发展变革的洗礼与挑战,呼唤着我国高等职业教育认清形势、借助大势,谋求新的发展,实现新的跨越。

一、高等职业教育发展政策的新变化

2010年以来,高等职业教育政策发生了非常重大的变化,使得今后十年高等职业教育的发展与改革有了新的看点,概括而言,主要包括:

1. 管理体制的变化。2011年初,教育部对内部司局职能进行了调整,高职高专处和继续教育处从高等教育司划入了职业教育与成人教育司管理,高职高专尤其是高等职业教育归口由高教序列调整至职业教育序列。与此相对应的是,全国省市一级教育主管部门除少部分调整了高职院校管理职能以外,大部分则处于观望或研究状态。一般认为,教育部调整高等职业教育管理体制是为了更好地顺应构建中国特色现代职业教育体系的需要,但实际结果是形成了中央和省(市)层面两种管理格局并存的局面。

2. 组织使命的变化。2011年8月,教育部《关于推进高等职业教育改革创新引领职业教育科学发展的若干意见》(教职成〔2011〕12号)发布,明确规定高等职业教育具有高等教育和职业教育双重属性,必须在职业教育体系中发挥引领作用,首次提出了高职教育的“引领命题”。至于如何引领,

现有的政策文件则语焉不详[①]。

3.运行模式的变化。2011年6月，教育部《关于充分发挥职业教育行业指导作用的意见》(教职成〔2011〕6号)发布，明确提出进一步提高对职业教育行业指导重要性的认识；依靠行业，充分发挥行业对职业教育的指导作用；突出重点，在行业的指导下全面推进教育教学改革。与此同时，2011年以来教育部几乎每个月都与行业(协会)组织一次对话沟通会，至今已举办20余次，大力营造职业教育与行业对接的舆论氛围，这与本世纪初推行的那次将大部分行业院校从行业剥离的教育体制改革形成了鲜明的对比[②]。

4.运行机制的变化。2011年8月，教育部《关于推进中等和高等职业教育协调发展的意见》(教职成〔2011〕9号)发布，围绕培养目标、专业设置、课程教材、教学过程、信息技术、招生考试、评价模式、师资队伍、产教合作、职教集团等十个方面对中高职协调发展勾勒了初步的政策框架，由此推动全国范围内的“3＋2”和“五年一贯制”职业教育模式再次升温[③]。

5.办学任务的变化。2011年9月，教育部、财政部《关于支持高等职业学校提升专业服务产业发展能力的通知》(教职成〔2011〕11号)发布，强调要以提升专业服务产业发展能力为出发点，整体提高高等职业学校(含高等专科学校)办学水平和人才培养质量，提高高等职业教育的能力，同时启动“支持高等职业学校提升专业服务能力”项目，面向全国近1000所公办高职院校组织申报，由此赋予了职业教育在培养社会主义现代化建设专门人才之外新的办学任务内涵，即服务国家经济发展方式转变和现代产业体系建设。

6.发展目标的变化。随着《国家中长期教育改革与发展规划纲要(2010—2020)》的颁布以及2011年教育部相关政策的出台，构建现代职业教育体系作为新十年职业教育的发展目标已经明确，其核心思想是建设形成适应经济发展方式转变和产业结构调整要求，体现终身教育理念，中等和高等职业教育协调发展的现代职业教育体系，满足人民群众接受职业教育的需求，满足经济社会对高素质劳动者和技能型人才的需要。可以说，体系建设任务十分宏大，发展规格亦已纳入国家规划层面。具体如何突破、如何构建，

① 周建松：《浅议现代高职院校长的管理理念与素养》，《中国高等教育》2010年第22期。

② 刘海波：《高等教育大众化与高等教育体制改革》，《高等教育研究》2003年第2期。

③ 刘辉：《中高职衔接的历史逻辑、现实困境及其超越》，《职业技术教育》2011年第31期。

仍有很大的政策推进和学理解读空间①。

二、高等职业教育发展变化的新趋势

高等职业教育政策的新变化引发了关于当前高等职业教育发展新趋势的相关讨论。对此,我们的基本判断是:

1. 强化高等职业教育的职教性。无论从高等职业院校划归职成教司管理,还是强调中高职协调发展,积极构建现代职业教育体系均已表明:建设相对独立的职业教育体系是我国今后职业教育发展和建设的重要内容。因此,强化职业导向,深化职业内涵,彰显类型特色是高等职业教育今后十年发展的基本立足点。为此,高职院校必须研究如何按职业教育规律办学,真正体现职业教育的人才培养特色。

2. 延升高等职业教育的高教性。高等职业教育具有职教性和高教性双重属性,是高等教育一种重要的新类型。随着经济转型升级,新技术不断推广应用,职业岗位所需的知识、技术含量要求越来越高,对员工的素质和文化知识要求水涨船高。因此,高等职业教育发展过程要在立足职教性的同时,意识到发展高教乃是改革发展之必然。如何使高等职业教育在产学研合作发展道路上加强"研"、"学",在以服务为宗旨、以就业为导向的工作过程中提高服务行业、企业和社会的能力,对此,教高 2012〔1〕文件也有充分体现,如何使得高职教育毕业生技高一筹将会是摆在高职院校面前的急迫问题。

3. 继续高等职业教育的发展性。经过十多年的发展,高等职业院校的院校数量已超过普通本科,在校生规模已接近普通本科,被誉为高等教育的半壁江山。但是,由于人口年龄结构的自然限制,我国的高中毕业生生源数量已呈现下降趋势,因此,有学者和媒体宣称"高校破产已不再是天方夜谭"②。对此,高职院校自身固然要居安思危、提高质量,但是重点于国家今后仍必须大力发展职业教育。教高〔2012〕4 号第 1 条就明确指出:公办普通学校本科招生规模相对稳定,高等教育规模增量主要用于发展高等职业

① 相关讨论参见范唯:《探索现代职业教育体系建设的基本路径》,《中国高教研究》,2011 年第 12 期;姜大源:《现代职业教育体系构建的理性追问》,《教育研究》,2011 年第 11 期;马树超:《构建现代职业教育体系的若干政策思考》,《教育发展研究》,2011 第 21 期。

② 相关讨论参见范唯:《探索现代职业教育体系建设的基本路径》,《中国高教研究》,2011 年第 12 期;姜大源:《现代职业教育体系构建的理性追问》,《教育研究》,2011 年第 11 期;马树超:《构建现代职业教育体系的若干政策思考》,《教育发展研究》,2011 年第 21 期。

教育、继续教育、专业学位硕士以及扩大民办教育和合作办学，可见，稳定规模依然是高职发展主题，国家在整个高等教育发展过程中，高职教育应首先得到重视。

4.强化高等职业教育的开放性。《教育规划纲要》明确指出，职业教育实行校企合作、工学结合的人才培养模式，在随后印发的一系列文件中，不断强化要探索建立政府主导、行业指导、企业参与、学校主体的办学体制和机制，鼓励学校与行业企业合作办学、合作育人、合作就业、合作发展，鼓励学校在政府领导、行业企业参与下建立职业教育集团，强调职业教育的跨界属性，推进开放开门的合作办学，打造高职教育特色。

5.注重高等职业教育的内涵性。在教育部等部门新近出台的有关职业教育和高等教育发展的一系列文件中，都明确职业教育、高等教育，尤其是高等职业教育应强化功能、改革和创新人才培养模式，把提升服务产业发展能力作为工作重心，特别是教高〔2012〕4号文件和教职成〔2011〕11号文，就高等职业教育如何提升专业发展服务能力作了专门的部署，后者还启动了中央财政支持高等职业学校提升专业服务产业能力的基本要求，明确了基本原则、目标内容和重点方向。与此同时，从今后一个发展阶段看，资源建设将作为内涵建设的重点来发展，以此为基础实现优质教学资源的共建共享，不断提升教育质量。

6.重视高等职业教育的实践性。高等职业教育作为高等教育的一个新类型，特点就是培养基层一线操作人才，其优势就在于实践育人。教育部、财政部等七部委年初专门下发了《关于推进高等教育实践育人的若干意见》（教思政〔2012〕1号），明确要求各类学校要加强实践性教学，加强军事训练和社会实践。同时在〔2012〕4号文件中又对高职实训基地建设、高职学生参与企业技巧、工艺创新等活动作了要求，这将为高职院校深化实践育人提供新的动力和新的要求。

三、高等职业教育内涵发展的新重点

我们认为，作为一所高等职业院校，必须在认清形势，把握大局的前提下，注重内部改革和建设，寻找能够彰显改革发展和品牌建设的新招术。具体而言：

1.学生就业率和就业质量。高等职业教育以就业为导向、服务为宗旨、产学研相结合发展，为此必须加强和改进就业工作。强调就业，这不论是对于国家、对于社会、对于学校而言，都有重大意义；无论用怎样的力度，都不为过。因此，无论过去、现在和将来，高职院校都必须把毕业生就业工作放在十分突出的位置，要坚持就业立校方针，要满足就业需要，完善就业配套，用千方百计、千言万语、千山万水、千辛万苦的精神，把毕业生对口就业、顺利就业、优质就业工作抓到实处，取得实效。从某种意义上说，高等职业教育人才培养的质量，首先就是就业质量。

2.教师科研成果和水平。高等职业院校以人才培养为中心，但人才培养工作必须以教师的教、学生的学为基础。教师的责任心和能力水平，学生的基础和学习主动性是人才培养必不可少的两个环节，因此，我们必须加强教风和学风建设。与此同时，我们也要意识到，高职院校教师的科研能力和水平，教师科研成果的数量和水准，既是教师改进和优化教学和人才培养工作的基础和实力体现，更是彰显一所学校办学水平和学校品牌影响力的关键和根本。因此，重视教育教学研究，重视专业学术研究，提高教师科研能力和水平，鼓励教师多出成果、快出成果、出好成果，乃是今后高职改革发展的重点所在。

3.学校社会服务能力和成效。校企合作、工学结合是高职人才培养的模式，校企合作固然需要政策和环境，但科研和社会服务能力往往是基础条件。有人曾简单地概括为："985工程"院校是政府行业企业有求于学校，"211工程"院校是政府行业企业与学校互需互求、有需有求、彼此平衡，而应用型本科和高职院校是学校有求于企业。其根本原因在于后者在服务能力上的水平差异，往往难以解决政府、行业和企业在经济社会发展和技术革新发明过程中的问题。因此，只有增强和提高高职院校的社会服务能力，才能从根本上解决好相互合作问题，也有利于增进学校的经济效益、社会效益和品牌效应。

4.学校文化建设和影响。胡锦涛总书记在2011年4月24日清华大学校庆讲话时强调要发挥高等教育的第四大功能（即文化传承和创新）；中共中央《关于推进社会主义文化建设大发展大繁荣的决定》对高等教育的文化建设提出了新的要求，即高等职业教育必须重视和加强文化建设。一是要增强文化自觉，坚持科学发展，重视学校文化建设；二是要增强文化自信，坚持类型特色，争创各自一流；三是推进文化自立，坚持开放办学，推进校企合作；四是注意文化自省，防止规模盲目扩张，妥善经营学校；五是要着力文化自强，坚持走内涵发展，提高质量之路；六是要强化文化自新，着力根据自身条件和资源建设具有中国特色、区域特征、学校特点的校园文化。

5.学校队伍建设和水准实力。队伍建设是一个大概念，包括了领导班子建设、师资队伍建设、管理队伍建设。各个领域都应当有系统的思考和设计，必须以花大力气、用大投入、筑大系统以及工程推动的办法加以推进。从长远看，队伍才是真正的软实力，因此，必须未雨绸缪，立足长远，积极推进，尤其是教师队伍的双师素质和双师结构教学团队建设显得更加重要。

6.校友工作和校友资源。世界上大凡成功和有所成就的学校，都非常重视校友工作，都拥有丰富的校友资源。高等职业院校办学历史不悠久，校友资源不丰富，但并非绝对，对校友工作不重视是主要原因。校友工作对于学校品牌影响力、对于学校文化建设、对于兼职教师队伍和专兼结合教学团队建设的作用不可低估，不能小视。随着学校办学规模的扩大和内涵建设的深入，我们必须重视和加强这项工作。

四、高等职业教育发展政策的新期待

事实表明，当前高等职业教育领域正在发生前所未有的变化，正在面临前所未有的挑战，同时，从经济社会发展的要求看，高职教育在改革发展进程中也蕴藏着更多更大更新的期待，包括：

1.期待国家教育制度创新。要求不仅要把高职教育当作一个层次，更要把它作为一个类型，是层次中的类型、类型中的层次。作为高等教育，应赋予其高等教育政策；作为职业教育，应保障其层次地位。从发展变化要求看，从转型升级和产业结构升级换代要求看，从人民群众接受更高层次教育的期望看，高等职业教育的发展应该从国家制度层面得到创新，即校企合作制度创新、管理体制机制创新、办学层次创新。真正建立起四年乃至以上学制、本科乃至以上学历、专业学士乃至以上学位的高等职业教育，从而使其层次更丰富、类型更鲜明。

2.期待财政拨款办法创新。由于历史的原因，高等职业教育发展一直存在着国家投入不足、生均拨款没有形成的财政瓶颈①。经费不足使得高职教育只能以扩大招生规模，减少师资、设备投入乃至缩短实践教学时间为代价来进行粗放型发展，这在很大程度上影响了人才培养质量，影响了高等职业教育的社会声誉。去年以来，有关财政收入中必须提高教育支出比重，教育支出必须达到GDP 4%的政策已经明确，高等学校生均121000元拨款的要求也已下达，高等职业教育既具高教性又有职教性，因此，当前关键是明确管理属性，明定经费拨款标准。

---

① 郭国侠:《职业教育财政经费保障机制建设研究》,《中国职业技术教育》2012年第12期。

3.期待产教合作机制创新。校企合作、工学结合作为职业教育的办学和人才培养模式已经写入《教育规划纲要》,但由于体制机制等各方面的因素,推进和实施起来尚有很大难度。解决这个问题的有效办法不外是三个:一是国家出台有关校企合作的法律法规,为职业教育校企合作提供法律支持;二是国家改变职业院校管理体制,院校回归行业管理,为职业教育校企合作提供行政配套;三是从法律和制度上保障推进校企利益共同体建设有章可循、有法可依,使高等职业教育真正引入市场机制,用市场经济办学来实施管理,真正给高职院校以法人地位。

4.期待师资队伍建设机制创新。建立专兼素质精良、结构优异、专兼结合的高职院校教师队伍,是发展之所要,特色之必然,可持续发展之要求,而要真正建立起高职院校的双师教师和专兼结合教学团队,必须从根本上创新兼职教师产生机制和管理办法,必须结合运用、人力、财政等方面的力量,从人事政策等方面为兼职教师队伍创造环境和条件。具体地说,应该实施职业教育兼职教师队伍的人力部门统一选拔,统一建档制度,并给予相应的财政津贴,并把兼职教师工作纳入应当的岗位职责,使兼职教师阳光化、责任化,并具有光荣感和使命感。

5.期待人才培养质量评价体系创新。从2010年开始,“985”院校已经发布了人才培养质量报告,尽管人们对此并不满意,但毕竟是迈出了重要一步。今年以来,教育部又要求示范性高职院校发布人才培养质量报告,我们认为这是推进教育教学改革,促进人才培养模式改革的重要举措。对高等职业教育,不仅要建立第三方评价制度,而且要结合数据状态分析,建立起由行业、校友、教育、学校、社会等五位一体的人才培养质量评价委员会,从而更为全面地评价人才培养工作,以促进高职教育健康发展。

6.期待素质教育体系创新。由于历史等因素影响,高职教育仍然是一种应试教育,以就业为导向的教育教学改革虽然十分明确,但学校评价与用人单位要求不一致的矛盾十分突出,教、学、做不协调,不仅是学生原因,更在教师身上。因此必须从根本上改变考核和评价模式,构建起知识、能力、素质相协调的教育培养体系,创新形成有利于学生首岗适应、多岗迁移、持续发展的教学和培养模式,真正把职业素质与职业能力相结合的教学落到实处,促进学生思想道德素质、人文素质、身心素质、业务能力素质和创新创业素质的和谐统一,把人才教育落到实处,促进学生成长、成人、成才、成功。

第二节　以提高质量为核心的高等职业教育发展观

高等职业教育作为我国高等教育的组成部分，在推进高等教育大众化进程中有了长足的发展，作为职业教育体系中新的发展层次，在全面建设小康社会和建立学习型社会中面临新的发展机遇。目前，高等职业教育规模上已是高等教育的半壁江山、学校数量上已超过千所、院校分布上已突破一地(市)一所格局。客观上需要我们思考：高等职业教育应该如何走出一条符合中国国情、适应阶段需要、具有类型特色的高职教育发展之路。

一、高职教育发展观的历史演进和阶段特征

分析高等职业教育发展观的历史演进和阶段特征，往往仁者见仁智者见智。笔者认为，以教育部会同有关方面颁发的政策文件为文本，观察和分析高等职业教育发展观的演变，大致经历了以下几个阶段。

1. 初创时期："目标模糊，政策多变"的高等职业教育发展观。1978 年底，党的十一届三中全会重新确立了党的思想路线，中国的教育事业有了新的政策和发展的机遇，政策的变迁使高等职业教育应运而生。种种研究和历史经验表明，1980 年前后，一批"花钱少，见效快，可收费，学生尽可能走读，毕业生择优录用的专科学校和短期职业大学"应运而生，国家先后举办了 126 所短期职业大学，试办了 3 所 5 年制技术专科学校和高等职业技术学校，并尝试了部分中专学校办 5 年制高职教育，探索了"三改一补"的高等职业教育发展格局。当时几经反复的政策表明，社会包括教育主管部门对高等职业教育的认识并不一致，其根本出发点是利用一切可能的条件，快出人才，多出人才，花钱少，见效快。因而，这一时期并没有形成特色明确的高等职业教育发展观。

2. 大发展时期：以"规模扩展，规范管理"为主要内容的高等职业教育发展观。1998 年新一届政府成立，朱镕基总理明确提出科教兴国是本届政府的最大任务，1999 年 1 月 13 日，国务院批转了教育部制定的《面向 21 世纪教育振兴行动计划》，明确提出积极发展高等职业教育，是提高国民科技文化素质、推迟就业以及发展国民经济的迫切要求，可以通过多种形式(包括本科院校和中专升格)举办高等职业教育，并把责任权下放给省级人民政府和学校，省级人民政府在国家宏观指导下，对本地区高等职业教育的现有资源进行统筹。2000 年 1 月，高等职业院校设置审批权下放，2000 年 3 月 15

日，高等职业院校设置标准印发，此间，《教育部关于加强高职高专管理工作的若干意见》（教高〔2000〕2号）颁布实施，明确提出高职高专人才培养工作的目标和规格、教学管理的基本条件、学校设置的基本指标。从现有文献和重要会议精神分析，这一阶段高职教育是以规模扩展为主要发展形式，同时，为确保一种新类型的专科层次的教育能够达到基本办学要求，教育主管部门非常强调规范管理。客观地讲，规模发展、规范管理是这一发展阶段的主导思想，高职教育在培养目标、培养模式方面与本科教育相似，只是学制比本科短、学时少、教学计划、教学大纲和教材采取在本科基础上进行压缩，成为本科的“压缩饼干”。

3.明确以就业导向，系统推进教育教学改革的高等职业教育发展观。2004年4月2日，教育部颁发《关于以就业为导向，深化高等职业教育的若干意见》（教高〔2004〕1号）。文件开篇指明高等职业教育的性质和地位，“高等职业教育是我国高等教育体系的重要组成部分，也是我国职业教育体系的重要组成部分”。其办学方向是：以服务为宗旨，以就业为导向，走产学研相结合的发展道路，培养适应生产、建设、管理、服务第一线的高素质、技能型专门人才。随后，教育部又与其他六个部委联合发布《关于进一步加强职业教育改革工作的若干意见》，提出十条操作性很强的改革措施以推进高职教育改革发展。客观地讲，这一系列文件的颁布，标志着我们对高等职业教育的性质有了系统完整的认识，对克服学科性办学倾向起了重要的导向作用，但由于全国范围内高职院校规模发展之风正浓，加之政府对职业教育的投入力度有限，致使政府的相关政策并没有得到认真持续的贯彻实施，“以就业导向，系统推进教育教学改革的高等职业教育发展观”没有得以彰显。

4.明确以全面提高教育教学质量为中心的高等职业教育发展观。伴随着高职教育的快速发展，教育主管部门对这一时期的高职教育发展政策做了重要调整，高职教育发展进程中的重要标志性政策相继出台。2005年11月，国务院颁布《关于大力发展职业教育的决定》，2006年11月，教育部、财政部联袂出台《关于实施国家示范性高等职业院校建设计划 加快高等职业教育改革与发展的意见》（教高〔2006〕14号），教育部印发《关于全面提高高等职业教育教学质量的若干意见》（教高〔2006〕16号）。16号文件明确了高等职业教育是高等教育的一个类型，并指明彰显类型特征的发展方向：即通过校企合作、工学结合、双师团队、育人为本等，培养适应一线需要的高素质高技能专门人才。而14号文件则突出强调建设一批专业建设、教学改革、社会服务领先型团队，从点面相结合的方式，推进高等职业教育突破压缩饼干式教学，改革创新和特色发展。这一切，汇聚了高职教育改革发展的政策合力，为高职教育确立以质量为核心的发展观提供了重要保障。其后，教育部颁布的〔2008〕5号文件，明确启动新一轮人才培养评估方案，把数据平台建设放到了十分重要的位置，进一步强化了高职教育特色发展的导向，再如，国家精品课程评审中对工学课程改革的导向，教学名师及优秀教学团队评审中对双师结构队伍建设的导向，形成了高职教育强化特色发展的战略举措。

二、确立以提高质量为核心的高等职业教育发展观的重要意义

中国的高等职业教育经过三十年的发展，在规模上已有基础，经过"十一五"时期的高等教育质量工程"高等学校本科教学质量与教学改革工程"的实施和示范性高职院校建设计划的推进，高职教育质量意识在增强，质量管理水平在提高，质量保障体系也在逐步构建，但从整体推进、科学发展的要求和更好地满足行业企业和人民群众对于高职教育的愿望看，确立以提高质量为核心的高等职业教育发展观，全面构建以内涵发展、特色发展、创新发展为主要内容的质量建设体系仍非常重要且相当迫切。

1.从教育发展大背景看，人民群众对接受更高质量的各级各类教育呼声强烈。改革开放三十年，是我国高等教育大改革、大发展、大提高的重要时期，同时也是人民群众意见最为集中，期盼最为强烈的时期。《国家中长期教育改革和发展规划纲要(2010—2020年)》明确提出把"优先发展，育人为本，改革创新，促进公平，提高质量"作为今后十年教育工作的发展方针，明确提出要把提高质量作为教育改革发展的核心任务，要树立科学的质量观，把促进人的全面发展，适应社会需要作为衡量教育质量的根本标准，树立以提高质量为核心的教育发展观，注重教育内涵改革，鼓励学校办出特色、办出水平，建立以提高教育质量为导向的管理制度和工作机制，把教育资源配置和学校工作重点集中到强化教学环节，提高教育质量上来。这是党中央、国务院对提高教育质量提出的总方针和总要求，也是包括高等职业教育在内的各级各类教育的共同任务，更是高职教育贯彻落实《教育规划纲要》的基本态度。

2.从高职教育发展的现实状况看，提高质量应成为发展的主题。近十年来，我国的高等职业教育发展很快，势头强劲。这一过程中，从政府层面虽也强调了规模质量效益的协调发展，但就总体而言，一是毕竟举办高职教

育的时间不长,教育资源的积累、办学经验的积淀十分有限,对于大部分学校而言,尚属起步阶段,采取补偿性发展的措施有其自身的必然性。二是对于大部分中专升格而来的高职院校而言,如何科学把握高职教育的高教性?对于高等专科改革模式而来的高职院校,如何正确认识高职教育的职教性?对于高职院校整体而言,如何实现高教性与职教性的有机融合依然任重道远。三是从高职院校的内部管理而言,师资队伍水平不高,内部管理制度和质量保障体系不健全,教育教学和学校管理水平不高也是事实。四是从社会对高职教育的认同情况看,高职教育相当于大专学历等的认识非常普遍,从一些用人单位的态度看,高职学生就业歧视现象仍十分严重。因此,高职教育的内涵、实力、水平必须得到应有重视。

3. 从政府有关方面和社会习俗看,把提高质量作为发展的核心任务。多年来的发展经验表明,无论是政府部门还是学校或者相关社会组织,征地造房子盖大楼依然是教育发展的 GDP 指标,而师资队伍建设、教学管理规范、教学制度的改革与创新、管理机制的有效建立、学生素质提高、职业能力、业务知识的提高等都是渐进乃至难以量化和总结的成绩。从高职教育现状看,中专升格办学、规模扩张、新建校园、新增专业仍是多数学校的追求。当然,这里我们不排除由于高职教育区域发展的不平衡,一些院校尚处于补偿性发展阶段。但从遵循科学发展,建设高等教育强国的要求和高职教育历史发展进程看,高职教育必经进入以提高质量为核心的发展新阶段,努力把提高质量作为高职教育今后一个阶段的共同任务,并采取有力的措施加以推进,这是高职教育发展新阶段的应然选择。

三、以提高质量为核心的高等职业教育发展观的主要特征

笔者认为,以提高质量为核心的高等职业教育发展观,应包括以下要义:

1. 以人为本的质量观。以人为本是科学发展观的核心内容和基本要求,《教育规划纲要》明确各级各类学校必须坚持育人为本,提高质量。就高等职业教育而言,必须针对学生的实际情况,因材施教,着力鼓励信心,塑造成功,结合成人、成才要求,着力于成功教育,尤其是在教学和考核评价办法上,真正做到从实际出发,从实情出发,把了解学生、研究学生,适合学生作为学校重要工作内容,真正做到关心、关爱、关注,为了一切学生,一切为了学生,为了学生一切。

2. 全面发展的质量观。高职教育既是职业教育的重要组成部分,也是

高等教育的重要组成部分，必须强调人的全面发展观，它要求我们的教学在社会主义核心价值理念，爱国主义，拥护改革开放和中国共产党领导等方面表现出高度的理解和认同，要求我们的学生必须做到职业素质和职业技能相协调，学历教育与岗位认证相统一，就业导向与个人发展相连接，做到德、智、体和身心健康协调发展，做到健康、乐学、上进，专业、负责、忠诚，尤其是在做人品格与做事能力方面的协调性。

3.特色发展的质量观。高等职业教育作为一个类型，应该有其存在的土壤和条件，那就是以特色求生存，以特色求发展，建设一批特色学校，形成一批特色专业，培养一批特色人才。这要求我们必须有特色办学的理念，营造特色发展的环境，建设特色发展的机制，培养合格的有特长有特色的人才，这应成为我们的教育追求，同时也是教育成功的标志。

4.多样发展的质量观。中国地大物博，幅员辽阔，地区之间、行业之间、产业之间差异巨大，区域发展很不平衡，各地区、各行业、各产业对技术装备的要求也不一致，文化观念也非常不同，正因为这样，坚持多样，承认差异，以不平衡实践均衡应是高等职业教育发展的政策。因此，应鼓励高职院校办特色学校、特色专业，形成专业特色，培养特色人才，同时，应该积极创造条件，在不同行业、不同地区、不同产业探索建立各具特色的职业教育制度和体系，应在经济发达地区、高端技术产业和高端发展行业率先实施4年制乃至更长学制的高等职业教育，达到本科乃至硕士学历，应该也是新一轮发展观的基本意义。

四、以提高质量为核心的高等职业教育发展观的实施路径

以提高质量为核心的高等职业教育发展观基本要义是：稳定规模，重视内涵，强化特色，注重适需。具体实施路径主要有：

1.稳定规模是前提。高等职业教育以提高质量为核心，必须建筑在一定的办学规模和良好的办学条件基础之上，但进入内涵建设和提高质量阶段，不宜再把规模扩张放在首位，而必须突出“稳定”，包括：①稳定在校生总规模，其增幅以不超过GDP增幅为宜；②稳定办学主体学校，不再是建立在专科升本、中专升高职的格局调整中，而是以现有学校为基础求内涵和质量。③稳定政策，对高等职业教育的政策导向、考核办法保持相对稳定。

2.适需人才是关键。提高高等职业教育质量，适需的人才质量观是最重要的，高等职业教育不同于普通本科教学，普通本科教学更多培养通用人才，而高职教育是基于地域和行业发展需要培养人才，在思想道德素质、人

文素质教育等方面具有普适性,但如何适应产业发展、行业成长和企业运作的人才要求则是基本导向,因此,如何在适需上下工夫,在适需上找对策,应该成为我们努力的目标和方向。所谓"适需",就是适应区域和行业(企业)对应用型、技能型人才在知识、素质、能力方面的要求,把高等学历教育和岗前培训有机结合,实现毕业上岗零过渡。

3.办出特色是目标。高等职业教育区别于普通高等教育主要原因不应该是层次和学制,而应当是办学特色。办学特色包括了学校特色、专业特色和特色专业以及由此而形成的人才培养特色。作为一个类型,高职教育的质量首先表现在学校办学特色上,学校应该以若干专业群为主要特色形成人才培养分工特色,以较强的动手和实践能力作为应用型、技能型人才特色,如能形成行业明显的特色,就会更有意义。其次,高职教育应该具有专业特色和特色专业,高职院校应以若干专业群作为基本办学定位,形成相互分工协作体系,即使是相同类专业,不同学校之间也应该形成其专业特色,真正体现出高职人才培养的类型特色、区域特色、学校特色,使高职人才具有不可替代性的鲜明的标志。

4.依托行业是条件。高等职业教育要在稳定规模前提下办出特色,条件之一就必须依托行业,把融入行业,以行业互动,建立以行业相关利益关系作为前提,由行业主办、主管或者由行业协会主办,走合作发展办学道路更有意义。在中国历史上,曾经在几十年内举办了行业性极强的高等专科学校和中等专业学校,近年来,在政府体制改革的过程中,建立了大量的行业协会等中介性组织,逐步具备了行业和行业协会办学的条件,在今后体制改革过程中,应加强这方面的探索,这有利于办学特色和人才培养特色的实现。

5.校企合作是重点。有了行业或行业协会办学,校企合作就有了保证。即使没有行业或行业协会办学,校企合作仍是职业教育办出特色和办出水平的关键,摆在我们面前的共同任务是:校企合作如何从表面走向深入,从形式走向内容,从被动走向自觉。在这一点上,学校如何学会积极主动,以主动换互动非常重要。从政府层面看,出台相应的政策和条例,明确鼓励措施,则更具有促进意义。

6.师资队伍是保证。高职教育以育人为根本,以培养人才为基本任务,它离不开一支数量充足、结构合理、素质精良的教师队伍。理论上看,双师结构、双师团队非常重要,聘请一大批理念认同,实践水平高,又具有较强教学能力的兼职教师十分必要。我们应当切实重视这项工作;从实践层面考量，我们也必须关注专任教师队伍的建设，把师德教风、专业水准、教学水平放到十分重要的位置加以培养。当前，要采取培养使用、充实引进、调整淘汰三结合的方法，致力于专任教师的优化和提升。

7.开放办学是先导。高等职业教育作为职业性很强的高等教育，一定要瞄准改革发展着的市场变化，把行业、企业、产业、职业的发展作为重要关注点，因此，开放校园、开放胸怀、开放心态、开放人脉，建立健全开放式育人体系，构建开放式学校形态都是非常重要的，请进来、走出去，学会与行业（企业）你中有我是十分必要的，而广大教师和管理干部融入政府部门，融入行业企业、融入科研院校更是至关重要的。开放的目标是使我们的教育建筑在了解市场、融入市场的基础上，最后达到适应市场、满足市场的目标，并努力成为人才市场的主人和主角。因此，从学校办学体制到运行机制都应该有这样的环境条件，并且有与此相适应的制度保证。

8.就业质量是标志。就业质量是衡量教育质量的重要标志，目前，高职院校的就业率普遍高于一般本科院校尤其是“三本”院校，但就业率与就业质量是两个不同的概念。实事求是地讲，高职院校的就业一定程度上存在着“打工化”现象，高职院校就业质量不高在一些区域和学校还相当突出。因此，通过提高教育质量，实现高职毕业生中高端和中高质量的就业，应成为高等职业教育发展中的价值追求。

9.服务功能是重点。衡量一个学校的内涵与质量，服务功能是一个最直觉的映照，高等职业教育以服务为宗旨，以就业为导向，走产学研相结合的发展道路，把校企合作、工学结合作为人才培养的重要特征。其实，它必须建筑在学校的服务能力和服务功能上，学校有了较强的服务功能和服务能力，开展产学合作就水到渠成，行业企业乃至政府部门就会主动上门谋求合作。正因为这样，高职院校在内涵建设和质量提升过程中，必须重视教师的研究能力和水平，必须注重教师的技术开发能力培养，并通过一定的载体如产学研公司和技术研发中心来切实加以改进，从而不断增强高职院校的服务功能，丰富学校的真正内涵。

10.完善体系是出路。众所周知，我国的高职教育尽管已界定为一个类型，但实际上还停留在专科层次阶段。如何构建和完善有中国特色的高等职业教育体系，应当是今后一个阶段的重要任务，也是高等职业教育提升内涵、提高质量的题中之义。从高等教育践行科学发展，深化创先争优，贯彻落实国家中长期教育改革发展纲要的要求看，我们应当认真研究这一问题，因为现代高等职业教育体系问题解决了，高职教育有了自身发展通道，也就有了办出特色和水平的条件和保证,从而有利于职业教育社会吸引力的提高,也才能把高职教育提高质量工作落到实处。当然,构建现代高职教育体系并非是单纯的高职升本,单纯的高职教育。4 年学制,是一项全面的系统工程,从部分地区、部分院校、部分专业实施 4 年制高职教育起步,当尽快纳入我们的工作日程。

第三节　构建开放、多元、立体的高等职业教育质量评价体系

《教育规划纲要》明确提出"把提高质量作为教育改革发展的核心任务"、要"制定教育质量国家标准,建立健全教育质量保障体系";教育部财政部《关于"十二五"期间实施"高等学校本科教学质量与教学改革工程"的意见》(教高〔2011〕6 号,以下简称"教学质量工程")指出"提高质量是高等教育发展的核心任务"并把高等教育教学质量标准体系建设作为推进重点,同时启动实施了高等教育人才培养质量报告制度;教育部《关于全面提高高等教育质量若干意见》(教高〔2012〕4 号)要求"树立科学的高等教育发展观,走以质量提升为核心的内涵式发展道路",同时把健全教育质量评估制度作为重点推进的 30 项工作之一。在全面提高高等教育质量的大背景下,高职教育如何建立科学合理的评价标准和评价体系,如何克服当前高职院校普遍存在的主观、单一的评价方法都值得加以研究与探索。笔者认为,从高等职业教育实际出发,应建立起一个开放、多元、立体的人才质量评价体系,以此提升高等职业教育质量,推动高等职业教育科学、和谐和可持续发展。

一、高等职业教育质量评价体系的历史演变

教育质量评价是高等职业教育质量保障的重要环节。自 2003 年教育部启动高职高专院校人才培养水平评估试点以来,高等职业教育已分别于 2004 年和 2008 年正式实施了两轮教育质量评估,初步形成了具有高职自身特色、相对独立成体系的教育质量评价制度。但是从制度演变的宏观视角看,我国的高等职业教育质量评价制度发展大致经历了以下三个阶段。

(一)高等职业教育质量评价制度的渊源:本科教学水平评估

高等职业教育作为我国高等教育的重要组成部分,其教育质量评估是在借鉴本科教学工作水平评估的基础上形成的。尽管我国高等教育早在 1985 年即开始了高等工程教育评估研究和试点工作,但是高等教育质量的

全面组织实施以及实现科学化、规范化和制度化的阶段则在 20 世纪 90 年代至 21 世纪初。1990 年,原国家教委颁布了《普通高等学校教育评估暂行规定》,1994 年初,开始有计划、有组织地实施对普通高等学校的本科教学工作水平进行评估,相继发展经历了合格评估(1994 年)、优秀评估(1996 年)和随机性水平评估(1999 年)的三种主要形式。2002 年,教育部将合格评估、优秀评估和随机性水平评估三种方案合并为一个方案,即现行的《普通高等学校本科教学工作水平评估方案》。普通高等学校本科教学工作水平评估的结论分为优秀、良好、合格和不合格四种。2003 年,教育部在《2003—2007 年教育振兴行动计划》中明确提出实行"五年一轮"的普通高等学校教学工作水平评估制度。2004 年 8 月教育部高等教育教学评估中心正式成立,具体负责组织实施高等学校本专科教育的评估工作。自此,一个包含职权依据、工作程序、评价标准与方法、评价结论与效力在内的高等教育制度体系基本形成,它的基本做法和经验为高等职业教育质量评价的实施提供了参照和指导。同时,由于教学工作是学校的中心工作,教学的评估实际上也就是对学校办学情况的综合评估①,因此本科教学水平评估受到了各受评院校和社会各界的高度重视和认可,为日后高等职业教育质量评价的开展奠定了较为有利的思想认识基础和社会舆论条件。

(二)高等职业教育质量评估的确立:人才培养水平评估

虽然早在 20 世纪 90 年代,原各国家教委就相继组织实施过针对普通高等专科学校、职业大学和成人高校的教育评估工作,并且出台了相关工作文件,高等职业教育质量评估制度的酝酿和建立仍然晚于本科十年左右。1999 年底,教育部召开第一次全国高职高专教学工作会议,发表了《关于加强高职高专教育人才培养工作的意见》,同时专门组建了全国高等职业院校教育人才培养评估工作委员会(后调整为人才培养评估工作研究小组),负责进行高职院校人才培养质量评估的科学研究、人员培训和组织协调工作。2003 年 2 月,教育部高教司下发了《关于开展高职高专院校人才培养下作水平评估试点工作的通知》(教高司〔2003〕16 号),同年 5 月,郑州铁路职业技术学院、深圳职业技术学院、南通纺织职业技术学院率先接受评估。2003 年底完成了对首批 26 所独立设置的高职院校、高等专科学校和成人高等学校的评估工作。2004 年 4 月,教育部发布《关于全面开展高职高专院校人

① 冷余生:《从质量争议看高等教育质量评价的现状和任务》,《高等教育研究》2007 年第 3 期。

才培养工作水平评估的通知》(教高厅〔2004〕16号),标志着我国高职教育质量评价与保障工作全面展开,被称为"第一轮评估"。据统计,全国纳入第一轮评估计划的高职院校共计1027所。2008年4月,教育部《关于印发〈对高等职业院校人才培养作评估方案〉的通知》(教高〔2008〕5号)出台,第二轮评估工作全面启动。与第一轮评估相比,它的评价主体更广泛,评价内容更全面,评价方法更客观、评价结论更科学(见表1.1)[①]。

表1.1　两轮高职院校人才培养水平评估的比较

	第一轮评估	第二轮评估
评价主体	教育部及其组织的相关专家	除保留教育行政部门专家外,增加用人单位、学生、教师、主办方、社会、家长
评价内容	包括办学指导思想、师资队伍建设、教学条件与利用、教学建设与改革、教学管理、教学效果、特色或创新项目等7个一级指标和15个二级指标	包括领导作用、师资队伍、课程建设、实践教学、特色专业建设、教学管理、社会评价等7个一级指标和22个二级指标
评价方法	专家评价为主	数据平台分析与专家诊断评价
评价结论	优秀、良好、合格、不合格	通过和暂缓通过

(三)高等职业教育质量评估的发展:人才培养质量报告

2011年开始,作为贯彻落实《教育规划纲要》和"教学质量工程"的具体举措,全国39所"985工程"院校率先发布了人才培养质量年度报告。2012年,教育部职业教育与成人教育司要求全国国家示范性高等职业院校先行发布人才培养质量年度报告并鼓励其他院校发布。2012年7月中旬,高等职业教育历史上首份国家版的人才培养质量报告发布,引起强烈的社会反响[②]。当前,尽管国家对发布的内容和格式并没有作明确而统一的要求,但作为一项新制度的实施,它将对改变中国高等教育质量评价制度具有里程碑意义,其贡献至少在于:第一,它采用在网络等传媒上公开发布的方式显示其公开透明及乐意接受社会监督的勇气;第二,它采用年度报告的形式,要求学校作为一项常规制度每年公开,为保障报告制度的连续性与推进教育质量评价的长期性奠定了规范基础;第三,它采用网络或其他传媒方式发

① 刘高永:《人才培养水平评估与高职教育的可持续发展》,《职业教育研究》2006年第12期。

② 上海市教育科学研究院、麦可思研究院:《2012中国高等职业教育人才培养质量年度报告》,《中国教育报》10月17日,第5版。

布,由此引入了第三方评价的概念,必然会引起教育等其他方面的关注,为提升质量评价的客观性与公正性预留了轨道空间。

二、高等职业教育质量评价体系的观念支撑

制度发展的背后必然有一种观念作支撑。我国的高等职业教育质量评价制度是在特定的历史条件和社会背景(高等教育大众化和高职教育大发展)下产生的一种新的高等教育质量评价类型,具有鲜明的政府主导特征、明确的“以评促建”追求和持续的制度发展动力,而支撑和支持这种评价制度演变的教育质量观也呈现出相应的波段发展线索。概括而言,大致包含四个阶段:

1.亟须质量观。我国的高等职业教育起源于20世纪80年代初,正逢国家刚刚实行改革开放,大力发展集体经济并允许私营经济存在和发展,经济社会发展亟须一大批经营、管理和技术人才,然而由于高考制度刚刚恢复,大学招生数量十分有限,单纯依靠大学教育无法满足经济社会建设对高层次人才的需求。同时,伴随着大批下乡知识青年的回城,高中毕业生升学难的矛盾日益突出,城市青年希望上大学的强烈愿望与当时高等教育极低的录取率之间形成了巨大的反差。在此背景下,一批有识之士建议,政府可充分利用现有高等学校和社会力量,积极发展短期职业大学,采取走读的形式,以不包分配、不迁户粮关系、不发统一内芯的毕业证书、较高收费的政策形式(后来被称之为“三不一高”),扩大高等教育规模,以满足社会经济发展之必需。在当时的政策背景下,无论采用哪种形式,无论教育质量如何,满足和适应社会急需是最大的质量要求,因此笔者称这种观念为满足亟须质量观,其核心要义就是满足需求。实践证明,短期职业大学的建立和发展,不仅解决了部分城镇待业青年上学难的问题,也满足了城镇青年接受高等教育的愿望,它为社会输送的各类毕业生也很快成为经济社会发展中的重要技术力量和骨干,为今天中国高等职业教育的发展奠定了基础。不足之处在于,在这种具有实用主义色彩的办学思想下,基本上没有形成关于教育质量的价值与内涵的理性反思,更谈不上构建质量评价体系。

2.规模质量观。以短期职业大学为代表的中国高等职业教育经过十多年的发展,高等职业教育作为一种办学形式逐渐得到人们的重视和认可。20世纪90年代中后期开始,国家推进高等教育大众化,大力发展职业教育,全国各地通过实施中专升格、民办新建等途径建立了一大批职业技术学院,形成了“六路大军办高职”的基本格局。究其根源:全国城乡大批适龄青

年热切希望就读高等职业教育，社会主义现代化生产、建设、管理、服务一线更需要一大批高素质技能型人才，“进出两旺”的外部形势推动大力发展高等职业教育成为一项基本国策。加之国家示范性高职院校计划的典型效应，我国高等职业教育经过短短十年左右时间的发展，在规模上已占据中国高等教育的半壁江山，其扩张速度惊人。当时高职战线普遍认为：高职毕业生比中专生文化素质高、比本科生动手能力强，且高职毕业生就业率已连年超过本科院校，高职教育发展前景乐观。在此背景下，规模就是竞争力，规模就代表质量的观念占据主导地位，由此决定当时的高职高专院校人才培养水平评估更多的是为高等职业教育实现准入控制（摘筹建制）服务，为国家示范性高职院校建设“择优录取”提供参照标准。

3.适需质量观。随着中国高等教育大众化的不断推进，大致在2006年前后，高等职业教育的外部发展环境发生了显著变化：本科高等教育、民办独立学院的同期招生规模不断扩大，大学生就业难成为新的历史条件下的社会热点问题，本科与高职抢生源、抢就业市场快速演变为既成事实。与此相对应的政策变化是，教育部发布了日后被作为高等职业教育质量提升纲领的教高2006〔4〕号和〔16〕号文件，同时于2008年启动第二轮高职院校人才培养水平评估。伴随着教育政策的重大发展，高职教育理论研究亦迅速转向人才培养模式改革问题，更多的关注高职院校专业结构是否适应经济社会发展和产业转型升级的要求、专业人才培养质量是否满足生产建设管理服务岗位工作等问题，我们把这一阶段的教育质量观称之为结构质量观或适需质量观。与急需质量观强调“快出人才”、规模质量观强调“多出人才”不同，适需质量观将高职教育质量的核心落脚于人才培养的规格、专业门类结构与岗位适应要求等要素，将视角由外部性需求转向内部性建制与外部性需求之间的互动与匹配上，强调“出好人才”。

4.内涵质量观。以2010年全国第四次教育工作会议的召开和《教育规划纲要》的颁布为标志，中国的高等职业教育进入了内涵发展的新阶段。新阶段伴随着中国社会主义现代化进程的加快而出现新的外部适应形势：一是国民经济结构调整和经济转型升级步伐加快，对人才培养结构和质量提出了新的要求。二是高中毕业生数量逐步减少与就学机会的越来越大，尤其是出国就学渠道的扩大，对中国的高校招生产生了一定的冲击和挑战。三是中国高等教育领域里存在的深层次矛盾制约了教育改革的深入、影响了人才培养质量的提高。正如胡锦涛总书记在清华百年校庆讲话中所指出的，它与我国经济社会发展与产生转型升级要求不相适应，与世界上先进国际和地区具有较大差距。在这种背景下，全面提高高等教育质量成为重大任务，而提高高等教育质量，最为重要的是内涵建设、强化特色，扩规模已不再是主要任务，或者说，高等教育的规模扩张阶段已经结束，国家把发展高等教育包括高等职业教育的主要任务转移到了特色强化和内涵建设的道路上。与此相适应的是，高等职业教育作为高等教育的一个类型应当鼓励各类学校更应安于定位、办出特色、争创一流，把主要精力和财力投入提升教育质量的当务之急上，真正确立内涵质量观。与前几个阶段的质量要求相比，内涵质量观的突出特点是强调从高等职业教育的类型特征出发，着眼于高职职业教育发展的内在要素（专业与专业群、校企合作、工学结合、双师素质、双证融合等等），建立中国特色、世界水准的职业教育体系。

三、高等职业教育质量评价体系的运行成效

由上述高职教育质量评价体系的制度演变和观念变迁，我们可以看到教育主管部门和高职战线对于推进高等职业教育质量提升的不懈努力，无论从评价程序、评价内容、评价方式到评价结果发布，其中均蕴含着积极的发展变化。可以说，我国已经初步建成了一个具有高等职业教育特色的质量评价体系，它对引导和规范高等职业院校办学行为，推动和促进高等职业教育教学改革、提升和增强高等职业教育的社会吸引力和市场竞争力都产生了明显的成效。但是，我们也必须正视当前教育质量评价中存在的不足之处：

第一，评价主体的单一性。我国现行的高等职业教育质量评价的主要特点是政府主导，评价方案由政府制定，评价实施由政府组织，评价结果由政府公布，评价成本由政府开支。其优点是权威性，缺点是单一，尤其在当前我国的高职院校主要由政府举办的情况下，容易使评价过程流于形式，评价结果亦难以具有客观性和公信力。

第二，评价指向的宏观性。从现有的评价指标体系来看，我国现行的高等职业教育质量评价实际上是一种学校综合实力的评价。高等职业教育质量评价的对象无疑是高职院校，然而其具体的评价指向应当是关注各个学校内部的微观教育单元，也就是专业和专业群。高职院校的最大特点就是依托行业或面向专业，但综合实力的评价无法反映一个学校的真正办学特色和真实教育质量，也无法反映全国同一专业人才的教育水平层次，所以不利于高职教育内涵提升。

第三，评价过程的封闭性。现行的整个评价过程主要发生在教育领域，

是教育主管部门对其所辖学校的一种行政评价，其评价专家来自教育系统，其评价结果主要在教育媒体上公布。相对而言，社会的意见和外部的力量（特别是行业和学生）很难进入评价过程，从而可能使整个评价有“闭门造车”的嫌疑。

第四，评价方法的形式性。利用基础数据平台进行分析判断是高职教育质量评价体系的一大创新。其优点是直观，便捷，但是它更多的是一种依据评价对象提供的数据进行的量化分析，数据来源单一且存在根据指标要求逆向操作的道德风险。更重要的是，当所有的评价均以指标数据为基础时，容易导致整个评价指标体系趋于僵化，无法立体地反映评价对象的综合质量，毕竟反映教育质量的某些重要指标（比如校友满意度、认同度等）是无法完全量化的。

四、建立开放、多元、立体的高等职业教育质量评价体系

实际上，在20世纪90年代至21世纪前十年的高等职业教育规模扩张时期，高等职业教育质量问题已开始引起高职学界的注意，无论是“规模质量观”还是“适需质量观”均已部分涉及教育质量评价问题，而教育主管部门组织实施的教育质量评估则从制度上加强了对于教育质量的重要性的认识。但正是《教育规划纲要》的颁布和一系列提升质量政策的出台，使得全面而系统地设计高等教育质量评价体系成为一种发展共识。笔者认为，高等职业教育作为高等教育的新的类型，其发展压力与创新潜力更大，在进一步调整和优化教育质量评价体系方面应该而且可以走在前面、有所作为。

（一）高等职业教育质量评价体系的基本特征

作为一种教育类型，高等职业教育与普通教育的本质区别在于就业导向的职业教育已跨越了传统学校的界域。高等职业教育必须从定界的思考升华到跨界的思考。这意味着高等职业教育不能只遵从教育规律、认知规律，还要遵循职业发展、职业成长的规律。跨界的高等职业教育必须有跨界质量评价体系。我们以为，高等职业教育要努力构建的质量评价体系，至少应该包括教育质量观的理念层次，评价实施的主体、标准（指标）、流程、效力的制度层次两大要素，而且必须体现以下三个特征：

一是开放性。适应高等职业教育校企合作、工学结合人才培养模式运行的要求，体现高等职业教育的合作办学、合作育人、合作就业、合作发展的新特点，高等职业院校在人才培养、在机制建设上首先必须坚持开放性，打开校门、面向社会、面向市场、面向行业、面向校友、面向各级各类主管部门

乃至面向传媒，公开接受评价和监督，突出其评价过程和评价主体的开放性。

二是多元性。由于现阶段高等职业教育尚属专科层次培养阶段，而社会对于人才的要求则多半以本科为参照标准，高等职业院校尚无举办本科层次的资质。在这种条件，高等职业院校通过国内外合作和联合办学，在提升学业学历层次等方面的努力应该是评价的内容。当然，高等职业教育坚持以服务为宗旨、就业为导向、走产学研相结合的发展道路，学生的就业能力和岗位表现、学校的服务水平和成果应当是重点。与此同时，高等职业教育的全日制教学与岗位培训并重并举，因此，高职院校开展各种形式的岗位培训情况也应当纳入质量标准和要求。总之，高职教育质量评价的指标体系应更具多元性，体现高职的类型特征。

三是立体化。学校是个有机体，学校的发展是综合因素作用的结构，受历史积淀、行业背景、区域因素、投入要素、动态发展、自身努力等等因素的影响且各要素之间的影响因子各不相同、各具作用。高等职业教育发展时间较短，各院校间发展起点不同、进程不同、体制不同、定位目标不同，因此难以用单一的标准进行衡量评价，相反必须从静态与动态结合，从横向与纵向分析，从全方位、多角度审视才能进行科学评价，高职教育质量评价的运作必须是立体式的。

（二）参与高等职业教育质量评价的主体构造

职业教育作为与高等教育、基础教育相并列的一种重要的教育类型，在整个教育生态系统中与经济、政治、社会、文化、科技等领域发生千丝万缕的联系。职业教育的生态环境也决定了其生存与发展必须关注与之发生各种关系的利益相关者，因为只有关注利益相关者的需求和权利，加强利益相关者管理，不断改善利益相关者与职业教育之间的关系，才能从根本上为职业教育的发展提供能量和动力，从而不断提高高等职业教育的质量，切实推动职业教育的可持续发展。根据利益相关者理论，从开放、多元、立体化和科学合理有效的要求看，参与高等职业院校评价的主体至少应该包括：

1. 学生。作为学校教育培养的基本对象，他们最有感受、最有发言权，因此在评价一个学校的管理是否人性化、服务是否回应学生诉求、教育是否以人为本、所教授知识是否具有岗位针对性和适用性，学校办学与市场的契合度等方面时，应该注意吸收学生参与、采纳学生意见。

2. 用人单位。学校的毕业生最终多分布在行业企业和相关岗位上，因此，行业企业的人力资源部门对学校人才培养质量最有发言权，特别在评价学生的工作表现以及教育质量在同类学校的比较优势上，最易找到评价感觉。

3.教育行政主管部门。他们对学校执行上级有关教育工作的方针政策、完成下达的工作任务及其与同类学校的比较中，可以客观地了解学校工作的状况，尤其是学校在创先争优、改革创新等方面为同类学校发挥的作用，最容易判断出等级和层次。

4.财政等项目投入部门。从某种意义上说，财政财务绩效也是一种质量。或者说，它也是质量的重要组成部分，以较少的投入实现较大的绩效，本身也表明了财政投入的质量，正因为这样，该投入部门参与质量评价也是有意义的。

5.社会各界。它主要包括公共传媒、信访、纪检监察等方面，它通过学校办学过程中正面或负面发现的问题，从中可以检测学校教育教学和人才培养工作的质量。

（三）规范高职教育质量评价的指标体系

高等职业教育以服务为宗旨，以就业为导向，走产学研相结合的发展道路，以生产、建设、管理、服务第一线高素质技能型人才为培养目标，以全日制与非全日制并重学历教育与岗位培训并举为办学指向。因此，除现行的侧重于衡量一个学校的软硬件实力的相关指标外，评价工作的主要指标还应当包括以下内容：

1.毕业生综合素质，包括毕业生就业率、就业质量与在岗位上的贡献度。

2.开展科学研究和社会服务状况对科技进步、改革发展、社会进步的贡献程度。

3.开展岗位培训、考证定级情况。这表明学校对多层次人才培养培训的所作的贡献。

4.推动文化建设状况，包括学校在相关领域在传承、创新引领行业、区域文化等方面所做的贡献。

5.同行贡献和引领作用，包括在整个高职战线内部发挥示范引领和服务带领作用情况。

当然，由于高等职业教育以人才培养为主要任务，因此，人才培养状况即毕业生的综合素质是最为重要的衡量指标。

第四节 健全高等职业院校教育质量保障体系

中国的高等职业教育经过三十余年尤其是近十余年的发展，已进入内涵建设和质量提高发展阶段。2006 年 11 月，教育部发布教高〔2006〕16 号文件(即《教育部关于全面提高高等职业教育教学质量的若干意见》)对此作了明确阐述。今年以来，为了贯彻胡锦涛总书记在清华大学百年校庆大会上的讲话和《国家中长期教育改革发展规划纲要》(2010—2020 年)，教育部又下发了《关于全面提高高等教育质量的意见》(教高〔2012〕4 号)，对高等职业教育学校的质量指向、质量标准、质量内涵和质量评估制度等问题提出了新的要求。这表明，高等职业教育发展已进入一个提高质量为指向的阶段，客观上要求建立一个立体、开放、多元的质量评价体系，以之作为质量保障的基本措施。但是，实施质量评价的前提必须明确评价的标准。

一、高等职业教育质量的评价标准：外部与内部

(一)外部指标(社会指标)

教育战线几乎人人都在讲提高教育质量，在讲要健全教育质量保障体系，那么，什么样的高等院校才是一个有质量的学校呢？我们认为，可以从下述几个社会指标来观察：

1. 就业率高。每年毕业的学生能否找到一个工作，是否具有较高的就业率。高等职业教育以服务为宗旨，以就业为导向，如果毕业生不能实现充分就业，没有较高的就业率，就很难说它具有好的质量，至少不能说是高质量的，就业率应当成为高等职业教育的第一指挥棒。

2. 就业质量好。与就业率相联系，还必须讲究就业质量，也就是除了就业以外，还必须研究是否顺利就业、对口就业、优质就业，以及学生在岗位上的胜任度、发展状况、学生的起薪率等等。从某种意义上看，就业质量体现出学校办学与社会需求的联系、匹配和协调，它是总体质量和结构质量的具体化，更是教育质量的标志。

3. 企业满意度高。高等职业教育要贯彻以服务为宗旨、以就业为导向的办学原则，要推进产学研发展，必须研究企业和社会的需求。能否适应市场、适应企业需求，培养的学生满足企业的要求，是否受到用人单位的广泛欢迎，应该是学校的追求和努力的方向，也是推进就业率和就业质量的重要条件。

4.学生满意度高。学生既是学校教育和培养的对象,也是学校办学条件和管理水平、教师教育教学水平的最大感受者,是学校文化建设的最大受益者。如果说,学生对母校的教学和管理都不感到满意,至少说明其办学质量是有差距和不足的,这个学校也是没有可持续发展条件和能力的,对此,必须充分引起高度重视。

5.学生创业成效明显。高等职业教育除了要培养和引导学生充分就业以外,还提倡和鼓励学生创业,实施创业教育,把促进就业与鼓励创业结合起来,着力以创业带动就业。正因为这样,学生创业的成效和水平,也应该是教育和培养质量的重要标志。

6.社会美誉度高。学校是一个相对独立又与社会广泛联系的教育机构,社会上的各种思想和思潮必然要反映到学校里来,同时,学校的各种情况也一定会反映到社会上去,正因为这样,学校的社会评价、社会反映乃客观必然,一所高质量的学校必然也应该有良好的社会声誉,即社会美誉度。

我们认为,学生就业率高,就业质量高,企业满意度高,学生满意度高,学生创业成效高和学校社会美誉度高,应该是高职学校办学质量的最重要的指标。

(二)内部指标

评价一所高职院校的教育质量,除了社会指标之外,还可以从其他内部性指标观察①。从学校可持续发展的角度看,我们认为,一所好学校应该进一步体现在以下方面:

1.现代化的学校校园与众多校企合作体的有机结合。作为一所高等学校,应该也必须有一个比较现代化的校园,具有较好的基础设施、实训条件、图书场馆,以满足学生学习和生活的要求。与此同时,高职院校要培养学生就业能力,就必须构建一个强大的校企合作网,建立起一大批理念认同、合作有效的校企合作企业。

2.优质的高等学历教育与强大的岗位培训和社会服务体系的有机结合。高等职业院校首先是一个学校,必须有比较优质的高等学历教育,以实现人才培养为主要职能;与此同时,高等职业院校必须发挥多功能作用,必须积极有效地开展多种形式的岗位培训,广泛开展多种形式、多种途径的社会服务。

---

①　程凤春:《再论教育质量及其衡量标准——基于ISO9000质量标准的分析》,《教育研究》2012年第6期。

3.充裕的财政拨款和较强的筹资创收能力的有机结合。学校教育事业是公益事业,需要财政拨款支持,充裕的财政拨款和投入是学校发展好、好发展的重要条件。与此同时,学校应该也必须研究如何充分利用自身优势开拓门路、创收筹资,包括利用培训和社会服务创收,利用校友资源捐资助学等。

4.优质的专任教师管理队伍和合格兼职教师队伍的有机结合。办好学校,必须有一支适量充足、结构合理、素质精良的教师队伍和忠诚敬业、团结协作、保障有力的管理队伍,这是办好一所学校的队伍基础。与此同时,为推进校企合作、创新人才培养模式、高职院校必须重视和加强兼职教师队伍建设,形成一大批适合、适当、适量的兼职教师。

5.毕业生较高的初次就业率和较强的持续发展能力的有机结合。一所好学校,毕业生必须有较高比率的初次就业率水平,这是学校生存发展的基础,也是学校生存发展的条件,必须充分显现。与此同时,毕业生必须在岗位上持续发展,实现良好的职业生涯发展,这是学校发展之根本,即不仅有毕业生就业率,而且有校友发展度。

6.教师较高的福利水平和众多成名成家平台(机会)的有机结合。一所好的学校,应该有较好的教师队伍,也应该有教师好的发展,教师好的发展既有物质上的收入和福利水平,更有精神上的心理归属和发展平台,这两者必须相互协调,有机统一。

二、构建高职教育质量保障体系的出发点

众所周知,高等职业教育兼具高教性和职教性双重特征[①],是高等教育的一个类型,又是职业教育的一个较高层次,坚持学历教育与非职业培训并举,全日制与非全日制并重,重点培养适应社会主义现代化生产、建设、管理、服务第一线需要的高素质高技能人才。这是其重要和基本的要求。正因为这样,我们认为,高等职业院校办学的质量应该有以下出发点:

1.满足高教性与职教性的共同要求。高等职业教育在办学和人才培养过程中,既要按照高等教育的规律,也要遵循职业教育的实际需要,要体现高等教育是高中后教育的高等性的要求,又要体现职业教育作为职业性的需求;既要让学生感受高等教育的理念,也要让学生感受职业教育的氛围,让学生感到既是大学生,也是特殊的职业型的大学生。从现阶段情况看,强

① 张新民:《高等职业教育特征研究述评》,《现代大学教育》2005年第6期。

化职教性,延升高教性是一个基本趋势。

2.体现学历教育与岗位培训的共同要求。高等职业学校既要办好高等性质的学历教育,体现作为现代高等学校的文化和高层次性,又要积极开展多形式、立体化的培训工作,并把它作为开展服务工作的重要评价内容。与时同时,要把学历教育学生的职业培训理念融进去,把与岗位培训的学历提升结合起来,体现出并重并举和有机结合的要求。

3.探索形成校企合作的有效办学模式。校企合作作为职业教育的办学模式已写入《教育规划纲要》,这体现了职业教育的基本要求,因此必须积极创造条件,探索形成"政府主导、行业指导、企业参与"的办学体制,构建"合作办学、合作发展、合作就业、合作育人"的良好氛围和保障机制,真正使高职院校成为一个开放合作的办学有机体。

4.努力构建工学结合的人才培养机制。工作与学习有机结合,理论学习与实践育人有机结合,这是高等职业教育提高质量的有效之路,因此,高等职业院校应该创设工作和学习、教学做一体化的环境条件,努力把校内和校外,第一、第二、第三课堂的有机结合起来。

5.重视办学条件和学校文化的结合。办学条件是提高教育质量的重要前提,没有大园、大楼,很难吸引大师、大家。因而也难以培养出高徒和高足,现代办学尤其是大众化办学,必须讲条件,然而,只有办学的物质条件和基础设施,没有厚重的学校文化支持,没有文化育人的有效氛围和机制,也难以形成高质量的办学。

6.重视学生的当期就业和可持续发展。职业教育就是就业教育,职业教育的目的就是使无业者有业、使有业者乐业。正因为这样,学生能否顺利就业、对口就业、优质就业,无论如何是最为重要的,只有学生当期顺利就业才有利于形成一个有利于学生可持续发展的机制和条件,才是理想的有机结合。

三、构建高职院校质量保障体系的着力点:标准体系建设

《国家教育事业"十二五"发展规划》对建立健全具有国际视野,适合中国国情,涵盖各级、各类教育的国家教育标准体系做了安排,明确规定至少包括以下 6 个类别,包括各类学校建设标准、学科专业和课程体系标准、教师队伍建设标准、学校运行和管理标准,教育质量标准、国家语言文字标准。从高职院校实际情况看,我们认为,应该包括以下标准:

1.学校建设标准。按照高教性和职教性相统一的要求,体现现代化和

节约型的特点。对一所高职院校在学校占地面积建筑面积、教学用房、实训设施、生活设施和文体运动设施应该有基本和生均的评价标准。

2.专业建设标准。即对于学校开设一个专业的条件规定和考核验收指标体系，包括开设时、首届学生毕业时、首届毕业三年时、平时考核节点设计等内容，以前强调的1～2名副高以上专业带头人和一批骨干教师等都是必需的，同时也应包括课程教材建设标准。

3.教师队伍建设标准。这包括教师队伍的最低量，生师比，教师的入职要求，学校教师队伍的总体标准等内容，从某种意义上说这是重点和关键。

4.学校运行和管理标准。其中应包括政府对学校经费拨款的标准、收费的标准和学校教学、行政、服务行为的基本标准等。

5.教育教研标准。既包括学校总体教学和人才培养质量的基本规格和标准，也包括各专业人才培养工作基本制度、人才培养方案，等等。

6.校企合作基本标准。针对学校在总体上如何适应区域和行业企业发展需求，开设专业合作企业和聘任兼职教师，教师实习锻炼，学生实习就业基地等。

我们认为，以上标准是初步的、最基本的要求。

四、当前高职院校质量保障体系构建的关键点

我国的高等职业教育已经从规模发展转向内涵建设，提高质量是中心任务。在这一背景下，外部的考评显然重要，但自我约束更为迫切，这实际上是说，高职院校必须把提高质量转变成为文化自觉。从这一意义上说，当前至少应抓好以下几件事：

1.重视数据状态采集和分析。数据状态分析是评价高职院校办学状态的基本工具，在一定程度上是体现教育质量的重要平台。从2008年实施以来，已历经四年时间，实践证明，它在总体上是客观的，从而得到了教育行政主管部门的高度重视，因此必须引起各学校更大的重视和更多关注。学校要客观真实地采集数据，科学准确地利用数据进行分析，并从数据状态的分析比较中看到自己的成绩，找到自己的差距和努力方向。数据采集是源头，必须重视源头采集工作。

2.加强办学尤其是教学标准建设。如前所述，国家将进行相关标准建设，作为学校自身，在办学总体、专业建设、教师队伍、实验实训、学生毕业、课程体系等方面都必须建立一整套评价标准，以此作为约束自己、考核系部和教师的指挥棒。并且这一标准可以与时俱进、不断修正，但必须有，也应

该全。

3.重视和加强督导工作。从概念上看,现在大多数学校都有督导,但督导的名称、人员配备、功能和地位各不相同。总体而言,还处于十分弱势的地位,更多的停留在聘用退休人员听听课,了解了解情况,真正从发展、质量、品牌等角度,把督教、督学、督管统一于一体的督导工作尚不多见,应该切实加以改进。

4.引入ISO9000质量标准体系。质量标准体系在我国许多行业比较重视,在学校考评中也应当有所体现。实践中,诸如航海类专业、酒店服务业专业对此比较重视,它把标准、过程、环节等统筹起来,有利于工作的规范化,从而有利于增强学校的过程意识和质量意识,非常有意义。

5.构建多元、开放、立体化质量评价体系。应该说,学校要提高教育质量,必须重视质量环节和质量标准。同时,必须主动做好质量跟踪和调研反馈工作。当前,各学校正在探索引入第三方评价机制,这无疑是有意义的。如果能积极构建起一个学生、用人单位、主管部门、投入部门、社会各界等广泛参与的评价机制和体系,进行综合分析,则无疑具有更深的意义。

6.完善高等职业院校社会责任和人才培养质量发布制度。《教育规划纲要》明确要求学校应建立人才培养质量发布制度。对此,我国的985高校和国家示范性高职院校先行先试,作了表率,今后应进一步完善并不断走向正规,可学习借鉴上市公司模式,编制年报,并在指定媒体上发布,具有意义,值得研究和推广。

五、围绕质量体系切实改进和加强高职院校管理

经过多年的发展,高职院校学校数从少到多,学校规模从小到大,有了很大的发展,"千亩校园、万名学子"已不再稀奇甚至相当普遍。因此,根据提高质量和内涵建设的需要,加强管理工作十分重要,它必将有助于学校质量保障体系建设向纵深推进和发展。

1.增强管理学校意识。企业发展到一定阶段,管理工作越来越重要,从人治走向法治更是必然,因此,着眼于构建现代大学制度、积极完善内部治理结构是今后一个阶段学校建设工作的重点。建立健全党委领导下的校长负责制,优化"党委领导、校长负责、教授治学、民主管理"的机制,健全以学术委员会为主体的各种委员会制度和教职工代表大会制度均相当重要,向管理要质量必须成为高职战线的共识。

2.加强管理队伍建设。由于发展阶段和学校特点所致,高等学校的管

理队伍建设没有得到足够重视。双肩挑是一种十分普遍的现象，这种现象的通病是显而易见的。正因为这样，管理队伍的专业性、技术化建设应引起高度重视。

3.较大幅度增加教师数量。无数事实证明，教师数量不足、教师负担过重是影响教育质量的重要因素，因此，较大幅度地增加教师、配足教师、调优师生比，应该是各高职院校今后一个阶段共同的任务。

4.切实加强师德教风建设。教师的师德风范、影响乃至决定了学校教育质量，增强教师的责任性，激发教师的事业性，增强教师为学生服务的意愿和本领是今后一个阶段质量工程的重点。

5.努力改进和优化学风。学生学习的主动性和自主学习的能力，不仅关系到学习效果，更关系到学生质量和精神风貌，要弘扬正气，采取有力措施激发学生学习积极性和热情，真正把时间有效利用起来，提高学习效率。

6.积极改进和改善教学条件。据调查，高职学校毕业生对学校反映的最大意见是教学内容不适用和实习实验时间不够用，这实际上与学校的办学条件有关，增加校内外实训实习基地建设，应该是高职学校的重点，也是特点所在。

第二章

体系构建:高职教育可持续发展的主线

第一节　全面构建现代职业教育体系

《教育规划纲要》颁布以后,现代职业教育体系建设,已成为今后十年国家大力发展职业教育的中心任务。在这样的政策背景下,正确理解现代职业教育体系的基本出发点和理论内涵,明确高职院校自身在职业教育体系建设过程中的地位和作用应当成为今后一个阶段高职教育战线需要加以认真思考和自觉实践的核心命题。

一、现代职业教育体系建设的基本出发点

关于什么是现代职业教育体系,现代职业教育体系应该怎样构建,学术界有不同的看法,也有不同的建议。对此《教育规划纲要》倒是已有明确的表述,概括而言就是:“两个适应”、“两个满足”、“一个体现”和“一个协调”。

一是适应经济发展方式转变。职业教育是各类教育中与经济发展联系最密切、最直接的教育类型。因此,有人认为:抓职业教育就是抓经济,或者说职业教育天生具有经济性。构建职业教育体系,必须从经济发展方式转变中寻找答案。众所周知,改革开放以来,我国通过经济改革已经逐步实现了从高度集中的计划经济向社会主义市场经济体制的转变,但是在经济发展方式上,以高投入、高消耗为基本特征的粗放型发展模式仍然在大部分地区和产业占据主导地位,造成资源消耗急剧增加、环境压力越来越大。因此,党的十七大明确提出了要加快经济发展方式转变,改变以资源和消耗换取经济增长的发展模式。转变经济发展方式,其核心的问题是发展目标和发展观念的转变。改变过度依靠投资拉动和外向型经济为主的发展方式,大力发展绿色产业、高新技术产业、新材料新能源产业,谋求人与自然、人与社会之间的和谐发展。与之相适应,职业教育战线就应当围绕先进制造业、

高新技术产业、绿色农业、现代服务业的发展要求，主动推进培养模式、专业设置、教学内容等方面的改革，提高适应性、增强促进力，使整个职业教育体系从结构到内容、层次都充分体现这一点。

二是适应产业结构调整要求。产业结构的调整升级是现代生产力发展的必然结果，也是科学技术进步的必然要求。在生产力水平低下的时期，农业成为主导力量，耕作成为主要产业；随着生产力的进步和发展，工业化逐渐推进，第二产业即工业的比重逐渐提高。当前和今后一个时期，我国既要大力推进工业化和城镇化，大力发展先进制造业和新兴战略产业，同时也要大力发展现代服务业，如金融保险、物流、文化创意产业等，特别是经济发达地区，发展现代服务业将是重点，服务业的比重将会超过第二产业，形成“321”格局。正因为这样，我们在构建现代职业教育体系过程中，既要看到主要满足第二产业技能型人才的要求，也要看到现代服务业应用型人才的要求，至于在农业、农村领域，也应考虑农业生产经营管理人才的要求。这些都是适应高等职业教育发展的长远方向，应该积极发展，大力发展。

三是满足人民群众接受职业教育的需求。应该说，由于受传统文化的影响，长期以来，我们在教育培养上严重存在着重理工、轻人文，重学科、轻专业的倾向。职业教育一直存在，但并没有“理直气壮”正名分，职业教育也没有受到应有的重视。20 世纪 80 年代开始，职业教育作为一个统一的概念才频繁出现，但是坦率地说，政府和社会对职业教育仍然是不理解、不重视甚至有歧视状况。2005 年党中央、国务院正式发布了《关于大力发展职业教育的决定》，唤起了全党、全国和社会各界对职业教育的关注，职业教育才正式纳入有关文件规章，走上了快速发展的轨道。特别是随着 2010 年第四次全国教育工作会议召开和《教育规划纲要》的颁布，职业教育作为纲要中唯一用上“大力发展”的教育类型，未来仍将具有广阔的发展空间。我们研究现代职业教育体系建设，应该充分考虑这一宏观背景，正确加以理解。从人民群众需求看，一是多层次的需要，二是多形式的需要，其中包括了就业需要的岗位培训，转岗需要的岗位轮训，发展需要的新技术培训，更应包括一种学历而存在的相应层次的学习需要，从中职、高职一直到更高层次。

四是满足经济社会对高素质劳动者和技术型人才的需要。在我国，初中后的教育分为两个体系：一是进入普通高中继续接受普通中学教育，二是进入中职或职高接受职业教育。随着经济社会的不断发展和科学技术的持续进步，对劳动者的素质和技能提出了新的更高的要求。主要表现在：第一，劳动者的职业素质要求日益提高，要求将职业素质教育摆到更加突出的位置;第二,劳动者的技能(术)水平将伴随着产业升级的深入而面临二次提升的压力,要求将最新技术和操作方法及时纳入职业教育内容;第三,劳动者不仅需要有扎实的岗前知识储备,同时又要求具备理解和把握知识经济对于自主学习能力的突出要求。因此,作为教师不仅要让学生学会做,而且要学会学。作为学生,要提高学习的能力,这对于职业教育而言,依然是相当重要的. 坚持职业素质和职业技能并重,不断提高教育的技术含量,不断增强教育的方法功效,将是今后职业教育体系建设中必须重视的,同时也要重视从经济社会对人才的具体需求出发,针对性地设置专业、开设课程,注意教育改革与行业产业发展的衔接。

五是体现终身教育的理念。终身教育的理念,既是以人为本理念在职业教育领域的具体体现,也是教育为生产劳动服务、为人的发展服务的宏观要求。终身教育要求职业教育在坚持学理论的同时,更好地克服唯学理论;要注意初始学历,更要重视学历的发展和提升;要重视学历教育,更要注意岗位培训;要妥善安排全日制教育,也要安排组织业余教育和培养;既要重视适龄青年如初中后、高中后应届学生的学习,也要注意中年乃至老年人的学习和培训。这实际上是说,适应人的不同发展阶段和不同人群的要求,应该有多样化、多形式、多学制、多内容的教育。终身教育理念是对现行职业教育制度的挑战,也是今后一个时期职业教育发展的重点和难点。它涉及教育制度和内容本身,更与我国的文化制度、劳动人事制度密切相关,其推进必然是一个渐进过程,但应该引起我们的重视。终身教育理念,在职业教育中是最需要受到重视的,对职业院校来说,将是要求最高的。

六是中等和高等职业教育协调发展。中等和高等职业教育协调发展,这既界定了我国职业教育实施的教育起点是初中后,而不是大学后,是在九年制义务教育基础之上。也就是说,在中国,初等职业教育不再是重点。与此同时,高等职业教育应包含更为丰富的内容。由于经济社会发展的需要、人的全面发展需要,高等职业教育将会有更高的发展空间。中等和高等职业教育协调发展,也有一个自身协调机制的问题,从专业、课程、教材、招生、就业、师资、理念等等都应该建立关联机制和发展通道。与此同时,协调发展也应该包括从职业教育向职业教育体系外的普通教育开放通道,也就是说,社会上也应该建立起普通教育和职业教育间的贯通机制和对流机制。

二、当前职业教育体系建设中存在的三个主要认识误区

自《教育规划纲要》明确提出构建中国特色职业教育体系的目标之后,

理论界、教育界都有不同观点的反映。其中把构建中国特色职业教育体系简单化为三种操作层面的观点比较具有代表性。

1.现代职业教育体系就是进行“3+2”或者五年一贯制教育。这种观点认为,既然职业教育是一个体系,而且是中等、高等职业教育协调发展,那么,最直接的方式就是构建五年一贯制的中高职一体化体系,或者说通过“3+2”的方式,建立中职与高职直接衔接的晋升通道。我们认为,这种观点有一定道理,但具有简单化和片面性,也仅停留在传统思维和传统方法之上。中央提出的现代职业教育体系比之更宏观、更系统、更丰富。在一定阶段、一定条件下,会有五年一贯制的职业教育,也应该有“3+2”的中高职衔接方法,但只是其中很小的一个部分或者一种方式,我们需要在纵向联合、纵横贯通上下工夫,在专业、课程、教材、师资、招生等方面寻对策,更要研究整个职业教育中如何发挥行业的指导和参与作用,切实解决体制和机制问题。

2.现代职业教育体系就是举办四年制高职或者高职升本。应该说,持这种观点的人不在少数,反响也比较强烈,主要是一批办学条件比较好,行业面向比较高端,过去由老中专升格而来的高职院校或者老牌的高等专科学校。坦率地说,沿海发达地区和部分技术密集行业早就具有四年制高等应用型人才的迫切需要,从一定意义上看,这些地区的一部分学校也具备四年制高职教育的教学条件和培养能力,比如深圳职业技术学院,无论是从地区经济社会发展要求、产品升级换代要求和自身的办学软硬条件看,应该说是万事俱备,只欠政策。但我们以为,研究现代职业教育体系,不能简单地等同于高职升格办四年制教育。从发展条件和要求看,四年制高职教育要办,并且也应该由高等职业院校来办,但是不能脱离具体的产业面向特点和区域经济发展要求,而搞“一刀切”或“一窝蜂”。对于大部分地区和产业的职业人才需要而言,高质量的三年制高职毕业生已能满足要求。况且,学制概念上的层次学历教育仅仅是问题的一个侧面,不应该理解为体系的全部和全面。现代职业教育体系的构建,不仅是一个学制和学历问题,也不仅仅是技术问题,而且更牵涉到制度、体制和文化。

3.现代职业教育体系就是应用型本科转向职业教育。从经济社会发展和生产经营活动对人才需求结构看,社会主义现代化建设需要大量的高素质技能型和应用型人才,而我国长期以来高等教育主要实施精英化培养,形成以学科型教学、知识体系型传授为主的教育格局,应该进行结构性调整优化和教育教学模式改革。正是从这种意义上讲,近年来新办或专升本的高等学校(主要是学院),应该更多地纳入高等职业教育范畴,按校企合作模式办学,以工学结合育人。然而,由于受中国总体人文环境、教育体制、教育观念等各方面因素的影响,我国近年来新建设和升格起来的本科院校,大多已按照学科性教学模式进行构建,而且也按学科型教学模式在建立评价标准和评价体系。因此,客观地说,要实现教学模式的全面转轨比较困难,即使从理念、师资等方面,社会大众观念也未必接受。正因为这样,我们在构建现代职业教育体系过程中,既要立足于对原有体系进行改革调整,也要立足于进行新建和发展,只有双管齐下,才能取得理想的效果。

三、现代职业教育体系建设应当彰显的四大基本特色

通过以上分析,我们应该可以科学、完整地对我们要探索和构建的中国特色现代职业教育体系作如下界定:

1. 现代职业教育体系应该是一个独立的体系 。现代职业教育体系作为一个独立的体系,主要包含两层含义:①作为一种独立的国民教育类型,它的教育理念和培养方法应当是自主的。这就是说,职业教育应该独立于普通教育而存在,国家应当将之与普通教育并行推进、协调发展。一般而言,整个国民教育体系应从普及九年制义务教育后开始分流,根据国民经济结构、经济发展状况、科学技术水平和产业分类情况从而进行分类设计。职业教育的基本特征是校企合作办学、工学结合育人,职业素养与职业技能并重,着力培养具有鲜明的职业意识、崇高的职业理想、严明的职业纪律、良好的职业良心和优良的职业习惯的高素质、高技能、应用型人才。②作为一种独立的教育管理对象,它的管理体制与评价标准应当是自足的。也就是说,职业教育体系内的管理模式和建设成果能够为全社会所认同。现实的情况是:在劳动人事部门的序列中,一般只有专科、本科,而社会上相当一部分人连职高与高职也分不清,或者说高职相当于大专,这就很难使职业教育具有真正的生命力和可持续发展能力。

2. 现代职业教育体系应该是一个多元的体系。现代职业教育在功能定位上既是一种学历教育,也是一种培训教育。作为一种学历教育,它主要满足职业教育体系内部和普通高中教育学生对于提升学历层次、实现更高素质和能力拓展的需要;作为一种培训教育,它主要满足企业新进人员对于岗前专业技能适应和企业文化内涵理解以及社会在岗人员对于顺应产品技术更新和行业发展趋势的能力提升需求。在具体办学形式上,它既可以是全日制教育,也可以是非全日制教育;既有面向适龄青年的教育,也有满足人民群众追求可持续发展、实现终身学习的教育;既有人才培养工作,也有科

学研究和社会服务的功能。

3.现代职业教育体系应该是一个开放的体系。现代职业教育体系的开放性，主要表现在以下几个方面：①学制学历设计灵活多样，没有终点、只有过程。既有短期培训的班次、又有长期学习的课程，能够适应不同层次的学习发展需要，满足人们对于终身学习的个性追求。适应不同阶段、不同地区、不同行业发展的要求。职业教育应该有中等、高等不同层次，在高等职业教育阶段有专科和本科层次。随着职业发展和技术进步，应该有职业领域的专业硕士、博士乃至博士后。②专业设置和教育内容与经济社会发展保持同步。有什么样的新兴产业和新生职业，学校就应该发展相对应的职业教育，以行业兼职教师和"双师型"教师为主体的教学队伍更能将最新的知识和信息传授于学生。③教育对象和培养人群向全社会人员开放，不论生源性质、不受地域限制、不问教育背景，只要有需求，都可以参加学习和培训，都可以使之提升职业素养与专业技能。

4.现代职业教育体系应该是一个协调的体系。所谓协调体系，主要是中等职业教育与高等职业教育相协调，这种协调主要是表现在专业设置、课程体系、教材建设、教学过程、招生考试、教师培养、评价方式、行业参与等方面，以通过培训达到在职业意识、能力和纪律方面的最佳状态，避免走歪路，造成人力资源和教育资源的浪费。除此之外，这个体系也应该是一个职业教育和普通教育协调发展的体系，能够通过一定的渠道相互衔接，构建起两种教育类型之间的"立交桥"。

四、高等职业院校在现代职业教育体系构建中的作用

高等职业教育既是我国高等教育的重要组成部分，更是职业教育的重要组成部分。经过几十年的建设和改革，高等职业院校在办学实力上已经有了一定积淀，而且其教学模式更体现了培养高素质高技能应用型人才的要求，因而可以在今后现代职业教育体系中发挥积极作用，主要应该在：

1.带头作用。相对于中等职业院校而言，我国的高等职业院校无论从办学条件、师资队伍、管理理念、管理水平还是对外合作发展机制等方面，均居于较高层次，办学实力也大大高于中职院校，社会声誉和社会影响力也大大胜于中职院校，因此，要构建现代职业教育体系，必须发挥高职院校的带头作用，在专业设置、课程体系、教材建设、招生考试、师资培养等方面主动发挥作用，尤其是在建立职教集团、加强与行业企业合作、带领中等职业院校建设发展等方面更应发挥带头作用。

2.主体作用。现代职业教育体系的主体力量是谁？也许会有不同解释和回答,如果从简单的数量关系看,中等职业教育数量更大,也更具基础性。但笔者以为,现在并不代表将来,数量并不代表主体。现代职业教育体系的主体力量应该是高职院校,这是因为:从主体对整个职业教育发挥作用的角度看,高职院校影响力更大;从职业教育与高等教育构建“立交桥”的改革实践看,高等职业教育更具可能性。尤其值得重视的是,随着经济社会的进一步发展,科技和生产力的快速进步,现代产业结构加快升级,新材料、新工艺、新技术广泛应用,传统加工业将被改造或替代,新兴产业会大量兴起,现代服务业也会加速发展,并超过第二产业成为国民经济结构中的主体。可以预见,职业教育起点提高、基点提升、层次提携的情况将一定会出现,高职教育必将从数量上和实力上完全处于主体,成为主导。

3.引领作用。笔者所说的高等职业院校对现代职业教育体系建设的引领作用,至少包括以下几个方面:一是从教育理念革命、教育思想解放到办学模式改革、人才培养模式改革,高等职业院校应该走在前列,发挥引领作用。二是从专业设置、课程体系、教材建设到具体的教学内容改革创新,高等职业院校也应该发挥引领作用。三是从职业教育作为一个相对独立的体系而言,必然要适应发展、适应需求进一步提升层次。不仅包括本科层次,而且包括专业硕士等。高职院校毫无疑问会走在前列,发挥引领作用。关于这一点,经济发达地区如北京、上海、天津、江苏、浙江、广东省地区,在金融、物流、计算机、国际护理等专业领域先行、先战,研究和实践四年制高等职业教育,应该是我们马上需要思考的话题。

第二节　积极发展本科层次的高职教育

《教育规划纲要》明确教育工作的指导思想是高举中国特色社会主义伟大旗帜,以邓小平理论和“三个代表”重要思想为指导,深入贯彻落实科学发展观,实施科教兴国战略和人才强国战略,优先发展教育,完善中国特色社会主义现代教育体系,办好人民满意的教育,建设人力资源强国,并把“优先发展、育人为本、改革创新、促进公平、提高质量”作为教育发展的核心方针,把改革创新作为教育发展的强大动力,把提高质量作为教育改革发展的核心任务,以努力实现到2020年基本实现教育现代化,基本形成学习型社会,进入人力资源强国的战略目标。笔者以为,从中国作为一个发展中大国和经济大国的国情出发,要想加快实现从人力资源大国向人力资源强国,从经济大国向经济强国两个伟大转变，到 2020 年基本实现现代化，大力发展职业教育，积极发展本科层次的高等职业教育是我们必须的改革点、创新点。

一、积极发展本科层次的高等职业教育的重要意义

在中国，本科层次的高等职业教育，是一个十分敏感的问题，往往与“专升本”联系在一起[①]。正因为这样，在第一轮三批国家示范性院校建设中，都要求学校明确“十一五”期间不升本，在第二轮三批国家骨干高职院校建设中，又要求学校在 2020 年前不升本。在 2011 年初，教育部学校管理体制调整过程中，已把高职与高专处、继续教育处划入职业教育与成人教育司，而大量的应用型本科未作调整。由此可见，教育行政主管们似乎对本科层次高职教育未作明确思考和安排。其实，本科层次高职教育，对我们来说，是最重要的理由是：

1. 发展本科层次高职教育是完善中国特色现代教育体系的需要。完善中国特色现代教育体系是《纲要》的重要指导思想之一。从目前而言，中国特色的现代教育体系，从学历层次看，包括幼儿、小学、初中、高中、专科层次高职、专科、大学本科，硕士、博士；从形式来说，有学前教育、义务教育、高中段教育、职业教育、高等教育；从涉及的领域看，还有继续教育、民族教育和特殊教育。应该说是一个层次分明、类型齐全的严谨的体系。但是在《纲要》设计的这个体系中，高等教育没有明确涉及高等职业教育，职业教育也没有明确涉及高等职业教育。从目前办学情况看，只有专科层次的高等职业教育，没有本科层次的高等职业教育，更高层次的职业教育更无从谈起，既没有明确职业教育是一个类型，也没有明确职业教育是一个层次。因此，从完善中国特色现代教育体系的需要看，只有发展本科层次乃至更高层次的高等职业教育，才能说是完整的。

2. 发展本科层次高职教育是建设现代职业教育体系的需要。规划纲要明确要求，要大力发展职业教育。到 2020 年，形成适应经济方式转变和产业结构调整要求，体现终身教育理念，中等和高等职业教育协调发展的现代职业教育体系，满足人民群众接受职业教育的需求，满足经济社会对高素质劳动者和技能型人才的需要。仅从职业教育体系情况看，目前只有高中层次的中等职业教育和专科层次的高等职业教育。在广大落后地区，尚未

---

① 李红卫：《我国高职专升本政策回顾与展望——兼论我国发展高职本科的路径》，《职教论坛》2010 年第 7 期。

大力发展初中层次的中等职业教育,在城市和经济发达地区,对应高新产业和现代服务业,也没有本科乃至更高层次的高等职业教育。很显然,它是不完整的。从目前情况看,专科层次的高职教育学生大部分都通过一定途径学习本科,如果基于职业和岗位的职业教育到专科层次就封顶,那么,高职学生只能去基于学科知识体系运行的普通本科院校升学。这既是培养教育上的混乱,也是人的时间和生命的浪费,更是典型的对"以人为本"的反对,难怪职业教育没有吸引力!

3. 发展本科层次高职教育是经济发展方式转变和产业结构调整的要求。当今世界,科学技术日新月异,产业升级节奏加快,经济发展方式从粗放型向集约化,从低技术向新技术转变,尤其是新兴战略产业和现代服务业发展口号的提出,对劳动者素质提出了新的、更高的要求,要提高劳动者技术应用水平,提高劳动者服务技术和技能,提高产品和劳务活动的经济附加值,以增强中国经济在全球经济活动中的竞争力,尤其要通过大量运用新技术,积极发展服务业,以减少碳排放,减少污染,推进资源节约型和环境友好型社会建设,对中国乃至全球的可持续发展,都具有十分积极的意义,必须把提高劳动者素质提高到新的水平,用人力资源支持科学技术的运用,产品质量的提升,环境资源的节约。

4. 发展本科层次高职教育是满足人民群众接受更高层次职业教育的需要。中国的职业教育,虽有较长发展历史,但真正得到重视,形成独立概念还是改革开放后,尤其是20世纪90年代后。正因为这样,职业教育社会吸引力不是很高,人们往往把它与低素质、低层次、低水平等连在一起,更何况,国家又是低投入。经过近二十年的宣传、呼吁和支持,尤其是党中央、国务院的重视,职业教育才逐渐被认识、认同,吸引力也在不断提升,但如果职业教育仅停留在专科层次上,且只相当于专科层次,就读本科还得按学科知识体系重新学习和考试,必然会大大削弱人们的学习意愿和兴趣,只能作为一种无可奈何的选择。这几年有许多已被高职录取的考生往往为参加高复而放弃入学,足以证明学术型本科热还在不断升温,这不得不让我们思考职业教育如何提升层次、高等教育如何调整结构的问题。

二、发达国家本科层次高等职业教育有可资借鉴的经验

美国、德国、日本都是公认的教育发达国家,三个国家虽然国情和体制不同,但其举办本科层次高等职业教育的经验和路径基本相同。据学者统计和分析,发达国家本科高职已走过了数十年的历史,经过数十年的努力,

发达国家的本科高职不仅造就了一大批高层次技术应用型人才，也极大地提升了高职教育在高等教育系统中的地位和竞争力，实现了既满足社会需要，又推动高职自身发展的双赢。[①]

1.发达国家举办本科层次高等职业教育的影响因素。发达国家本科层次高职的形成和发展是教育系统和外部多种因素合力作用的结果，集中反映了当代高职教育形式多样化、层次高移化、学习终身化的趋势。分析其中的主要原因，可以概括为：第一，经济技术应用的需求。这主要是在第二次世界大战后，发达国家经济持续增长，产业结构不断升级，生产工艺日益复杂，生产方式也发生了变化，对技术应用人才的要求大大提高，仅面向比较单一岗位和基础技术的专科高职难以适应一些技术密集部门和复杂工艺的要求。第二，体系完善的需求。1997 年修订的《国际教育标准分类》（联合国教科文组织制定）把整个教育体系分为七个层次，其中的第五层次为高等教育第一阶段，包括专科、本科以及硕士学位，第五层又分为 5A（理论型）和 5B（职业型）两类，5B 年限通常比一般 5A 短，通常是 2～3 年，但也有 4 年、5 年乃至 6 年。换言之，5B 实际涵盖了从专科、本科到研究生的三级高职教育。这一层次完善需要，不仅满足了社会多样化需求，还能为受教育者提供更广泛、更个性化的选择机会。第三，趋同原因的影响。20 世纪 90 年代，克拉克·克尔（C. Kerr）提出著名的高等教育“趋同说”。他认为，世界高等教育日益呈现出一种趋同现象，特别是作为第一级高等教育的大学和作为第二级高等教育的其他类型院校在功能上呈现越来越明显的同质化趋势。因此，发达国家的高等职业教育和普通大学教育在形式、功能等多方面相互交融已是事实，普通大学办高职，专科高职升格为科技大学也是真实写照。

2.发达国家本科层次高职的创建模式与办学形式。从美国、德国、日本等国的情况看，本科层次高职的创建模式大致有三类：①升格模式，本科层次高职由专科高职或其他技术学院升级而成，如德国应用型科技大学（FH）；②新建模式，如日本的技术科学大学；③衍生模式，既培养本科高职人才是院校自身新衍生出来的职能，美国普通大学、社区学院举办的本科高职以及日本专门学校的专科。

从美国、德国、日本等国的情况看，本科高职的办学形式大致有三类：①独立型，即本科高职由独立建制的高职大学承担，如德国的（FH）、日本技术

① 李均：《发达国家本科层次高等职业教育研究——以美、德、日三国为例》，《高等教育研究》2009 年第 7 期。

科学大学;②混合型,即本科高职由专科高职院校及其他院校承担,如美国社区学院办的高职、日本专门学校的专科以及美国普通大学的本科高职;③合作型,即专科高职与其他院校合作培养本科高职,如美国社区学院与大学合办的本科高职即属此类。

三、发展我国本科层次高职教育的具体路径

根据我国经济社会、人文环境和教育结构体系的实际情况,我们认为,发展本科层次的高等职业教育不仅是必要的,而且也是可行的。发达国家的经验证明举办本科层次的高职是顺应世界潮流和时代趋势的要求,更是有路可走的[①]。综合分析我国的情况,对发展本科层次的高职教育,具体的路径可以是:

1. 新升格本科转型。1998年我国实施高等教育大众化以后,专科升本科已是一种潮流,其数量也非常之大。新升格本科大多只经历了不到十年的发展历程,总体学科学术水平已有提升,师资水准也有提高,但其应用型、技术型与行业和区域经济社会的紧密结合的特征十分明显。这些学校虽然已经接受了本科合格水平评估,但是从总体实力还不是很强,学术型特征也不明显,本科教学和服务当地经济仍然是其主要职能。从考虑我国人才结构和学校定性转型可能性角度看,将这些学校作为四年制本科层次的高职或专业硕士授予点培养单位是比较可行和现实的。同时,从这些学校目前办学状态尚不明确(学术型赶不上,教学型不甘心),也需要通过明确发展导向实施行动激励,建议以2000年1月1日专升本作为一个时点进行划分。

2. 独立学院定型。作为中国高等教育大众化的重要路径,近年来,我国举办了大量的独立学院即人们统称"三本",这些学院参照民营机制,由一所办学水平相对较高的大学或学院与地区(或企业)联合举办,如浙江大学城市学院、浙江大学宁波理工学院、浙江财经学院东方学院等,它们的招生数量很大,约占高等本科教育1/3。当前,独立学院正在按照教育部的要求进行规范办学。笔者认为,应该在推进独立学院规范办学的过程中,同时对其办学目标加以定型,即本科层次高职,并将之作为本科层次高职的基本主体,理由是它们与地方政府和行业企业合作非常紧密,又有大学教学科研力量,适宜办好本科层次高职。

3. 现有高职院校升格。我国的高等职业教育经历了三十年的发展历

---

① 徐辉:《发展本科层次高等职业教育有效途径初探》,《中国成人教育》2009年第23期。

程，已经拥有了一批办学实力和水平相对较高的学校，早期的职业大学多数已经升本。经过近十年来的新发展，尤其是经过国家示范性高等职业院校建设，至少有100所左右的学校已初步具备举办本科层次高等职业教育的条件和实力，尤其是这些学校的重点建设专业，在践行“校企合作、工学结合”的人才培养模式，在构建专兼结合的“双师”教学团队，在办好学历教育、大力开展岗位培训、推进终身教育方面，在为区域（地方）经济和行业服务方面均彰显了相当的水平和实力。应该成为本科层次高等职业教育的重要补充，并逐步将之发展为主要主体之一。

从我国目前专科层次的高职院校实际情况出发，举办四年制高职教育建议分三步走：第一步，地处沿海经济发达地区、面向现代服务业和高新技术产业的国家示范性高职院校的重点建设专业试办（可在2012年开始）；第二步，地处沿海经济发达地区、面向现代服务业和高新技术产业为主的国家示范性高职院校整体升格（可在2016年开始）；第三步，具有较强办学条件和实力的学校的重点专业先办或整体升格（可结合实际情况，在2020年先后适当推开）。

四、积极推进本科层次高职教育的配套措施

按照笔者提出的积极发展本科层次高职教育的理念和思路，这是中国职业教育和高等教育的一场革命，涉及我国教育结构和人才结构的整体调整和优化，选择抓手先不必说，配套措施也十分重要，我们的思考是：

1.国家法律保障。当前我国正在修订《中华人民共和国职业教育法》和《中华人民共和国高等教育法》，希望在这两部教育法律在修订过程中能够充分考虑本科层次高等职业教育的存在和需求，给其一个正确定位和合理空间。如有可能，也可单独起草《中华人民共和国高等职业教育法》。总之，必须在法律上为高等本科乃至更高层次高职业教育留下地位，落实法律保障。

2.教育部门体制调整。当前，国务院正在组织旨在贯彻落实《国家中长期教育改革与发展规划纲要（2010—2020）》的相关教育改革，教育部在职业教育与高等教育的问题上已经先走了一步，即把高职高专处划给职业教育与成人教育司。教育部的这一动作引发了关于建立现代职业教育体系的话题和思考，但真正要从人才结构优化并适应中国经济社会和科技进步要求来思考。从中国高等教育与发达国家接轨来考虑，还是不全面和不完整的，建议对现有学位办（研究生教育司）、高教司、职成教司进行再优化整合，分

别更名为高等教育一司(研究生教育司)学位办、高等教育二司(高等职业教育司)、职业与社会教育司。前两个司分别负责履行对高水平本科与研究生教育,从专科层次、本科层次、专业学位三层次高等职业教育,而职业教育与社会教育司主要负责初等、中等职业教育政策(具体实施在省及以下)和各级各类培训考证鉴定机构管理,协调与劳动与社会保障部关系等。如此操作就可以既不增加编制也不增设机构的前提下全面理顺了关系。

3.考核评价办法优化。按照积极发展本科层次高职教育的要求,调整成立后的高等教育二司(高等职业教育司)按照职业教育的要求,统一制订适应应用型、技术型人才培养和办学相适应的高等学校评价办法,着重在应用型教学、职业培训、校企合作,为行业和地方应用型技术服务能力等方面,减少对于国家基金项目、国际学术刊物等方面的考核,增加教师了解行业企业和地方经济实践经历和能力的考核,减少教师关于国际留学经历的考核,增强建立校内外实训基地和双师结构教学团队的考核,鼓励成立职业化教育集团,等等。

总之,我们必须从认真贯彻落实国家教育规划纲要,建设人力资源强国,推进教育现代化的高度把本科层次高职教育摆上重要日程,并断然采取措施,积极创造条件加以推进。当然,步伐要稳健,措施要恰当。

第三节　审慎发展五年制高等职业教育

在构建中国特色现代职业教育体系的讨论中,五年制高等职业教育作为一个敏感问题不断引发争议[①],无论在学理上还是政策上都必须给出明确的回答。笔者的观点是:职业教育要构建体系,首要的目标是解决中高职衔接问题,所谓的五年制高职教育无论在理论上还是实践上均尚存在无法调和的内在矛盾,不宜作为一种实现中高职衔接的基本手段加以推广。

一、五年制高职:存在的并不定是合理的

改革开放以来,特别是1999年“六路大军”齐办高等职业教育开始,五年制高等职业教育就在全国范围内有了一定发展。在具体实践上,五年制高职先后变换过多种形式,比如“3+2”模式、“五年一贯制”,等等,但其总学制均为五年,其中又以江苏模式最为典型。该省通过设立全省联合职业技

---

① 曾宗福:《五年制高职教育的比较研究》,《扬州工业职业技术学院学报》2007年第1期。

术学院这一平台，将中等职业学校更名为高等职业技术学校，大规模招收五年一贯制高等职业教育学生，并统一颁发江苏联合职业技术学院毕业证书，其规模可谓壮观。除江苏以外，全国其他省份也有过不同程度、不同形式的五年制高职实践，均颁发高等职业教育文凭。具体而言，五年制高等职业教育主要有如下形式：

1. 五年一贯制。一般五年学习都在某高等职业技术学院或高等职业技术学院认定的中等职业学校，学生初中毕业后经考试或注册入学，按高等职业教育要求组织教学和考核，五年后颁发高等职业教育毕业证书。

2. "3＋2"衔接模式。采用"3＋2"分段学习的办法分别在中职和高职学校就学，学生在初中毕业入学时即明确为高职学生，学生前3年在中职学校学习，毕业后发给中职文凭；中职毕业后直升（或经考核升入）高职学校继续学习两年，取得高职毕业证书。

3. "2＋3"衔接模式。考虑到五年制的主要导向是让学生取得高职毕业证书，同时也为了让学生有更多时间接受高职专业和文化教育，部分地区采用政府政策支持下的特殊变通办法。即前两年在中职学习，后三年在高职学校学习，毕业时发给高职文凭。

4. "2＋1＋2"衔接模式。针对"3＋2"衔接模式在实践运行中出现的矛盾，特别是中职第三年利用率不足甚至出现"放羊"状态，有关教育部门和院校本着对学生负责的精神，创立了"2＋1＋2"衔接模式。即前两年学习高中和中职课程，后两年学习高职课程，中间一年为过渡期，升学者强基础、就业者强技能。

5. "2.5＋0.5＋2"衔接模式。这是比"2＋1＋2"更为精细化的模式，重点对中间一年的教学和管理问题作更有针对性的安排，根据不同的情况，采取不同的管理对策，以体现以生为本的办学理念。

总体而言，我国各地虽然广泛尝试过举办五年制高等职业教育，但是数量不大，占比不高，且五年制这一组织形式存在诸多问题。概而言之：第一，事后遗留问题最多。从近几年教育行政部门接受人民群众反映情况来看，五年制高职一直是职业教育中最为突出和敏感的问题；第二，用人单位对高职教育质量不满意者集中反映在五年制毕业生上；第三，高职院校操作层面最难处理的、最难协调的问题也集中在这种办学形式上。

二、五年制高职在理论和实践上的突出矛盾

如上所言，五年制高职在过往的举办过程中始终存在着比较突出的问

题和矛盾。当前，随着国家教育主管部门推进中高职教育衔接、构建现代职业教育体系要求的提出，五年制高职教育重又引起学界的热议。但是笔者认为，无论从理论上还是实践上看，五年制高职都不宜作为推进中高职衔接或者一体化的基础途径，主要理由是：

1.从理论上看，它模糊了中等教育和高等教育的界限。中等职业教育和高等职业教育都属于职业教育的范畴，但它们毕竟是两个不同的层次。按照我国的有关法律和政策，高等教育与中等教育处在两个不同的范畴。前者属于高等教育的重要组成部分，是推进我国高等教育大众化的重要抓手，高等教育招生计划下达、高等教育数据统计均将其列为主要指标；同时在教育管理和发展政策上也将高职教育纳入高等教育统筹安排。如果采用五年一贯制的办学和组织模式，在理论上将很难厘清究竟是高等学校办中等教育还是中等学校办高等教育。更何况中等学校和高等学校的职能和使命不同，推行五年制可能会引发中高职教育界的思想混乱，不仅教育界自身说不明白，社会各界更看不清楚，更何况实际运行中的五年制形式多元、体制安排颇多权宜之计，容易造成整个职业教育运行体制的不协调。

2.从法理上看，它与我国成年人制度发生冲突和矛盾。我国的教育制度，从 6 周岁开始，实施九年制义务教育制度，此前为非义务学前教育，九年后为非义务制教育。按此计算，小学 6 年、初中 3 年、学生初中毕业后一般为 15 周岁，仍属于未成年时期。教育制度设计必须考虑受教育者的年龄和心智成熟情况，正常情况下从高一到高三的时间段还是围绕未成年的教育培养，需要建立与未成年相适应的管理制度和办法，厘清学校和学生、家长以及社会的责任。而五年制高职教育尤其是五年一贯制高职教育，它面对成人与未成人学生的不同阶段采用同一种教学组织形式和学生管理模式，容易造成法理上的矛盾和冲突。

3.从政策上看，它与我国现行许多教育政策发生冲突。近年来，国家提倡大力发展职业教育，中等职业教育得到了一级政府和教育行政部门前所未有的重视，也受到产业界和企业界（尤其是制造业）的热烈欢迎。为了鼓励中等职业教育的发展，国家对部分专业的学生实行零学费制度，同时采取各种措施对学校招收中职学生实行中央财政补助制度。与此相适应，国家为了推进高等教育大众化，提升高等职业教育质量，促进高等职业教育持续健康发展，提倡实施了高职教育财政生均拨款制度，并允许高职院校采取比一般本科院校稍高的收费标准。此外，在常规教育行政上也将高等职业院校的招生就业、人事待遇、建设项目纳入高等教育范畴管理，将高职院校的教育教学改革和人才培养工作纳入高等教育质量工程。如果推行五年制高职，无论采用哪种方式都很难进行划分和管理，客观上将会造成五年制的学生和学校面临政策落空或者单独“开口子”引发争议的困境。

4.从社会影响看，它极不利于提高高职教育的办学质量和社会声誉。高等职业教育兼具职业教育和高等教育，既要大力发展，更要提高质量。因此，提高高等职业教育质量，增强高等职业教育的吸引力仍是当前和今后一个时期高职教育面临的主要任务。而五年制高职教育，在理论、法律、政策等方面存在不可协调矛盾的同时，对高等职业教育的办学质量和社会影响提升也会造成极大的损害。一是高职与中职办学混在一起，它会大大削弱高职教育的高教属性，降低高职教育由于是我国高等教育重要组成部分而对考生和家长产生的吸引力。二是五年制高职教育无论采用哪种组织形式，短缺了一年学制，缺少了中等教育升入高等教育的考核选拔环节，不利于学生专业素质和职业技能的提升。三是中高职层次不分，准入松散的情况，不利于提高人们对于高等教育重要性、严肃性、规范性的认识和认同。四是高职教育与本科教育均肩负着人才培养、科学研究、社会服务和文化传承与创新的四大职能和职责，在中高职界限模糊的前提下，难以得到发挥和落实。五是当前就业矛盾和就业压力是社会最大矛盾之一，没有必要以缩压一年学制作为代价追求快出人才，这会加剧社会的就业压力。六是按照中国教育制度惯例，小学6年、初中3年、高职或中职3年、本科4年、大专层次高职（大专）3年，五年制在受教育年限上不对应等同，容易使人们产生对职业教育等值文凭的误解和歧义。

三、关于与五年制相关问题的思考建议

诚如上述，五年制高职尤其是五年一贯制等模式无论在理论、法理上、政策上、社会影响和实践操作上均存在相当严重的问题，笔者不支持、不赞同大力发展五年制高职教育，在推动中高职衔接过程中，采用五年制高职的政策必须慎之又慎。比较稳妥的办法应该是：

1.中高职衔接总体应采用“3＋3”模式。中高职衔接是一个必然趋势，是一体化发展的必然要求①，但从我国具体情况出发，采用“3＋3”升学选拔方式是一种理想而明智的办法。它可以避免理论、法理和政策上的许多矛盾，也可以真正把国家中等职业教育制度、高等职业教育制度的政策区分贯

① 黄鑫：《关于国内中高职衔接研究之述评》，《职教论坛》2011年第18期。

彻好、落实好。当然,为了把中高职衔接和协调发展问题解决好,避免重复脱节和走弯路,重点应做好:①专业对接。在充分调查研究的基础上,根据产业发展和经济社会特点制订中等职业教育、高等职业教育发展的专业目录和动态调整机制,明确实施"3+3"培养的重点专业。②课程衔接。中职课程应更多地强调实用、够用,以掌握必要的专业知识和强化操作技能为主,高职则应在强调实用的基础上突出专业深化、素质拓展的内容,突出研发能力和创新意识培养。③机制链接。应当加强中高职之间的合作和交流,加强彼此内部办学机制、管理机制的互通与融合,降低中高职衔接的管理成本。

2. 中高职衔接应允许技艺类专业发展五年制。我们不支持、不赞同大力发展五年制高职教育,但是并不彻底否定五年制高等职业教育的特殊价值,关键是应当将其适用限定于一定范围。对于类似音乐、舞蹈、艺术、学前教师、导游、护师之类的技艺类专业,相对需要更加长的时间去掌握其中的技艺和涵养,应允许乃至鼓励初中后分流,实施五年制乃至五年一贯制培养。

3. 高中后分流是实施分类教育的最佳时点。由于经济发展方式转变,产业结构调整升级以及科学技术进步等因素的影响,加之人民群众接受亦有接受更长学制、更高质量教学的需求,国家在适当时间实施十二年制义务教育或者高中教育非义务制的十二年制普通教育应是教育发展的趋势。笔者认为,采用高中后分流职业教育的办法,对于提高国民素质,提高社会主义建设者和接班人的可持续发展能力,是有积极意义的,在沿海发达地区更可以加快实施。从更广泛的意义上说,国家必须在政策层面对目前三年制专科层次的高职教育有所创新和突破,应选择部分专业、一部分地区试点探索举办四年制高等职业教育。这样,更有利于体现以人为本的理念,为2020年全面建成小康社会做出我们应有的准备。

第三章

内涵深化:高职教育可持续发展的核心

第一节　基于可持续发展的高职院校微观教学改革

高等职业教育作为高等教育的一个类型,已进入内涵建设、打造特色和提高质量的新阶段。当前,高等职业教育的宏观办学理念基本已形成,中观的办学体制机制正在抓紧探索建设。相比而言,微观领域的教学改革虽有展开,但仍徘徊不定。笔者以为,着眼于高职教育类型的可持续发展,宏观设计与中观配套固然十分重要,但是前两者的坚持和落实却有赖于微观教学改革的协调推进和保障有力。因此可以说,加强和改进微观教学改革是高职内涵建设落到实处、改到痛处的关键。

一、高等职业教育教学改革在实践中不断深化

我国的高等职业教育自 20 世纪 80 年代初的短期职业大学算起已有 30 余年历史,但真正进入明确目标的大发展是在世纪之交或本世纪初以后。教高〔2000〕2 号文件强调了高职高专教育中实践教学的重要性并明确要求后者须有一定占比。教高〔2004〕1 号文件明确了高等职业教育必须以服务为宗旨、就业为导向、走产学研相结合的发展道路并明确高等职业教育的任务是培养、生产、建设、管理、服务第一线的高素质技能型人才。这两个文件解决了高等职业教育的规范和特色问题。“十一五”时期实施的国家示范性高等职业院校建设计划和发布的教高〔2006〕16 号等文件共同提出了高等职业教育的改革和创新问题,特别是《教育部、财政部关于推进国家示范性高等职业院校建设计划实施工作的通知》(教高〔2010〕8 号)重申了改革创新的重要性。进入“十二五”以来,教育部等国家相关部委按照《国家中长期教育改革与发展规划纲要(2010—2020 年)》的总体要求,发布了推进高等职业教育改革发展的一系列重要文件,核心要求是彰显类型特色与鼓

励改革创新。从理论和实践上看，高等职业教育十多年建设发展主要集中在以下方面：

一是明确提出高等职业教育是高等教育的一个类型，是职业教育的较高层次，其主要任务是培养生产、建设、管理、服务第一线的高素质技能型（或高端技能型）人才。

二是强调高等职业教育必须走开放开门办学之路，大力推进校企合作、产学研结合，坚持以服务为宗旨、以就业为导向，努力实现合作办学、合作就业、合作育人、合作发展。

三是强调工学结合是高等职业教育的人才培养模式，要求高等职业教育实现教、学、做统一，有一定的学时用于实践性教学并确保至少有半年时间进行顶岗实习，以增强学生的实践能力。

四是要求高职院校必须探索校企合作办学之路，并据此进行体制机制创新，在院系两级层面建立校企合作理（基）事会，建立由学院牵头，政府、行业、企业、学校各方参与的职业教育集团，形成政、校、企多方协作共赢的校企合作利益共同体。

五是突出高等职业教育工作以专业建设为龙头，以重点专业带动特色专业群建设发展，以专业为基本单元，推进综合改革，建设资源库和共享型学习平台，推进课程体系改革，“双师”结构教学团队建设等。

六是加强和推进实践育人工作。教育部等七部委专门发布《关于进一步加强高校实践育人工作的若干意见》（教思政〔2012〕1号），强调各高校要党政齐抓共管，重视顶层设计，落实人力财力，转变教学思想，加大实践性教学、军事训练和社会实践活动工作。

总体而言，高等职业教育上述改革和建设的指导思想较为明确，而且全国范围内正在广泛实践。尤其是100所国家示范性高职院校经过项目建设已经按此逻辑走上了良性发展的轨道，100所国家骨干高职院校则正在按照上述理念和思路推进改革和建设，面上的学校也按照教育部倡导的理念和有关文件要求积极工作，创新创特。但是必须指出的是，当前高等职业教育发展的主要问题依然是：宏观领域的基本理念相对清晰，但顶层设计需要的制度创新不足；中观领域的改革创新逐步展开，但实践推进中碰到阻力障碍不少；微观领域的教学改革正当铺开，但存在流于表面的弊端，要推动高等职业教育可持续发展，必须在坚定宏观、明确中观的前提下，着力深化微观领域的教育教学改革。

二、推进微观领域的教学改革必须正确处理好的若干关系

推进微观领域的教育教学改革的前提是要解决“好培养什么样的人，怎样培养人”的问题。只有科学确立了人才培养的总体定位、专业结构的基本格局，每个专业才能围绕人才培养的具体问题展开有针对性的培养实践。在此过程中，必须着力处理以下几对关系：

一是高教性和职教性的关系。高等职业教育具有高教性和职教性的双重属性，既是高等教育的重要组成部分，也是职业教育的较高层次。其中，高教性强调人才培养的专业知识导向，职教性则强调工作流程和技术标准；高教性强调逻辑体系性，职教性强调实践操作性；高教性强调培养学生的抽象性思维能力，职教性则强调培养学生解决问题的能力。由此可见不同的教育属性指向会产生具体教学实践上的行动矛盾。对此，我们的观点是：高等职业教育的教学改革必须立足于类型特色，以职教性为基础，积极发展高教性。

二是就业与升学的关系。如果一种类型的教育具有完整和开放的体系，就业和升学之间并不存在尖锐的乃至不可调和的矛盾。目前我国的职业教育体系建设尚不健全，高等职业教育尚停留在专科层次，加之社会上的用人单位多将招工起点定在本科及以上，由此造成专科层次的高等职业教育人才培养定位和目标面临严峻挑战。如果定位在就业，则必须以企业为轴心，围绕职业岗位所需知识能力素质进行专门的针对性培养。相反，如果定位于升学，则教学运行上势必要有满足应试教育要求的相关安排。我们认为，解决上述两难的基本方法是坚持就业导向的教学改革、立足于就业教学、满足用人单位需求。同时，贯彻以生为本原则，实施二年级后分流，为学生提升学历提供方便。实事求是地讲，要谋求职教体系建设的可持续发展，实施四年制高职本科教育乃至七年制职业教育（专业硕士）恐怕是必然之举。

三是知识、能力与素质的关系。一般认为，高等职业教育的培养定位是知识够用，能力为本，职业教育就是一种能力教学或者说技能教学。此种观点虽不尽全面，但确是言中了职业教育的本质所在。近年来，我国的高等职业教育相关政策发生了一定变化，国家反复强调国民教育必须坚持育人为本、德育为先，高等职业教育须有一定比例的升学要求，要大力推进高等教育的国际化等等。在此背景下，如何正确处理高等职业教育中的知识、能力、素质三者关系再次成为讨论热点。我们认为，只要高等职业教育是一个

类型，必须有高教性要求。作为学历教育，它也不同于简单的岗位培训，必须要求高等学历教育与岗位培养的有机结合。为此，必须做到德育为先、能力为重、兼顾素质要求和知识层次，在重点保证对学生进行专业能力培养的同时，适当重视素质养成和知识学习。

四是教师和学生的关系。教师和学生都是教育教学中的两大主体，两者既有同一性、统一性，也有矛盾冲突的可能。在专业教学过程中，既要有利于教师很好地开展教育教学工作，更要有利于专业的学习和进步。因此，教育教学过程中，必须确立学生的主体地位和教师的主导地位，注意调动学生的学习主动性和积极性、积极发挥教师的学习指导和引导作用。任何改革和建设都必须坚持让学生得益，有利于学生成长成才，有利于调动学生的知识、能力、素质提升和可持续发展。因此，我们不仅需要专任专业课老师、德育课教师、实训指导老师，更需要聘请行业（企业）兼职教师，共同推进专兼结合双师型教育教学团队建设，以适应和满足学生学习知识、训练能力、适应岗位、全面发展、成长成才的要求。总之，学生主体性是教育教学改革建设的基准，是推进宏、微观教学改革的立足点，学生是学校最重要的“客户”，我们必须为其提供优质的教育服务。

五是专业与专业群的关系。普通本科教育强调学科本位、高等职业教育强调专业单元。在近年的实践中，为有效地整合和优化教育教学资源，专业和专业群的联动成为教学改革中的重点问题。我们认为，高等职业教育有别于传统本科教育，必须坚持以专业建设为龙头，以专业建设推进高等职业教育科学发展，以专业为单元构建教学课程体系。同时，为提高资源使用效率，拓宽学生就业面向并有利于学生发展提高，逐步推进专业群的建设和管理十分重要，应当把若干具有相同或相近基础理论和知识体系的专业组成一个专业群，以此为基础协同推进教育教学改革，共同构筑核心课程和课程群。

六是专业和课程的关系。专业既是教学组织的基础单元，同时又是人才培养的运作枢纽。专业因为其集合了专业设置、培养方案、师资力量、课程体系等内涵综合要素而更容易受到外界关注。然而就微观教学改革而言，课程的优化组合有助于形成专业的自身特色，课程建设的质量在某种程度上决定着专业改革的整体质量。因此，课程体系建设、课程的整合和重构具有十分重要的意义，没有高质量的课程作支撑，专业建设就会是“无源死水”。

三、推进高职教育微观教学改革的若干重心把握

人们经常在思考，学校的产品究竟是什么？以往最为明确的答案是学生。我们认为，这一回答是不正确的。学校的最重要的产品应该是课程，而学生则是课程的用户。因此，我们必须重视课程建设，而与课程直接相关的是课本，使用课本、研究课程的大多落实在课堂。因此，我们必须首先抓好课堂，当然学校是一个综合体，除了这些还包括课余、课外。正因为如此，我们认为，微观教学改革的主要着力点应放在课程、课本、课堂、课余、课外等环节上。

一是抓实课程。专业则是学校的品牌，是学校的高端，专业是学校的“大门面”。因此中国人十分重视专业，在招生考试时，考生最热衷于选择专业，在改革发展中，学校最关注专业调整和选择。但是我们必须同时认识到，课程是学校最重要的产品，是专业的“细胞”，是学校的“小门面”，如果说专业是一串项链，课程就是项链上的一颗颗珍珠，只有珍珠璀璨，才有专业的美丽。正因为如此，我们必须重视课程建设，把教学改革和建设的“细胞”做活、做优，发挥至极致。可以想象，一个学校如果有100门或者说200门优秀的课程（自然会有相应的设计者和建设者或称说就是课程带头人），那么，不仅我们的全日制教学，而且我们的各层次培训，就有了内涵提升的“本钱”，学校的生存、发展乃至创建一流才有希望和可能。而关键是如何引导教师做课程，如何激励教师做课程，如何奖励教师做的优质课程。总之，课程是微观教学改革的基础、是基础，必须夯实。

二是做好课本。曾几何时，我们十分重视课本（教材）建设，曾几何时，我们又认为课本教材无关紧要，从高职教育学生的具体情况看，我们需要有灵活机动的课程，但必须也应该有相对成型的教材，这在很大程度上也是学生学习的主要依据，教师推荐的学习资料、网络学习条件虽然重要，但依据高职学生的学习习惯和水准，比较可行的学习工具还是课本。教师把课程建设的阶段性成果转化为静态的课本，它直接为学生学习服务，同时展示教师课程建设的成果。课程需要系统设计，课本也需要系统整理，只有系统的课程建设才是有质量的。

三是活跃课堂。课堂是学校最重要的教学场所，也应该是学生平时去得最多、知识获益最直接的地方。教师用课程建设的成果和课本建设的成果，通过一定的程序和教学艺术在课堂上发挥传授知识、训练能力的功效，实现教书育人，促进学生成才成长的目的，因此，课堂效率、课堂导向、课堂

文化建设相当重要，我们应该把课堂作为实施微观教学活动，陶冶学生心灵、学习专业知识、养成职业素质、训练提升能力的重要平台，关注再关注。为此，我们应该研究课堂布置、营造课堂文化、推进课堂升级，而这项工作除了教师和学生以外，还凝结着教学管理部门、宣传文化部门、后勤服务部门的智慧和劳动。

四是丰富课余。除了课堂以外，大学生大部分时间在课余，课余不仅在课堂之外，还在八小时之外，双休日和节假日。在当前的多元化、信息化社会，课余生活早已不再是单纯学生休息身体、增强交往的闲暇时光，而是获取丰富的社会文化知识、实践理想认知的重要场所。因此，学校教育除必须重视课堂、搞活课堂之外，还要着力丰富学习课余生活。要为丰富学生课余生活进行整体的功能设计，包括图书馆、实训实验场所、文体活动场馆在内的校内场所要统筹管理、优化使用，要根据学生的需要和方便修订场所使用制度，同时也要注意校园环境和文化场所建设，形成环境育人的良好氛围。就此而言，浙江金融职业学院实施的“学生千日成长工程”，即三年全约一千天的全程育人设计应该是有创意和成效的。

五是发展课外。课余与课外有联系，但不完全等同，高等职业教育强调实践性教学，中央强调实践育人，因此，这里所说的课外，主要是课堂之外，我们必须组织好实践性教学、军事训练、社会实践活动外，也包括高等职业教育强调半年以上的顶岗实习，还有中间的认知实习、课程实习、社会实践等社团活动等，我们必须切实重视和加强。从某种意义上说，教育部等七部委提出的《关于加强高等学校实践育人的若干意见》的颁布实施，其意义也在此，其重要的是要创造条件、丰富课外、增强课外，并通过课外活动提高学生实践能力，学好尊重人民、尊重实践、尊重劳动的品格。对此，我们也必须重视。

六是优化课表。课表是教学工作的进度表，是人才培养工作的流程图，是学生学习的生物钟。尊重学习认知的基本规律，科学合理的设置课表不仅有利于提高学生的学习效率和身心健康，更有利于发挥教学资源的最大功效，提高高校教学场所使用效率。因此，要充分提高对于课表重要性的认识，真正将课表安排当做微观教学管理的一种学问去研究，一门艺术去把握，同时以教学制度的配套使之规范化、系统化。

总之，在高等职业教育发展进入内涵强化阶段，高职教育改革步入体制机制构建“深水区”时，认真重视微观教学改革，积极围绕课程、课本、课堂、课余、课外、课表诸环节展开系统的研究和推进，必将对贯彻落实以生为本的教育理念,加快提升高等教育质量和职业教育可持续发展能力产生重要而深远的影响。

第二节 基于可持续发展的高职院校基层教学组织建设

中国的高等职业教育经过十余年的规模扩张,现已进入内涵发展的新阶段,当前高职院校的工作重心和当务之急就是在贯彻"育人为本、德育为先"原则的前提下,坚持以人才培养为中心地位,通过健全办学体制机制、推进教育教育改革来提升教育质量。在此过程中,加强教学组织体系建设,尤其是强化基层教学组织建设应当是提高教育教学质量的基本途径和重要保障[①]。然而近十年来理论界和实务界对此问题却关注较少,很有进一步研究的必要。

一、基层教学组织建设的逻辑起点:重要性与必要性

我国的高等职业教育经过多年的发展,已经有了较大的发展。从全国范围情况看,不仅有规模超过两万人的学校,更有一大批规模超万人的学校,校均在校生人数达到了 8000 人左右。与之相适应的是,高职院校不仅普遍构建起了院、系二级管理体系,甚至校、院、系三级管理体系,在涉及教学组织的层面,教学工作委员会、教务处等组织机构和工作制度基本建立,因此,从形式架构上看,其管理体系与组织建制已逐步呈现出大学的特征。但值得注意的是,由于受到种种因素影响和干扰,高职院校在基层教学组织建设上缺乏应有的重视,至少表现在以下方面:①教研室作用发挥不明显。特别是在教研室的相关工作职责和工作制度建设上停滞不前,诸如集体研究教学设计、教改方案等必要机制尚没有完全建立。②教研活动时间得不到保障。经常被其他会议、活动所挤占,真正用于教育教学研究的时间和精力相对较少。③教研室负责人缺少组织激励。其应有的政治、经济和社会地位得不到切实保障,"教研室主任不如行政科室科员",难以调动其积极性。

基层教学组织体系建设不彰显在一定程度上将影响教学中心地位的落实、教学质量的提高。为此,我们必须有新的认识:①高等职业院校的规模发展到一定阶段以后,管理工作的改进和提升越来越重要,教学管理、教师

① 步社民:《高校基层教学组织的重构》,《教育发展研究》2010 年第 17 期。

管理更是其中最为核心的内容,必须确保应有的地位,得到应有的重视。②高等职业学校从规模扩张转入内涵建设后,必须更加重视专业、课程和教学资源建设,必须更加注重教师职业教育教学水平的提高,而这必须通过有效的教学管理来实现。③基层教学组织建设是整个管理体系的基础,如果不能把基层工作抓好,必然会影响整体教学工作的推进,影响教研活动的开展,从而影响专业人才培养质量的提高。从当前形势看,基层教学组织工作恰恰是弱项,必须引起各个学校的高度重视。

二、基层教学组织建设的认识前提:高教性与职教性

高等职业教育作为中国高等教育的一个特殊的新的类型,一个比较公认的观点是:它兼具高教性和职教性两种属性。但是具体何者优先则有不同看法:有人认同姓高名职,有人认同姓职名高,有人则认为是高职复姓。笔者认为,高等职业教育就是高等教育与职业教育的复合体,应该是高职复姓。从当前和今后发展的趋势看,应该是强化职教性、延升高教性。

那么,在具体实践中,应当如何正确处理好高教性与职教性的关系呢?这是推进高等职业院校基层教学组织建设必须回答的前提性问题。站在高职教育的高教性而言,就是强调学校要实现人才培养和科学研究的统一,尤其是要求高职院校把科学研究放在更加突出的位置,要求教师在教书育人的同时要把主要精力更多地放在提高科研能力,争取更高层次、更大规模的科研项目上。与之相匹配的组织体系建设则会出现以学科建设为导向、以研究所为载体的倾向,实践中系所合一往往成为一种普遍现象。相对而言,教研室的组织体系建设会得不到重视,在各类资源配置中处于弱势地位。

站在高等职业教育的职教性而言,学校最为重要和基本的任务就是培养人才,而且是培养高素质技能型人才。为了推动人才培养工作的开展,高职院校必须坚持产学研结合,注重提升和加强教师的职教能力和社会服务能力,其中技能训练、业务传授、素质养成是职业教育培养人才的最主要内容。因此在组织体现建设上,职教性观点坚持教研室的基础建制、重视实验室、实训基地的建设;同时,又由于职业教育更强调以专业为基点,因而以专业为单元推进专业教研室就显得更为必要。由此可见,对职业教育基本属性的认识差异会对高职院校的教学组织体系建设产生重要的影响,必须正确认识高教性和职教性的有机结合属性,科学把握强化职教性、延升高教性的发展趋势。笔者认为,高职院校基层教学组织建设应该是组建为以专业为基础的专业教研室,组建好有利于素质培养的公共教研室,拓展和加强校

内外实训(实习)基地,并根据实际需要,建设若干面向基层、立足应用的研究机构,既为教学服务、为人才培养服务,也为服务行业企业,为校企合作提供坚强保障。

三、基层教学组织建设的基本原则:规范性与灵活性

规范性与灵活性的协调统一,是组织设计的基本原则,应当成为高职院校基层教学组织设计必须遵循的准则①,而如何处理好规范性与灵活性的关系,其中大有学问。

教学组织设计的规范性十分重要,这是保证高职院校教学工作顺利组织实施的重要保障。学校毕竟不同于培训机构,必须有比较严格规范的组织体系,在学校党委和校长的领导下,学校一般都设有教学工作委员会,有具体分管教学工作的校级领导,设有负责实施教学工作日常协调运行的教务处;按专业群(或专业大类),设有院(系),同时建立相应的公共教学部,并进一步以专业为单元设有教研室。从某种意义上说,以专业为单元设教研室,以专业群为基点设立院(系),乃是规范化的基层教学组织体系的基础,应该保持其相对稳定。

与此同时,高等职业教育作为职业教育的较高层次,强调校企合作、工学结合,强调政府主导、行业指导和企业参与,要求积极创造校企之间合作办学、合作发展、合作育人、合作就业的运行机制,提倡和鼓励发展以高职院校为牵头单位组建职业教育集团;在具体合作过程中,又特别强调以地方为中心,强调平等合作等等。因此,高职院校在基层教学组织设计过程中必然是具有灵活性的,它至少应该体现在以下方面:一是根据合作企业的合作要求,共建相应的××二级学院;二是根据开展产学研合作的要求成立的××研究所(中心);三是为校企共同培养人才成立××订单班。在实施素质教育的过程中,成立的××学院或××部等等。如浙江金融职业学院在国家示范性建设过程中,为集合面向银行系统的订单式人才培养,把其归结组建为银领学院,与邮政储蓄银行组建订单培养、岗位培训、科研开发为一体的浙江金融职业学院邮政金融学院,与浙江涌金金储公司合作建立的浙江金融职业学院涌金金储研究所等,就是在原有框架下灵活设置的虚实结合型教学、研究组织,实践中收到了良好的经济和社会效益,它既不影响原有的

① 杨菊仙:《高校基层教学组织创新的价值取向与途径策略》,《江苏高教》2011年第6期。

教学组织体系,又推动和实现了产学合作,推进了人才培养工作机制的优化,促进了学生就业工作的有效开展。

四、基础教学组织建设的切入点:专业与专业群

高等职业教育作为一个类型,它区别于普通本科教育的特点,就是以专业为基础开展教学活动,从招生到就业,从运行到管理都是以专业为单元;普通本科教学(包括研究生教学)虽然也会从专业角度的来设计教学组织,但是它更重视学科,在许多大学,已经明确以学科为基础来构建教学组织系统(比如浙江大学根据学科门类设置工学部、理学部等教学组织),这无疑是正确的,也是科学的。

高等职业教育实际上是一种专业化的职业教育,或者说是职业化的专业教育,因此它围绕专业来进行教学组织管理,如以专业来划分学生班级并配备辅导员(班主任),以专业为单元组织教研室、编制教师,以专业为单位建设校内实训(验)室,以专业为单位建立教学指导委员会,配置专业带头人,尤其是专业带头人、专业骨干教师成为上级考核的重点指标。在2006年开始的国家示范性高等职业院校建设和国家骨干高职院校建设过程中,教育主管部门特别强调要以专业建设为龙头,以专业建设带动示范建设,推动学校整体发展。2011年以来,为认真贯彻《国家中长期教育改革发展规划纲要》(2010—2020年),教育部、财政部启动并实施了高等职业院校专业支持产业升级工作,每一个公办学校都有1～2个专业进入国家重点支持建设行列。凡此种种,都可说明高等职业教育必须也必然以专业建设为核心,巩固并不断务实以专业为基本单元的专业教研室建设,重视高水平专业建设带头人培养,重视教师队伍的专业化建设意义重大,把专业带头人放到学校教学、管理、人才队伍的重点和核心地位更加重要。一个学校,如果有了一批高水平、高素质的专业带头人队伍,那么学校也就有成功的希望和可能了。

与此同时,我们也必须看到,现代化高职院校都有一定的办学规模。现在高职院校中“千亩校园、万名学子”已十分普遍,因此,宽口径、多专业已经成为高等职业院校的一种常态,一个学校有30个以上专业乃至更多专业也不再稀奇。在这种背景下,为优化教学组合、提高管理效能,必然要对专业进行组合。换言之,高职院校要“以与产业、职业岗位群对接的职业联系”构建专业集群,并建立以专业集群为基础组建教学组织单位,以专业群协调统筹作为重点构建校企合作机制,以专业群就业质量为评价重点的专业动态

调整机制。也就是在重视和加强专业建设的同时,必须重视同一类专业或相关专业(共同的课程组织)之间的协同性研究和集合,注重"群主"和"族长"。这样做的目的,一是有利于适当拓宽专业口径和范围,使学生有扎实的基础和就业的路径;二是可以提交运行和管理效率,减少不必要的重复环节和浪费;三是有利于专业结构的调整和优化,有利于专业群为单位的组织能力建设。笔者认为,一个比较科学的方案是以专业设教研室,以专业群设教学系。

五、基层教学组织的主体构造:公共教研室、专业教研室

高职院校基层组织建设的关键和重心在于教研室,[①]我们一定要把教研室工作抓好抓细,而作为高职院校的教研室一般又有两类,即公共课(基础课)教研室和专业课教研室。

公共课教研室一般具有相通性,如思想政治课、体育课、艺术课、心理课、语文课、数学课、外语课、法律课、计算机文化课等,。特别是思想政治课,教育行政主管部门非常明确要求必须为其设置中层机构,多数学校已照此办理;而其他课程,则由于多种原因,被分化、归并甚至肢解的也相当普遍。对此,我们必须引起高度重视,从加强高职院校学生的政治思想品德修养、法律修养、心理修养、职业生涯规划与就业创业指导角度看,从加强学生的人文素养、科学素养、艺术修养等角度看,从培养学生的国际化能力、信息化能力角度看,我们有必要进行重新审视和反思。

专业课教研室无疑是十分重要的。关于这一点,从形式和状态来说不会有异议,但问题的关键在于,如何确保教研室工作能够落到实处,真正收到教研实效。应当有合理的时间和精力安排确保以教研室为单位的教研活动,真正对专业建设、课程建设、学生培养形成集体备课机制,真正把人才培养方案(课表)、课程、课堂、课本、学生课余安排、课外安排发展等问题讨论好,形成教研室集体效应,并发挥好校外专业指导委员会等作用,推进人才培养模式改革和深化,促进人才培养质量的提高。

据笔者了解,目前各院校普遍存在的一个问题是:教研室团体凝聚力不强,教研活动被各种各样其他活动所侵占,教研室负责人这一职位也不受青睐,有此三因素存在,教研活动的水平和质量便可想而知。所以,必须在重视专业带头人建设的同时,加强专业教研室建设,要真正从指导思想、战略

---

① 王雅秋:《试论加强高校教研室的建设与作用》,《辽宁教育研究》1997年第2期。

高度把专业教研室建设、教研室负责人队伍建设摆到应有的位置，确保其政治地位、经济待遇和社会声誉。[①] 曾经是，去除教研室主任科级干部待遇的目的是为了提高教研室主任地位，却不知，实际往往造成教研室主任的地位不如参加工作两三年的一般处室职员。因此，从中国国情出发，尽量将专业教研室主任中层化（政治待遇＋经济待遇）、教学科研项目经常化，并赋予其选人的聘人权是非常必要的。一句话，一定要把专业教研室建设好，这是教学工作和学校办学的基础工程，必须做到有形有实、有为有位。

最后，在教研室建设问题上也应当关注公共课教研室和专业课教研室之间的关系协调问题。从表面上看，专业教研室处于强势，公共课教研室处于劣势，实际由于政策等各种因素的影响，公共教研室的利益比较容易得到保障，权益也更容易得到维护，我们应更多关心关注和关爱专业教研室，因为它的要求更高、难度更大、任务更重。

六、基层教学组织建设的支撑点：专任教师、兼职教师

不管人才培养工作采用何种方式来统计，高职院校的教师情况仍是统计、考核和评价一个学校的重要参数。因此，专任教师、兼职教师等都应得到重视和加强。从高等职业院校情况看，一般都把来自行业企业的授课教师称之为兼职教师，而学校内部则往往把编制在相关处室、具有教师资格，从事教学工作的教师称之为双肩挑教师，实际管理中双肩挑教师已归入专职教师的范畴。

加强专职教师队伍建设，这是学校发展最为重要的基础工作和基础环节，专职教师数量充足、结构合理、素质精良具有非常重要的意义。当前的情况是：一是要进一步增强教师队伍的数量，降低生师比，从全国范围看，高职院校生师比过大、教师平均负担过重，不利于教师教研水平的提高；二是要提高教师职业教育能力和水平，尤其在教师了解行业企业，教做统一的能力，调动学生的学习兴趣和积极性方面的能力，更为重要的是要增强教师的责任心，提高教师的师德修养和水平，使全体教师真正能够用真情育人、全心教书。

根据专业教学和建设的需要，聘用一批业务能手、能工巧匠、经营专家担任兼职教师，这是高等职业教育的一大特色和重要亮点，也是推进高职教

---

① 陈婧：《创新专业教研室组织机制以提升高职院校人才培养质量》，《教育与职业》2012 年第 9 期。

育校企合作、工学结合办学模式的实现的重要途径。但是,兼职教师的专业水准、教学能力以及他们与校内教师之间的衔接问题至关重要。如何聘任和管理兼职教师也是一门艺术,既要充分利用校企合作、开放办学的体制机制优势,也要注意调动兼职教师的积极性,确保其有意愿、有时间、有精力、有能力、有水平做好兼职教师。聘任兼职教师,其目的还在于,我们必须实现和推进校内专业教师与兼职教师真正实现专兼结合、机制融合,打造既具双师素质、又具双师结构的专兼结合的教学团队,推动教育教学工作和人才培养水平上台阶,促进高职院校内涵建设和可持续发展。

当然,基层教学组织建设涉及面广、内容复杂,还有其他许多问题(比如教务处作用的发挥等)同样具有研究和探讨的价值,希望教育学界有更多的有识之士能投入到此项研究活动中来,为更好地推进中国高职院校的教学组织体系完善而共同努力。

第三节　基于可持续发展的高职院校学校能力培养体系建设

在当今社会追求高学历,本科学校招生规模和培养能力不断扩大和提高的背景下,高等职业教育作为一种类型的教育,是否真正具有不可替代性,真正具备可持续发展能力正在引发越来越多的关注甚至质疑。特别是去年某些媒体提出“高等学校破产不是没有可能,要破产最可能从高等职业院校开始”的言论以来,整个高职教育战线产生了较大的危机感甚至悲观情绪。笔者认为,只要国家大力发展职业教育,继续追求高等教育大众化的基本政策不变,高职教育就一定有它的生存和发展空间,关键在于高职学校能否找准自身定位,培养出真正具有不可替代性的人才。那么,怎样才能培养出具有不可替代性的人才,什么是高等职业教育人才的不可替代性,其特色、特征和特点究竟在哪里呢？下面拟对这些问题作些探讨和研究。

一、高等职业教育可持续发展与人才的不可替代性

培养具有不可替代性的人才既是高等职业教育作为一种教育类型的内在追求,也是高等职业教育改革发展的理想目标。当然,严格意义上的不可替代性人才是很少的,人是有思想的高级动物,在实践中也具有很强的学习能力。因此,人才的不可替代性是相对的。与此同时,当前存在的一种普遍现象是大学生就业难与许多单位找不到人之间的矛盾,这说明人才的适用

性问题是突出的。另一种社会现象则是职业院校包括高职院校毕业生就业打工化现象与用人单位技术人才普遍缺乏之间的矛盾,这同样说明了人才培养的针对性问题。由此可见,高职人才的不可替代性实际就是其高适应性。

1.人才培养的规模质量与结构质量关系问题。在高等教育大众化的今天,各单位对人才的需求不再是规模和数量的问题,或者说大学生数量不足已不再是主要矛盾,各类适需人才形成的比较优势才是主要问题。我们研究人才队伍往往说"数量充足、结构合理、素质精良"就是这个意思。从全社会看,整个教育尤其是高等教育都基于总量适需的结构合理性和基于结构对称的总量适当性的有机统一。而要解决这个问题,必然有各类人才的素质、能力和目标定位(区间),各类人才应该有其特长、特点、特征,这才是一定程度和一定意义上的不可替代性。

2.作为一种类型的高等职业教育的人才规格定位。长期以来,我国的高等教育一直以精英教育为主要特征,大学生总是供不应求。20 世纪 80 年代开始,高等职业教育有了一定发展,但其作为一种弥补普通高等教育人才培养数量不足,缓解社会人才急需矛盾的举措,仍然不存在发展瓶颈和结构矛盾。进入新世纪以后,我国实施科教兴国战略,推进高等教育大众化,高等职业教育作为一个新的类型不断加速发展,而作为一种独立的教育类型,必然需求其长期存在,必须实施可持续发展战略,在人才培养在目标和规格上确立其相对确定的定位。教育部有关文件将高等职业教育确定为"为社会主义现代化生产、建设、管理、服务一线培养的高素质高技能人才",这指明了基本方向,它强调学生必须有良好的素质、娴熟的技能和较强的应用型。我们认为,高职教育的培养定位应是实现三个面向即面向县城(及以下)、面向中小(企业)、面向基层(一线),具备三种精神即敬业精神、团队精神、创新精神,掌握三项能力即人际沟通能力、业务能手能力和岗位适应能力。可见,高等职业教育已经形成其培养规格和定位,与普通本科教学和中等职业教育相比,有其自身的特点、特征和特长。

二、基于不可替代性的高职学生职业发展能力和素质培养体系构建

学校存在的生命力在于社会对人才的需求,在于学生的存在,在于对学生的培养,因此,高等职业教育之所以要存在和发展,其核心原因在于学生培养的需要。同理,高等职业教育之所以要大力发展,其核心原因在于社会需要这一类型和规格的人才,希望这类人才具有相对的不可替代性。教育

部教高〔2012〕4号文件明确指出:高等学校要牢固确立人才培养的中心地位,树立科学的高等教育发展观,坚持稳定规模、优化结构、强化特色、注重创新,走以质量提升为核心的内涵式发展道路。同时明确高等教育规格增量主要用于发展高等职业教育、继续教育、专业学位硕士研究生等,这说明了今后我国高等教育发展的方向,表明高等职业教育应该继续得到发展上的支持。

明确高等职业教育发展上的支持政策,说明了高等职业教育作为一种类型教育存在的意义和价值,也就说明了高职教育的发展意义。然而,这种类型教育能否得到很好的发展,不仅取决于政府的教育投入和政策环境,更取决于学校能否把握人才市场机构、培养出适需人才的自身努力。

1.人才市场的现状:数量充足与结构矛盾。如前所述,我国现阶段人才培养的总体矛盾是:大学生就业难与基层单位找不到合适的人才①。这充分表明,我国现阶段虽然在一定程度上还存在着人才数量不足的矛盾,但更突出的还是人才结构的矛盾。究其原因主要在于:第一,长期以来,我国的高等教育主要实施精英教育计划,大学生成为一种能力和地位的代名词,许多毕业生更愿去和更喜欢去相关的政府机构、事业单位,更向往在大中城市生活、更愿意在大企业发展,而对于中小企业,基层单位尤其是县城及以下地区则缺乏兴趣,这就形成了人才供需的地域和行业、部门结构不平衡。第二,由于精英教育制度的影响,从总体看,我国的高等教育遵循着书斋式的教学模式,比较重视知识和学科体系,对于实践能力的培养比较忽视,对于学生应用能力的培训也相对不足,从而使学生很难较快适应基层单位应用型岗位的需要,满足基层单位、基层岗位工作的需要(这就是所谓的眼高手低现象)。第三,新发展起来的高等职业教育,虽然开始重视对于学生能力的培养,但总体上尚未建立起长效的校企合作、工学结合办学体制机制,学生的能力培养受到很大限制,难以满足用人单位的需要并很快成为技术和管理骨干。②

2.高等职业教育的定位:基于学生职业发展需要的素质与能力相结合的培养体系。我们认为,高等职业教育之所以存在和发展,其核心在于职业性,强化职业性是必然之举,延长高教性是发展需要。职业性是高等职业教育存在的基础,高教性是高等职业教育可持续发展的条件。正因为如此,我

① 贾有姣:《我国大学生就业市场问题研究》,《上海经济研究》2010年第11期。

② 张熙凤:《大学生就业市场的失衡与保障选择》,《改革与战略》2010年第2期。

们必须把立足点放在基于学生职业发展的素质和技能相结合的培养和教育上,具体地说:第一,培养学生具有崇高的职业理想。在强烈的职业认同感、归属感支持下,致力于职业发展,把职业发展当作事业来追求。第二,培养学生具有优良的职业道德。根据各个行业的特点和要求,制订相应的职业道德规范,如金融行业的共谋、诚信、专业、负责、廉洁、务实等要求。第三,培养学生具有良好的职业习惯。每一个行业都有其行为准则和规范要求,要求从业人员有与之相适应的规范和规矩,加强纪律性、增强适应力,从而适应岗位需要,推动岗位发展。第四,培养学生具有娴熟的职业技能。从某种意义上说,职业技能是职业发展的基础,也是从事某一职业的看家本领,职业能力必须在职业学校受到重视,得到加强。

3. 打造类型特征:构建有特色的高等职业教育学生培养环境和机制。构建基于学生职业发展的素质与能力相结合的培养目标,必须建立与之相适应的办学体制和机制,具体来说至少应该包括:第一,坚持开放合作办学。依托行业、服务行业、立足地方、服务区域、实行企校合作办学,适时把生产、建设、管理、服务第一线的相关信息引入教学是最为重要的。构建政府主导、行业指导、企业参与、学校自主的办学体制亦十分必要,建立合作办学、合作发展、合作育人、合作就业体系更有意义。第二,坚持工学结合育人。在开放合作办学的体制机制下,学校应当充分利用合作企业的条件,建设校外实践基地和校内实践基地,营造真实化的职场文化氛围和环境,积极推进工作与学习的结合、教学做的协调、提高学生的职业适应性和适应能力。第三,建设双师教学团队。从某种意义上说,学生职业发展的素质和能力的培养,除了环境和条件以外,必须有一支专兼结合、双师素质、双师结构的教学团队,既能很好地传授基础理论知识,又能很好地教授专业业务,还能很好地训练职业技能,从而促进学生的有效学习,把学历教育与岗位培训有机结合起来。

三、构建与学生职业发展相匹配的教师职教能力培养建设体系

学校工作以学生为根本,以教学为中心,以教师为主体,要培养、培育和造就好学生,必须以一支相适应的教师队伍为支撑。

1. 职业化教育需要职业化教师队伍。高等职业教育作为高等教育的一个类型,其区别于普通本科教学的重要特征就在于其基于职业需要的实践性和应用性,培养什么样的学生不仅需要与之相适应的条件,更需要与之相匹配的教师。目前高职院校的大部分教师都直接来自普通高校,都接受

学科教育，他们能够较好地解决学科和专业知识传授问题，但难以解决岗位职业能力和业务问题，即使许多老师通过调研、挂职、考证等取得了双师资质，但由于得来的是大量的间接知识、间接经验，因而教学以来仍难以得心应手，再加上学科知识体系的思维习惯，使职业化的教学受到师资条件的制约。

2.培养和造就职业化的教师也是学校一项重要的基本建设。在中国现行的人事用工制度下，出于高等职业教育可持续发展的考虑，我们除了培养学生以外，必须着力培养教师队伍，重点是提升教师的职业化能力，双师型资质。具体来说：第一，争取各种渠道培养和培训现有教师，如通过挂职锻炼、顶岗实习、校企轮岗资格考试等途径，普遍提高教师了解实际、了解岗位、了解职业，解决岗位问题的能力。提高教师的双师素质，满足相应职业教育的需要。第二，争取以“聘用”等形式解决兼职教师队伍建设问题，着力打造一支双师结构的教师队伍，提高教师队伍整体职业教育能力和水平。第三，构建一个“专兼结构、双师结合、机制融合”的师资队伍建设体系，形成良好的校企合作互聘互用体制，增强学校教学的实力和能力。

3.期待兼职职业教育教师培养使用机制的创新。职业教育不同于普通教育，应该有与之相适应的培养体系和机制，我们的建议是：第一，建立专门化的培养基地，它可以是学校，也可以是企业，但必须是把理论与实践相结合，知识和技能、理论与证书相结合的教学。第二，放松从企业单位调配教师的门槛和条件，建立特殊的选人用人机制。第三，期待国家人事与社会保障部门牵头组建兼职教师人才库和资助制度，为高等职业教育教师队伍建设创造更好条件。

四、构建有利于学校可持续发展的学校社会服务体系

与学生职业发展服务体系和教师队伍建设体系相一致，高等职业教育可持续发展的重要内涵在于学校服务行业、企业和社会的能力和水平[①]。学校在行业和区域经济社会发展中的地位和作用。因此，增强教师职教能力和科研能力基础上的学校社会服务体系建设同样至关重要。

1.有为才有位，这是一个基本法则。高等职业教育必须坚持以服务为宗旨、就业为导向、走产学研相结合的发展道路。而推进产学合作，促进学生就业，不仅需要政府和行业企业的支持与参与，更需要学校与行业企业、

① 成丙炎：《对高校社会服务职能内涵的思考》，《教育与职业》2008年第5期。

社会的互动共赢。一个学校教师有很强的科研能力,在行业企业发展中有重要的话语权,一个学校在地方经济和行业发展中有举足轻重或不可或缺的作用,学校发展就必然会有相应的地位,产学合作就广泛深入,学校发展机会就多,环境就好。因为需要,才可作为,因为有为,才会有位。

2.学校提升服务能力有利于增加结合收益。高等职业教育办学的重要特征是它的跨界属性不仅有教育属性,还有经济属性。一个学校的发展,不仅需要充裕的财政拨款支持,也需要自身筹资和创收能力。其中,通过科研和社会服务(包括继续教育和岗位培训)就是一条重要渠道。科研和社会服务既是一个学校实力和能力的标志,也是一个学校争取外部支持的渠道,更是学校实现可持续发展的有利条件。

3.必须争取切实有效措施推进社会服务能力建设。提高学校社会服务能力是推进可持续发展的重要内容,是学校能力体系建设的重要环节,必须花大力气构建。具体包括:一是着力提高教师的科研能力,不仅要有顶天式的理论和战略研究,而且更在于立地式的应用研究、对策研究、解决技术开发工艺革新等具有问题的研发能力。二是着力学校服务社会的平台和机制建设,积极创造条件,通过产学合作,从专业和技术出发,组建若干研究所、研发中心等,推进社会服务工作。三是充分利用学校综合优势,充分利用学校人力资源条件,如实训(验)室、重点工作站等,通过继续教育,岗位培训,增强学校服务社会能力。四是争取有效鼓励性和激励性措施,支持院(系)、专业、部门和教师积极开展社会服务,并实施优质的奖励制度,调动教师和基层的积极性。

总之,基于高等职业教育可持续发展要求,高职院校应该重视能力建设,其发展路径的内在逻辑是学生职业发展能力培养(始点)→教师职业教育能力提升(关键点)→学校科研社会服务能力(支撑点)。当然,关于可持续发展的内容还应包括层次提升、投入增加、条件改进等诸多方面,需要我们共同努力去实现。

第四章

机制优化:高职教育可持续发展的基础

第一节 积极构建以专业(群)为基点的多功能校企联合体

经过近三十年的实践探索,尤其是本世纪以来的创新实践,高职教育应以服务为宗旨、以就业为导向、走产学研相结合发展道路的办学方向已非常明确,推进校企合作、工学结合的人才培养模式改革深入人心。但是,如何进一步创新思路、探索实践,推动校企合作从宏观框架走向微观操作,从单一目标走向复合功能,从简单叠加走向综合互动,仍然是摆在各个高职院校面前的紧迫课题。

一、高等教育校企合作已形成共识,但仍浮于形式

校企合作作为高等职业教育发展的政策导向和基本属性已为学界所共识。国务院《关于大力发展职业教育的决定》(国发〔2005〕35 号)以及教育部、财政部颁布的教高〔2006〕14 号文和 16 号文件均对此作了规定,尤其是教高 16 号文件明确提出"高等职业教育是高等教育发展中的一个类型"、"把工学结合作为高职职业教育人才培养模式改革的重要切入点"、"走校企合作、加强实训、实习基地建设是高职院校改善办学条件、彰显办学特色、提高教学质量的重点"等概念,有力推动了高等职业教育领域的观念革命,促进了校企合作广泛深入展开。《教育规划纲要》在认真总结过去经验的基础上,进一步提出要把实施"工学结合、校企合作、顶岗实习"的人才培养模式作为职业教育促进质量提高的重点,现已成为推动高职教育改革在校企合作方面形成新的增长点。应该充分肯定的是,随着教育改革发展的不断深入,我国高职教育界对校企合作的重要性已认识到位,各地各校更有不少创新的实践,对推进人才培养模式改革产生了十分有益的作用,但是总体而言,校企合作的还比较宏观和抽象,具体表现在:

一是学校层面的校企合作多,专业(系部)层面的校企合作少。目前的一般情况是,由学校或职能部门与一些骨干企业签订战略合作协议,界定校企合作的主要内容和基本要求,而系部尤其是专业层面的则比较少,实质性的项目则为鲜见。

二是停留在校外教育、学生就业层面的合作多,集中在科技攻关、社会服务层面的合作少。校企合作的方式和内容主要是满足学生顶岗实习或优先提供就业机会,功能相对比较单一。而真正合作开展人才培养、员工培养的比较少,而双方有机结合开展科学研究和技术攻关的更少。

三是企业为学校提供的帮助多,学校为企业提供的服务少。也就是说,目前的校企合作,多半是学校出于评估考核,为学生就业等需要,主动找企业合作的多,学校有求于企业的多,而真正互通有无有机结合、合作共赢的比较少,有些甚至纯粹是碍于教师和领导情面的简单协议式合作。这与高职教育以服务为宗旨的办学定位,严重不相吻合。

二、高职教育校企合作应该着力向内涵型转变

高职教育应走校企合作办学之路,这在政府和学校层面已经形成总体共识,正在不断推进和实践当中,实践中也已经起到了明显的成效,尤其是全国100所国家示范性高职院校和新立项的100所骨干高职院校,借助创新示范、建设骨干的动力,在校企合作机制层面进行了积极的探索,并取得了实际的效果。从高等职业教育自身特点和运行规律来看,伴随着整个高等职业教育从规模扩张走向内涵发展、从单一层次走向体系构建,在校企合作机制和法制层面,应该着力推进和创新,具体要求是:

一是功能上从单一走向复合型。校企合作应该从初级阶段的协议式合作走向综合性协同,从单一的学生培养走向多元的人才培养(包括教师挂职锻炼和员工岗位培训),从主要发挥教育功能走向同时开展技术攻关和科学研究,真正按照高职院校的三大功能要求,实现全方位发展。

二是行动上从单向走向互动。校企合作应该真正体现出互惠互利、互动共赢的目标。既有企业为学校服务,更有学校为企业服务,如为企业培训在职职工,包括岗前培训、岗转岗培养、提升培育新技术新功能轮训,也能做到为企业开展市场拓展,技术研发(包括提供顾客需求、产品反馈、前沿技术和创新管理在内的信息、资源服务)。

三是平台上从宏观走向基层。一般而言,高职院校都是有一定办学规模的,并由几十个专业和近十个专业群(系、院)组成,各个专业群有不同的

服务方向，从而需要与不同的行业或企业合作。如果笼而统之地建立所谓校企合作体，那势必流于形式，很难联系紧密和真正合作起来，更容易走过场而求不到实效，看似热热闹闹，实则空空荡荡。如果能在专业或专业群层面具体展开，必然会因为专业相同，从而实现真正紧密型合作。

四是机制上从整体同步走向局部率先。在我国，无论是民办还是公办高职院校，都以一定的产权形式存在，变动起来比较困难，因而整体推进比较困难。而若干条件成熟的系（二级学院或专业群），则可以根据学校和企业（或行业、行业协会）的合作意愿率先在法制机制上突破和创新，建立真正校企合作的办学新机体，甚至可以在政府主办为主的框架下，探索建立股份制或合作制办学实体，率先走出一条可供借鉴的道路来。

五是形式上可以从单一走向多样。也就是说，校企合作是一个广泛的概念，只要有利于学校发展，有利于学生培养，确保国有资产不流失，各种形式都可以大胆试，都应该得到鼓励。比如举办股份制合作办学机构、建设校内生产性实训基地、举办设计工作室、举办各种冠名企业订单班、进行楼余和场馆捐资冠名、参加校董会，乃至共同建立股份制生产经营企业和独立法人的科学研究机构，等等。

三、着力建设以专业群为单元的综合功能校企合作体

近年来，各地高等职业院校在国家法律法规范围内，解放思想、大胆创新，在校企合作方面进行了积极探索，取得了许多经验。尤其是国家示范性高职院校先行先试、大胆改革，更结出了许多成果。浙江金融职业学院作为国家第一批示范性高等职业院校建设单位，从 2006 年来，紧密结合自身办学特点和优势，按照“传承行业优势、服务地方经济、培养实用人才”的办学定位，坚持“就业立校、服务强校、合作兴校”办学方针，以人才培养工作为主体，全面履行高职院校三大职能。在“行业・校友・集团”共生态办学模式推进过程中，在校企合作体制机制创新方面取得了显著成果。既推进了学生就业和人才培养质量的提高，也促进了学校继续教育、岗位培训和社会服务功能的拓展，全面提升了学校的综合办学效益，具体来说：

1. 以金融专业群为主体，构建校企合作综合体。金融专业群主要为银行类、证券类金融机构培养柜面服务与客户经营类基层一线复合型人才。学院充分利用、不断拓展合作机制，与浙江省内外银行和证券类机构联合组建以订单式培养为载体的银领学院、以开展岗位培训为主体的浙江金苑培训中心、以开展应用型研究为主体的浙江地方金融发展研究中心、以应用型

人才培养为重点的应用型金融人才培养研究院、以考证考级服务为重点的技能鉴定中心，这五个功能主体连同金融系（教学单位）共同组成校企合作综合体，同时履行学生订单培养、学生实习就业、银行职员培训、社会人员考证考级、校、企、政共同实施发展战略研究或应用型研究[①]。“十一五”期间，综合体每年为金融机构输送毕业生1000余人，共6000多人，培训在职员工约28000人次，考证考核12000人次，合作开展课题研究纵向经费约100万元，横向经费200余万；金融机构为学生奖学奖金捐款500余万元，金融专业群学生就业率98%左右，获得各类收入约2000万元，全面履行了人才培养、科学研究、社会服务三大职能，实现了学校教育与职业培训并举，全日制与非全日制并重的要求。

2.以会计专业群为主体，构建校企合作有机体。会计专业群（会计系）是学校重要的教学单元。同时，学校充分利用各种有利条件创立了浙江众诚资信评估公司，组建了专门研究机构——浙江众诚会计与信用研究中心。在这三个组织之上，学院探索形成了校企合作有机体——众诚会计学院。由于浙江众诚资信评估公司以借款企业信用评级为主营业务，与金融机构联合开展评估，进而推进了三层次（公司、联评金融机构、参评企业）就业与合作网络的形成；众诚会计学院同时也拥有了人才培养、科学研究、社会服务三大职能。在相互合作过程中，教师教学即工作，学生学习即工作，企业合作即育人，会计系、评估公司、研究中心三方领导相互兼职，中层互任，人员互聘，成为一个合作共赢的有机体。同时又将传统的教室、实验室和工作室功能集成为学习工场。整个有机体形成了人力、财力、资源的对流共通、综合利用，有利于学生优质就业、对口就业和顺利就业目标的实现，有利于学校双师素质、双师结构、双师团队的形成，有利于企业人力资本、经营环境、社会形象的优化，创新了财经类高职教育的办学体制和机制。

3.以商贸专业群为主体，构建校企合作共生体。在我国高等职业教育中，商贸类专业占有很大的比重。这些专业毕业生就业有很大市场、创业有很大空间，而对这些学生的知识、能力、素质培养，后两者显得更为重要。针对上述情况，浙江金融职业学院商贸类专业群围绕不动产经纪、中小外贸企业开展校企合作，以培养学生创业能力为重点，把学生就业向创业发展结合起来，在与企业合作中教育培养学生。同时培养的一部分优质学生又创办

---

① 郭福春：《打造校企合作育人平台 强化人才培养机制建设——以浙江金融职业学院银领学院为例》，《中国大学教学》2011年第5期。

新的企业,成为新的校企合作伙伴,从而实现了校企合作共生体建设的目标,使合作更有针对性、现实性和有效性。

总之,类似的合作模式还可以有很多,篇幅原因,恕不一一列举。

四、推进以专业(群)为基点的校企合作体的进一步思考

推进以专业(群)为基点的校企合作体建设,这是校企双方实现合作发展、合作育人、合作办学、合作就业的必然要求,在实践中会有各种不同的模式和途径,但在建设过程中,应着力把握如下原则:

一是坚定不移的以生为本理念。千合作万联合,学生利益第一。只有围绕培养学生、育人为本,校企合作才会有生命力,校企合作体纵使开展科研社会服务,其出发点和归宿点都应该是为了学生。

二是始终如一的开放办学理念。高等职业教育要充分体现类型特色,培养高素质、高技能、应用型人才,必须敞开大门、面向市场、吸引企业。通过联合协作、互通有无、信息共享、资源互用等途径了解市场、把握市场、拓展市场、赢得市场。

三是因地制宜的创新发展理念。校企合作要取得实效,必须根据不同地区、不同行业、不同专业、不同院校的具体特点、具体条件探索实践。有些地区适合与国有大企业合作,有些地区适合与中小企业集群合作,有些则是全方位立体式合作,有些是专项功能合作,采用何种形式应视实际情况而定。

四是坦率面对利益共享机制。校企合作要讲感情、讲人脉、讲公关,但长期的合作,有效的合作,必须建立在利益共同的基础上。如有可能,则当建立在产权、资产、财务等关系上,只有这样,校企合作才能不断走向深入。

五是相得益彰的法律保障机制。从大的方面看,如能在政府层面制定校企合作促进法之类的法律法规,确定校、企、政三方的权利和义务、出台金融税收方面的优惠措施,则有望从根本上解决校企合作的政策依据和激励机制问题;从小的方面看,校企合作在实施过程中,应当签订权、责、利明晰的合作协议或备忘录,避免因人员变化而影响合作的进展,这是校企合作走向可持续的保证。

总之,理念更新是先导,利益共享是关键,制度落实是保障。

第二节　高职院校主体专业(群)校企合作综合体建设的理论与实践

校企合作作为职业教育办学模式的重要特征,既是职业教育办出特色和水平的重要前提,也是推行工学结合、顶岗实习人才培养的基础条件。近年来,各职业院校尤其是国家示范性高等职业院校认真贯彻教育部的有关规定,以示范建设为动力,进行了积极有益的探索,并取得了丰硕的成果。笔者认为,只有推进校企合作办学体制机制的创新,高职教育才会有生命力和可持续发展能力。而主体专业(群)的校企合作机制建设,更是高职教育特色、水平和生命力的象征,也是高职教育可持续发展的重要彰显点,必须认真解决。

一、主体专业(群)内涵建设是高职教育特色和生命力所在

随着高等职业教育从规模扩张阶段向内涵建设阶段的推进,规模发展、校舍建设已不再是院校的工作重心,取而代之的是高职教育的质量提高和特色办学成为院校发展的重点,也成为高职教育具备不可替代性的关键要素。而推进质量和特色为中心的内涵建设,关键是要以专业建设为龙头,以重点专业带动特色专业(群)发展,专业与专业(群)建设成为基点和关键。

1. 专业与专业(群)建设与高等职业教育办出特色。一种教育类型要有生命力,必须有其特色和存在的价值,或者说在人才市场上具有不可替代性。在高等教育大众化不断推进,人民群众期待接受更多本科教学,本科教学资源也日趋充分的情况下,高职教育之所以在一些地区和院校受到青睐和欢迎,关键是基于人才市场需求的培养定位,也就是具有应用性特色。通俗地说,高等职业教育必须有区别于本科教学、专科教学的不同特点,不同高职院校的相同专业之间也应该有不同的特色即专业特色和特色专业。无论是专业特色还是特色专业,必须将人才培养工作的落脚点落实到专业和专业(群)上,以专业与专业(群)建设的成绩来彰显高职教育的特色和生命力。

2. 主体专业(群)建设对高职教育特色办学具有决定性意义。职业教育的基本特点是高教性与职教性的统一。因此,政府主导、行业指导、企业参与是其重要特征。一般而言,一所高职院校不可能像综合性大学那样做到面面俱到、涵盖各方,尤其是一些行业性色彩较强的学校,总有一个或若干

个主体专业(群),所谓主体专业(群)就是与学校办学行业和区域面向最近,办学规模较大,社会影响最广的专业(群)。如机电职业技术学院的机电类专业,金融职业学院的金融类专业,旅游职业学院的旅游类专业等等。即使是一个相对综合性的高职院校一般也有特色和主体专业。主体专业(群),由于其规模和影响,有的甚至与校名联系在一起,因而受到人们普遍的关注和重视。因此,其办学水平可以决定并影响着一所高职院校的生命和存在的价值。我们通常所说的办出水平、办出特色,或者说,一所学校有没有特色,主要是看三条:一是与本科教学同类专业比,该专业有什么特色;二是与其他地区高职院校比,这个学校和专业有什么特色;三是与本地区同类学校相同专业比较,本院校的专业有什么特色,而主体专业(群)更是最直接的参考和比较对象。

二、主体专业(群)建设必须建筑在广泛深刻的校企合作基础之上

(一)专业(群)内涵建设的核心要素

办好主体专业(群)是高职院校办出特色的关键,其中需要着力建设的要素很多,概况而言,至少应该包括如下三方面:

一是好的师资队伍,即主体专业(群)必须有一支数量充足、素质精良、结构合理的教师队伍。在师资队伍中,尤其要有一定数量的高水平专业带头人,有一定数量的骨干教师。

二是好的实习实训条件。高职教育不同于普通学科性教学,它必须学理结合、学会学习、学会做事、富有素养、拥有技能,这是高职教育的培训目标。正因为这样,建设真实(仿真)的工作环境,具备实际操作的条件,是高职教育必备的要素。

三是好的人才培养方案及其培养模式。人才培养方案是一张施工路线图,它确定了人才培养的规格和目标、培养内容和课程体系、培养途径和方法、毕业的要求和考核目标等。知什么、会什么、怎么知、怎么会,都具有指导意义。正因为这样,在国家示范性高职建设验收检验中,专业人才培养方案成为必查重点。

(二)核心要素的形成取决于校企合作的成效

就核心要素的形成而言,无论是师资队伍建设、实习实训条件建设,还是人才培养方案制订,都必须建立在以开放办学为特征的校企合作基础之上。

通过校企合作,了解人才市场的需求,人才培养的规格,对从业人员知识、能力和素质的要求,了解用人单位对不同层次人才的具体需求和培养重点,解决培养适路问题。只有在吃透企业需求的基础上,经过分析和判断,才能形成好的人才培养方案,这也是人们通常所说的校企合作开放式人才培养方案。

通过校企合作,才能建设专兼结合的"双师"素质教学团队。一方面,专任老师提高实践水平和职业能力,了解实践增强双师素养,必须通过企业实践来取得;另一方面,来自企业的兼职教师是双师结构教学团队的重要来源和组成部分,正因为这样,高职院校专业和课程教学团队的好的机制,必须建立在校企合作基础之上。

实习实训条件建设更依赖于校企合作。一般而言,高职院校会建设一定数量和规格的校内实习实训设施。但可以肯定地说,即使是最先进、最有条件的学校也无法满足学生实习的所有要求,技术的滞后性、空间的有限性不说,有些甚至无法有条件创造真环境,如银行、证券、会计等,必须通过规范的校企合作才能形成。

由于主体专业(群)的特殊重要性,校企合作机制建设尤其重要。

三、主体专业(群)校企合作综合体建设及其成效

——浙江金融职业学院的实践

浙江金融职业学院是全国首批28所示范性高职院校之一,金融专业是重点建设专业,也是该院主体专业;金融专业(群)也是主体专业(群),规模约占全院1/3强。在示范建设中,学院充分利用其历史、人文和资源优势,以"行业、校友、集团共生态"开放合作办学模式为依托,校企联合先后创设了银领学院、金苑培训中心、人民币反假鉴定培训推广中心、外汇从业资格考试中心和银行从业资格考培点等法人或非法人组织。此外,学院还建立了应用型金融人才研究院和浙江地方金融发展研究中心,巧妙地把在校学生的学历教育与岗位培训结合起来、在职员工的岗位培训与考证考级结合起来,整个行业企业的人才需求和科研服务结合,发挥了校企合作综合体的各种功效。

(一)主要举措

一是与订单培养企业共同组建银领学院。银领学院以订单培养为始点,以校企合作为平台,以开放办学为特征,以双师教师为依托,以工学结合为载体,以优质银领为目标,建立文化订单培养模式,建立由中央银行行家

为主体的宏观金融理论与政策兼职教学团队，由金融监管部门行家为主体的金融合规经营与风险管理兼职教学团队，由订单金融机构行家和业务骨干为主体的职业素质和职业技能兼职教学团队。实施订单培养，实现了学历教育与岗位培训的有机结合，每年培养在校学生1000多人，近5年共培养6000余人，不仅全覆盖了金融专业(群)，而且还惠及相近专业(群)。

二是与浙江省银行业协会和浙江省小额信贷协会共同建立银行从业人员资格考培点。每年对在校学生并组织协会成员单位员工进行从业资格考试，每年参考人数3000余人次，考核合格率达到60%以上，高于全国平均水平近20个百分点。

三是与省内主要金融机构合作组建金苑培训中心，承担岗前培训、转岗轮训、新业务新知识培训、高级管理人员研修等职能，形成多层次、立体化岗位培训体系，每年培训达28000人次，产生经济效益1000余万元。

四是与中国人民银行、国家外汇管理局合作，开展银行从业人员人民币反假，外汇从业资格培训考试等工作，对在职员工和在校学生进行普遍性岗位培训。

五是与浙江省人民政府金融办等单位合作，参与浙江省金融发展规划，金融企业经营管理规划方案的制订，承担纵向和横向课题数十项，产生了明显的经济效益和社会效益。

六是与省内主体金融机构合作。组建浙江金融职业学院发展理事会和应用型金融人才研究院、浙江地方金融发展研究中心。常年开展金融人才需求调研和咨询恳谈，分析金融人才供需情况需求，研究金融人才培养规格和路径，构建金融供需相结合的有效机制。

(二)具体功能

浙江金融职业学院以金融专业(群)为基础，以校企合作为纽带，运用多种途径，建立了银领学院、浙江地方金融发展研究中心、应用型金融人才研究院、金苑培训中心、外汇从业资格考培点、银行从业资格考培点、人民币反假考培推广中心等组织，实现了综合办学功能，构建了校企合作综合体。其综合性主要表现在：

一是人才培养功能。即通过与合作企业实施订单培养把全日制学生学历教育与岗前培训有机结合起来，很好地贯彻了以就业为导向的教学目标的实现，实现了毕业生顺利就业、对口就业、优质就业。据统计，银领学院的毕业生当年年薪为5万元左右，第二年后一般达到6万～8万元甚至更高。

二是岗位培训功能。全日制教育与非全日制教育并重，学校教育与职业培训并举,这是《教育规划纲要》对职业教育提出的目标要求,通过校企合作,学校把合作企业的培训工作揽入门下,资源利用率高,培训规模大,社会效益和经济效益都比较好。

三是科学研究功能。充分利用教师资源,凭借对合作企业和市场的了解,把握需求,广泛开展课题研究,提升了教师了解实践、了解行业的能力,更提高了教师科学研究和服务决策的能力。

四是考证考级功能。把大量行业从业资格证书培训、考试引入学校,设立专门考培点,从而较好地发挥了职业教育的功能,推进了社会服务工作。

近年来,浙江金融职业学院提出办好一个主体(全日制学历教育),做强两个侧翼(继续教育和社会服务),建设三个中心(金融职业人才培训中心、金融技能考证鉴定中心、金融科技信息服务中心),打造三个基地(金融职业教育资源建设基地、高职财经类专业师资培训基地和高等职业教育理论与政策研究基地)的"一二三三"办学功能定位。金融专业(群)以校企合作综合体建设的成功实践,发挥了在三个中心建设中的主要作用、三个基地建设中的重要作用和整体改革发展中的领跑作用,金融专业核心课程教学团队被评为国家级教学团队。

四、推进校企合作综合体建设的若干启示与进一步思考

(一)来自校企合作综合体建设实践的几点启示

启示一:校企合作是高职教育必由之路。这是高职教育能否办出特色和水平的重要前提。正因为这样,无论是高职院校的领导还是系部及专业负责人,必须把始终坚持开放办学的理念,面向政府、行业和企业开门办学,整合各种社会资源为学校人才培养工作服务,为学校发展服务,并通过合作机制的有效运行,为行业企业服务,实现双赢乃至多赢。

启示二:校企合作必须从单一功能走向综合功能。在几十年的实践中,我们常常把校企合作简单地界定为在校生人才培养服务,为学生实习、就业提供一些渠道,为双师型教学团队提供一些资源。这虽然重要,但仅仅立足于这一点显得比较单一,人才培养、科学研究、社会服务三大功能无不体现在校企合作之中,必须多元和综合。

启示三:校企合作必须从单向服务走向双向共赢。一种机制如果只建立在"我有求于你或你有求于我"的条件下,那一定不会有长久生命力,必须建筑在资讯相连、利益相关、收益相互的基础之上。金融专业(群)校企合作综合体的意义在于:学校顺利地安排了学生就业并促进了优质就业,锻炼和

培养了师资队伍，形成了双师教学团队。然而行业企业则在在职人员素质提高，取得从业资格证书，共赢金融科技信息资源等方面得到了实惠，真正体现出社会综合效益。

（二）进一步推进高职教育校企合作机制建设的思考

1. 如何真正把校企合作推向专业（群）层面。一般而言，学校是办学的法人，因而法人之间的签约和合作比较方便，但校企合作不能仅仅停留在学校一级法人层面，必须下移到专业（群）层面，但专业（群）层面由于没有财产和利益权，往往又不好开展合作。正因为这样，根据职业教育的特点，把学校打造成一个集团化机体，在集团化框架下，以专业（群）为基点构建校企合作的法人或准法人实体，既有利于校企合作走向深入，也有利于谋求人才培养工作实效，更有利于推动高等职业教育走向可持续发展。

2. 如何为校企合作开展提供法律和制度保障。校企合作、工学结合、顶岗实习作为职业教育办学模式已经写进《纲要》，但要把《纲要》落到实处，必须为校企合作开展创造法律和制度环境，如果没有法律和制度作保障，把校企合作涉留在号召或个人情感层面，不仅不利于校企合作的开展，弄不好，会节外生枝，制造出不好的事端来，产生负面效应，因此，必须加快校企合作法律制度建设步伐。

第三节　构建以专业群为单元的校企合作有机体的实践与思考

高等职业教育作为高等教育和职业教育的组成部分，在坚持高教性和职教性统一的同时，怎样构建校企合作的有效体制和机制，推进校企合作的深入、有效开展和人才培养模式改革的全面深化是当下高职教育面临的重大问题。笔者认为，在探索校企合作的过程中，应当将合作的重心放在专业（群）层面，使合作形式从松散走向紧密。近年来，浙江金融职业学院会计专业群通过实施校企合作有机体建设，取得了一定的经验和成效，对如何构建以专业（群）为基础的校企合作机制建设问题给出了有力的回答。

一、当前高等职业教育校企合作的主要类型与问题

校企合作，作为构成职业教育类型属性的基本概念与重要载体，近年一直受到学界的热切关注，同时也得到了职业院校、行业企业乃至政府部门的积极响应，一种以政府为主导、行业为指导、学校为主体，企业广泛参与的合

作格局已初具规模,并且仍在新的实践中不断得到推进与深化。总体上看,当前高职教育校企合作的发展呈现出多元并存的态势,已经从最初的合约走向合作,从合作走向共同,从共同走向紧密[①]。从全国范围内看,高职教育校企合作大约有以下几种模式:

一是传统合约形式。这种形式的校企合作在全国职业教育中比较普遍,就是在办学过程中由学校出面,以事业单位法人的身份与当地若干企业(行业)签订校企合作协议,明确各自的权利与义务。比如约定学校可以聘请行业企业的业务骨干担任兼职教师、把行业(企业)作为学生实习和教师实践的基地、合作企业可以优先挑选毕业生等等。除此之外,学校为企业技术开发和员工培训提供便利,企业为学校教学工作提供奖教奖学资助等。合作协议一般列明了"可以",但如何落实和执行,一般没有明确的制度和办法。

二是订单合作形式。这是比传统校企合作合约形式更进一步的合作形式。学校和企业在合作过程中,根据专业建设、人才培养和企业发展的需要,企业委托学校进行订单式人才培养,订单式人才培养机制一旦建立,学校学生在企业进行实习、就业,学校教师在企业进行调研挂职,企业委派教师参与学校课堂教学和实习指导,企业参与人才培养方案制订就成为自然,学校与企业的多方面联合成为必然。

三是科技合作形式。这是与订单式人才培养相类似但具有不同角度的形式。它主要是综合利用学校和企业人力资源的共同优势,双方合作进行产品、技术开发、或者由学校为企业提供科技服务,从而形成科技合作关系,这实际上也是一种联合。

四是企业学院形式。企业学院形式在近年的校企合作中比较普遍,但内涵各有不同。有冠名企业学院而合作滞留在协议层面的,有冠名企业学院而合作滞留在订单培养层面的,但也有实质性深层合作,如宁波职业技术学院与海天集团的合作,不仅有订单人才培养,而且企业投资建造了教学楼,实现了学校与企业的互通合作。杭州职业技术学院的达利女装学院、友嘉机电学院,被称之为校企合作共同体,探索了企业主体、学校主导模式。目前,在理论和政策层面,则更多提倡这种形式的合作,并被称为双主体。

应该说,无论采用哪种形式的校企合作方式,都确立和推进高职教育开

---

① 刘景光:《当前国内外高职院校校企合作模式构建研究述评》,《中国职业技术教育》2010 年第 27 期。

放办学理念的形成，都促进了人才培养模式的改革，从而在很大程度上促进了人才培养质量的提高。从实践上看，近年来，我国高等职业教育社会吸引力上升，毕业生就业率上升，就业质量提高，就是推进校企合作育人的结果。但我们应该也必须看到，当前校企合作还存在着许多需要深入研究的问题，一是校企合作普遍滞留在校级层面上，如何根据专业特点有针对性地选择合作伙伴，形成有效的合作机制，尚需破解并深化；二是校企合作机制不稳定，受人为因素、个人偏好因素影响很大，很难深化和深入。

二、专业群为单元的校企合作有机体的形成
——浙江金融职业学院众诚会计学院为例

（一）基本情况

浙江金融职业学院会计专业群，在学校教学运行模式中称之为会计系，该院作为国家首批示范性高等职业学院，会计专业又是全国重点建设专业，以会计重点专业带动财务管理、信用管理等专业形成专业群。在示范建设进程中，该系以示范建设为契机，充分利用自身优势、品牌资源和综合条件，开创性地进行了校企合作深化研究和实践。与浙江众诚会计与信用研究中心、浙江众诚资信评估公司及其合作伙伴，共同建设了浙江众诚会计学院，实现了实训基地与公司工场、教师队伍与公司员工、教师队伍与研发队伍、专业学生与初审职员、学生实践与毕业就业的有机合一，并取得了明显成效，具体情况是：

浙江众诚资信评估公司是由学校与浙江省银行业协会等单位共同创设的股份制资信评估公司，其资本实力、联评银行、参评合作企业和综合信用会计业务为全国信用行业骨干企业，浙江省最大企业、合作评审借款企业公司 10000 余家。

浙江众诚会计与信用研究中心，是由学校和众诚资信评估公司、浙江省信用协会等单位共同成立的研究机构，主要承担各种纵向和横向研究课题。如企业和区域信用体系建设提供科研服务，有较大的外部合作网络和资源。

浙江金融职业学院会计系是浙江金融职业学院重点系部之一，在教育部高职高专会计专业教指委副主任委员、浙江省高职会计专业教指委主任单位，会计专业群规模较大，师资力量雄厚，办学特色鲜明，人才培养质量较高，毕业生广受欢迎。

（二）建设办法

学院会计系与众诚公司本来就有资本、人脉上的渊源关系。在示范建

设过程中，学院认真理解示范文件精神，积极探索校企合作新路子，创新人才培养模式，联合三方共同组建了浙江众诚会计学院，冠名了众诚会计教学楼，共同建设了近千平方米的学习（实践）工场，形成了三方合作、互动有机、相互渗透的会计专业群校企合作有机体，形成了百名教师（含专任教师和公司员工）、千米工场（含实训室和工作室）、千名学子（含实习和工学结合）的百千千合作局面，具体做法是：

1. 组建由会计系、众诚公司、众诚信用与会计研究中心共同参与的众诚会计学院。由公司总经理任院长、会计系主任任执行院长、研究中心主任任副院长，同时会计系主任兼研究中心副主任和公司副总经理，形成相互兼职、一体运作的合作格局，部门经理和教研室教师也相互兼职。

2. 共同建设会计专业群有机体运作工场。工场既是学生实习实践和工学结合的基地，也是资信评估公司员工（学生参与）初评、复评的工作室、综合使用。

3. 公司与会计系共同形成五环紧扣、五位合一服务与育人机制。五环紧扣即公司业务运作上营销受理（主要由专职员工）、业务初评（主要由员工教师和学生）、业务初审（主要由高职称教师和公司部门经理）、业务复审（主要由公司高管和合作金融机构主管领导）、业务终审（主要由公司聘请的专家委员会）一起完成。五位合一，即在会计专业群有机体工场实现"工场教室合一、学生学德合一、教师专家合一、教学科研合一、作业成果合一。"

4. 会计系骨干教师兼任公司部门管理工作。一般教师担任公司业务员，公司骨干员工和专家担任会计系兼职教师，公司合作金融机构高管和专家及公司专家委员会成员担任客座教授。学院骨干教师、公司骨干员工和合作金融机构的专家委员会共同组成研究中心研究团队，三方有机合一，形成校企有机结合，共同育人机制，并履行承担科研社会服务和信用文化传承宣传职能。

三、会计专业群校企合作有机体的内在机理与运作模式

从浙江金融职业学院校企合作有机体运作情况看，应该说，它对高职教育校企合作具有普遍意义、创新功效和推广价值。其内在机理和改革意义在于：

1. 校企合作有机体各自职责和功能明确：

(1)众诚公司三大任务。主要是为增加经济效益做贡献，为推进教学创新做示范，为实现社会效益创品牌。

(2)会计系部三大任务。主要是为实现教学创新做示范,为打造一流专业创品牌,为拓展全国影响作贡献。

(3)研究中心三大任务。研究信用发展及信用文化,研究会计业务与改革,研究金融改革与业务创新。

2.校企合作有机体统一定位目标清晰。

(1)在教学和业务活动中创造公司经济效益。即既严格规范做好资信评级业务,充分利用师生力量开展业务活动,从而促进公司经济效益提高。

(2)在教学和业务活动中培养专门人才。即充分利用实践育人平台,在传授业务知识、从事实际操作过程中,促进学校人才培养工作的有效开展和人才培养质量的提高。

(3)在教学和业务活动中增加社会财富。因为这项工作有利于社会信用体系建设,有利于诚信文化的传承,从而为和谐社会建设和企业发展创造了丰富的财富。

企业信用等级评审活动,既涉及了会计业务、金融业务等专业综合知识,也练就了会计综合技能,并充分利用其他公司、合作金融机构和参评企业平台安排实习和就业,真正把就业为导向,服务为宗旨,产学研相结合的发展道路落到实处。

3.全体员工在校企合作体的作用发挥充分。

(1)教师实现了教学即工作的目标。教师按照会计信用的相关理论知识,结合企业信用评级的实践,在教学与实践中不仅提高了实际动手能力、了解了市场、了解了社会,而且丰富了内涵,把教学与实际工作有机结合起来。

(2)学生实现了学习即工作的目标。学生在这个平台上学习业务知识和操作技能,不仅消化和吸收了理论,懂得了社会实践和企业运作,而且直接参与和熟悉了职场工作,获得了一定报酬。

(3)员工实现了工作即育人的目标。公司员工参与教学、指导学生实训和工作,在完成自身工作职责目标、创造公司经济效益的同时,顺利参与了人才培养和育人工作。

四、会计专业群校企合作有机体的实践成效与理论价值

(一)实践成效

浙江金融职业学院会计专业群校企合作有机体经过五年的深化建设,在实践上取得了显著成效,主要表现在:

1. 促进了学生的顺利就业、对口就业和优质就业。会计专业群学生在尽情自如地在评估公司,评估公司联评的百余家金融机构和合作参评的万余家企业三个层面实习、就业,按照懂信用,熟练金融业务和会计业务操作的培养目标,连续五届毕业生就业率均达到98%左右,起薪5万元以上,三年后达到10万元左右,毕业生受到用人单位欢迎,人才培养工作受到家长热捧。自主招生每年招考率达20∶1左右,普招学生考分居全省第一。

2. 促进了公司业务良性发展和健康运行。浙江众诚资信评估公司综合利用合作学校品牌和系部师生人力资源,拓宽业务范围,规范业务运作,事业稳步发展,已成为全省资信评估行业第一品牌和全国行业骨干,受到监管部门好评,年创收入3000余万元,直接经济效益300余万元,评定企业等级10000余户,服务信用浙江建设成效显著。

3. 众诚研究中心品牌效应彰显。由于研究工作源于教学、源于业务实践、课题来源真实、课题合作渠道广泛、课题研究队伍整齐。近年来,不仅成为浙江会计、信用类学术机构多个副会长、常务理事单位,而且承接了省自然科学、省哲学社会科学、省人文社科重大攻关等课题10余项,年横向课题经费超过100万元。

4. 众诚会计学院为社会创造了大量财富。几年间,众诚会计学院开发了浙江省劳动与人力保障厅信用管理师行业标准。编撰了考证考级教材,承担了考证考级培训工作,编撰了一些基本教材、考证教材和指导教材,面向学生、面向公司、面向社会开展了考培工作,受到了广泛好评。

(二)理论价值

会计专业群作为高职教育改革创新探索过程中的新成果,不仅具有实践成效,更具理论价值和推广价值。主要表现在:

1. 校企合作产生了生物效应。我们认为,传统的协议合作只具有数学效应,会实现1+1大于2的成效,而订单培养等模式具有物理效应,具有立体功效,然而校企合作的企业学院具有化学效应,产生综合功效,校企合作有机体建设的影响远远超出了合作本身,形成了综合立体功效。众诚会计学院成为人才培养社会服务、科学研究、文化传承有机体,成为一个集学生学习就业、教师挂职锻炼、公司创造经济效益,共同创造社会财富的有机体。

2. 互兼机制具有积极意义。在众诚会计学院内,实施“领导班子互兼、中层干部互任、教师员工互聘”,这种三互机制,有利于实现人力、目标和运作上的协同,真正实现校企共同教书育人、共同创造财富、共同服务社会的目标,有利于全面实现高等职业教育的社会价值。

3.推进共生态办学模式进一步深化。浙江金融职业学院近十年来探索建立"行业、校友、集团"共生态开放合作办学形式,在高等职业教育界产生了重大影响力,会计专业群以有机体建设的成果不仅彰显了共生态合作办学模式的科学价值,而且也进一步推动了共生态办学模式的深化,对高等职业教育校企合作体制机制建设,具有重要促进意义。

尤其是,会计专业是中国职业教育和高等教育最具普适性的专业,也是招生量和在校生最多的专业,财会类实践教学是公认的难度较大的专业之一,浙江金融职业学院的实践和探索更具广泛而深远的理论意义。

第四节　校企合作共生体:高职教育建设发展的新视角

"校企合作、工学结合、顶岗实习"作为职业教育人才培养模式改革的目标和要求,已写入《国家中长期教育改革与发展规划纲要(2010—2020)》。如何有效地推进校企合作,真正形成具有教育和经济双重贡献率的校企合作机制,各地方、各学校都在进行积极的探索,并创造了许多成功而有益的经验,但是坦率地说,在推进校企合作办学的过程中,各级各类职业院校目前仍存在着许多矛盾和困惑,面临着不少挑战和压力。笔者认为,从高职教育关于学生就业能力和创业能力相结合的培养要求和国家鼓励大学生自主创业的政策导向两个方面来看,通过培养优秀的学生(校友)创业者,再由校友创办的公司实现与学校的深度校企合作,应该是高职教育开展校企合作的重要渠道,高职院校应该努力培育和推进以校友创办企业为媒介的校企合作形式,积极构建高职教育校企合作共生体。

一、高职教育校企合作成绩斐然但困惑多多

经过三十余年,特别是近十余年的建设和发展,我们的高职教育取得了长足的进展,不仅规模已占半壁江山,而且内涵建设也取得重大成绩。校企合作、开放办学作为高职教育改革办学模式的重要抓手和推进人才培养模式改革的重要条件,各地、各学校探索出许多措施,并取得了具体成效。

1.校企合作形式多样、各有特点。各学校纷纷采取与企业签订合约、订单培养或组建企业冠名学院等途径谋求与所在区域和行业的合作,尤其是与对口企业的合作,既引入了企业的资源和师资,也有效地推进了学生顶岗实习和毕业生就业工作的有效开展。

2.校企合作主要瞄准骨干龙头企业。在实践中,无论是教育职能部门

还是企业都希望把行业骨干和龙头企业乃至500强企业作为重要合作伙伴,尤以与知名企业合作为荣并作为经典案例。这对拓宽教育的视野,丰富教育的内涵,无疑是具有积极意义的,尤其能够使我们的教育站在技术发展的前沿。

3.校企合作内容从单一走向全面。主要从过去仅仅解决学生顶岗实习或教师挂职锻炼等单一内容,逐步走向人才培养、科学研究、社会服务的全面合作。从学校有求于企业转向互相共同合作,为企业开展双元制的成人学历教育、岗位技术培训,帮助企业解决技术和开发难题等等都成为合作的重要内容。企业业务骨干和学校骨干教师互兼共用也成为重要载体,促进了教育和企业的共同发展。

4.校企合作条款从抽象走向具体。过去谈校企合作主要是格式化、简单化的抽象条款,具有实质性内容的不多,合作是战略性的,而不是操作性的。经过近年来的改革和探索,尤其是国家示范性高职院校建设的推动,校企合作不仅多样化,而且变得更具体化、已经上升到了机制层面、操作层面。特别是引企入校机制的建立,校企共办专业和二级学院机制的建立,校内实训基地生产化和校外实训基地教育化的形成,有利于促进了工学结合和顶岗实习人才培养模式的推进。

在这过程中,校企合作也创新形成了不少理论。如杭州职业技术学院的校企合作共同体、浙江金融职业学院的校企合作综合体和校企合作有机体等。但我们也必须承认,高职教育在推进校企合作过程中,依然存在着学校热、企业冷、形式多、实效少等不尽令人满意的情况。具体表现在:一是校企合作的机会形成还具有一定的偶然性。偶然的学校领导与偶然的企业领导在偶然的时机达成共识或者偶然的推荐营销得到相互认可,从而成为合作伙伴。二是人脉因素在校企合作的达成中仍占很大的比重,也就是建立在人际感情基础上的校企合作或者说建立在行政主导影响下的校企合作比较多。三是校企合作目标指向不统一,相互有合作的倾向,但方向和目标不对称、不适应,尤其是瞄准高端和行业骨干龙头企业的合作,往往是学校单方有求于企业或者企业简单把学生当作劳动力,建立真正的融入式合作机制相当困难。正因为存在上述三个方面的情况,现实实践中校企合作的实效不是很理想。

二、与校友企业作建立“校企合作共生体”的可能性及其意义

怎样解决高职教育客观存在的校企合作深化难、有效难、可持续发展难

的问题，不仅校方在呼吁，理论界在探索，政府主管部门尤其是教育行政主管部门也在呐喊。与此同时，社会各界建议国家起草并颁布校企合作条例或法律的呼声也十分高涨。笔者以为，与校友企业合作、探索建立校企合作共生体，实现人才培养、科学研究、社会服务、文化传承的全方位功能可以成为深化校企合作的有效途径。

（一）操作思路

1.全面发展和梳理校友资源、整理校友企业。也就是说，通过全面整理校友史料，了解校友事业发展情况和行业分布情况，把校友个人创办、投资入股或校友担任主管的优质企业梳理出来，作为开展校企合作的首选对象。

2.加大在校学生创业能力培养，鼓励学生创办企业。也就是说，从战略上把培养学生的创业意识、创业能力，放在突出位置。鼓励和支持学生自主创业，充分利用国家各种政策资源和优势为毕业生创业提供各种便利条件，鼓励各专业毕业生联合创业。

3.对毕业生创业和校友企业进行联络整合，促进校友间的有效合作。也就是说，把学校毕业生创办的企业和校友所在的企业作为校企合作的首选和重要对象，创造条件进行深入友好合作，并在合作中促进校友企业的发展，在校生实习就业工作的顺利进行，进而推动母校事业的发展。

（二）内在功能

我们认为，把校友所在企业和毕业生创办的企业作为校企合作的首选对象，其意义和功效比较特殊。

1.合作方便直接。校友与母校具有特殊的学缘和人脉关联。校友对母校、对母校老师感情比较深厚，学校对毕业学生和校友比较了解，知根知底、平时也不乏联络，而且还通过校友会等组织从中联络组织，对校友所在企业的具体情况也比较了解。这样，实施校企合作比较自然、比较简单、也更为有效。

2.发展共生共赢。由学校鼓励和教育在校学生自主创业，到毕业学生创设企业（或通过努力发展成长为企业管理者，形成校友管理企业，两类企业统称校友企业），再由学校与校友企业进行校企合作，推进母校办学体制创新和人才培养模式改革，进一步促进学生就业创业能力的培育，由此形成一个良性循环机制，毕业生不断创办新的企业，发展校友企业事业，学校不断扩大和赢得更多的合作伙伴，使校企合作成为母校和学生共同发展的共生体，在实践中不断共生成长，既推动了区域社会的发展，更促进了教育教学改革和发展。

3.实现十大功能。胡锦涛总书记在清华大学百年校庆时对全面提高高等教育质量,提出了“四个必须”,从一个侧面阐述了高等教育的四大职能。我们认为,通过建设和发展校企合作共生体,这是贯彻落实总书记讲话的最为有利的途径,母校和校友企业共同形成的校企合作共生体,既有利于母校人才培养模式工作的深入和有效的开展,也可以充分利用各种资源,推进教师的科学研究和学校的社会服务,更重要的是,由于母校与校友之间的特殊关联,可以在校企合作过程中自觉传承母校的校训、校风和校园精神,把优良的大学文化传递下去,把企业在经济社会发展过程中的优良企业文化和地域文化反馈并充实到学校教育教学环节当中,不断丰富校园文化的实践内涵,从而推进社会主义校园文化建设。

三、建设校企合作共同体:浙江金融职业学院的实践

浙江金融职业学院作为全国首批28所示范性高职院校之一,长期以来高度重视和不断加强校友资源的开发和建设,积极发展与校友企业的深入合作,并在实践中探索和形成了“行业、校友、集团”共生态开放合作办学模式①,既推进了学校人才培养工作的深入有效开展,同时也不断丰富和扩大了学校的办学资源和社会品牌。具体的实践是:

1.重视校友资源开发利用和建设。浙江金融职业学院及其前身浙江银行学校自1975年创建以来已经累计为全国经济金融领域培养了近50000名优秀人才。学校虽然办学的学历层次较低(早期为中专,2000年后升格为高职),但是教育质量好、人才产出率高;办学的直接规模不大,但社会声誉好、校友凝聚力强,其毕业生约占浙江省金融从业人员的1/4左右,培养出了不少于3000名行长和总经理,同时一批校友还创办了一大批上规模、高产出的企业。学校在建设发展过程中,首先善于和发展校友资源,并早在1995年开始就成立了法人性质的校友总会,并在全国设立分会,机构不断延伸到县城。在实践中,学校把校友作为一种资源去积聚,作为一种力量去汇聚,作为一种文化去传承,作为一种人心去凝聚,作为一个平台去搭建,作为一个桥梁去架构,作为一个市场去开发,作为一个品牌去建设,并把校友文化育人作为学校文化建设的重要组织部分。

---

① 详细介绍参见周建松:《生态学视阈下的高职院校开放合作办学模式构建——以浙江金融职业学院为例》,《高等教育研究》(2009年第12期);周建松:《行业、校友、集团共生态:高职院校办学模式创新》,《中国大学教学》2008年第2期。

2.积极主动开展与校友企业的合作。学校充分利用校友会组织网络，通过校友带校友、校友连校友、校友助校友等途径，梳理校友资源网。按照关注并帮助每一位校友成长的方针和巩固老校友，开发新校友、重视成就校友、关注弱势校友的原则，以把校友会建设成为“成就校友的名园、成长校园的乐园、全体校友的家园”的理念。认真做好校友会工作，并积极主动整合资源与校友企业开展合作。除了签订合作协议，聘请资深校友担任兼职教师，聘请杰出校友担任专业指导委员，把校友企业作为学生就业实习基地和教师挂职锻炼基地，由校友企业出资设立奖学奖教金等，还推动校友和母校师生一起进行科研开发和课题研究，形成了一大批校企合作共生体，推动了校企合作、合作育人工作的不断深化。

3.形成学校事业和校友事业良性互动机制。学生是学校的“产品”，母校是学子的港湾，校友企业是学校合作发展的共同伙伴。为了使产品(毕业生质量)更优秀，为了使港湾(母校事业)更温馨，学校与校友企业各自充分利用资源和信息等有利条件积极开展校企合作，并不断从简单向深入、从单一到全面、从业务到文化。在这一合作过程中，学校得到了实惠：毕业生顺利就业、对口就业、优质就业，教师丰富了教学内容，学校增加了奖励助学资金；而校友企业充分利用母校品牌和文化资源扩大了发展机会，提升了发展品牌，实现了又好又快的发展，共同促进了你好、我好、大家好！

通过上述分析和研究，笔者得到的结论是：高职教育开展校企合作势在必行，必须大力开展、深入进行。高职教育开展校企合作的途径多种多样，应该充分利用各自资源优势具体实施并不断进行创新创造，高职教育开展校企合作既需要国家政策乃至法律层面的支持，更应该鼓励各个学校从自身条件出发，路在脚下，校友企业就是一个丰富的资源。从长远和战略的角度看，通过加强对学生创业意识和创业能力的培养，提高毕业生创业的能力和实践能力，建设并拓展一大批校企合作共生体，既利于学生发展和学校发展，更利于民族的振兴和国家的繁荣，我们应该有这样的高度，去认识、去努力、去实践。

第五章

改革创新:高职教育可持续发展的重点

第一节　以制度创新推动高等职业教育可持续发展

自国家决定大力发展职业教育以来,短短十数年时间,中国高等职业教育实现了跨越式的发展,无论是院校数量还是在校生规模均已占据高等教育的"半壁江山"。当前的形势是:国家发展职业教育的政策导向依然强劲,特别是随着《教育规划纲要》的颁布以及建立现代职业教育体系目标的提出,教育部等有关部门已明确今后高等教育计划增量指标将主要用于高职教育和专业硕士,普通本科教育招生人数和在校生规模则保持平衡,但是高职教育的实际发展态势却令人担忧。一方面是应届高中毕业生人数的持续下降,令不少高职院校出现招生困难;另一方面则是用人单位招工普遍要求本科起点,"专科层次"的高职学生面临就业瓶颈。"进出两难"问题的出现引发当前高职教育战线中又出现了一股要求升本或办"高职本科"的新动向。发展空间问题已成为困扰我国高职教育再提升的症结所在,必须以制度创新推进高职教育可持续发展。

一、现实挑战:高职教育发展很快但面临可持续发展矛盾

我国从 20 世纪 80 年代就开始试办各种类型的高等职业教育,进入本世纪以来,伴随着高等职业院校设置审批权限的下放,我国的高等职业教育实现了跨越式大发展。据统计,截至 2010 年,我国高等职业院校的数量为 1246 所,在校生 966 万人,仅与 2002 年相比,院校数就已增加 1 倍多、在校生人数增加 4 倍多。[①] 与此同时,全国范围内出现的"六路大军办高职"繁荣景象,也足以说明高等职业教育受关注的程度。尽管如此,我们必须正视

---

① 以上数据均来自教育部网站公布的年度统计数据,其中单列高职院学校数和在校生人数始自 2002 年,当年数据分别为 548 所和 192 万人,2011 年数据尚未公布。

的是：

1.强化内涵的发展共识就与粗放扩张的发展现实之间的矛盾。所谓“六路大军办高职”是对当前我国高职院校举办主体多元化的一种形象说法，是指承担高职教育的机构主要包括短期职业大学、高等职业技术学院(含具有高等学历教育资格的民办学校)、普通高等专科学校、本科院校内设置的高等职业教育机构(二级学院)、经教育部批准的极少数国家级重点中等专业学校、办学条件达到国家规定合格标准的成人高校这六类。表面上看，我国的高等职业教育参与者广泛、投入者众多，高职教育可谓大发展、大繁荣，但是从更深的层面来看，“大家办”正说明举办高职院校准入“门槛低”，当前高等职业教育的财政投入依赖于粗放型发展特征依然明显，举办者关注更多的依然是办学平台提升、扩招收益增加等短期效应(这与教育拨款上的“人头”计算方法和财务审计上的“软性”投入核算难直接相关)，对于高等职业教育的就业导向、服务宗旨、校企合作等实践困难认识不足，所谓的强化内涵共识也就难以有效落实。

2.独立类型的发展定位与统一管理的体制现实之间的矛盾。对于高等职业教育的发展定位，国家政策层面的界定应当说是十分清晰的，那就是强调它是一种独立的教育类型，突出其就业导向、校企合作与工学结合的人才培养模式特征，在相应的制度配套上，目前已经做到的就是教育部将高职高专处划归职业教育与成人教育司管理，但是在地方教育主管部门层面，一般仍将高职教育交由高教处管理，与普通高等教育实施统一管理，特别在教师专业技术职称评审、人才培养质量评价以及配套项目申报等领域，更多的还是以学术和学科标准来加以要求，而在当年的招生计划下达，高考志愿填报等方面，高职的独立类型地位也尚未体现。在教育管理部门尚难落实高等职业教育作为独立类型的管理配套，人力资源管理部门、社会，一般大众对于高职教育的类型认同就更加难以令人满意了。

3.构建体系的发展要求与受制于专科的生存现实之间的矛盾。去年以来，构建现代职业教育体系的要求被提到了教育部门的议事日程，其核心内容是顺应经济发展方式转变和结构调整的要求，构建与现代产业体系相匹配的职业教育体系，同时要求高等职业教育在现代职业教育体系中发挥高端引领作用。从随后公布的配套政策看，强化行业指导、推进中高职一体化应是其着力重点，这与整个高职战线要求彰显高端定位的发展预期存在一定落差。目前的严峻现实是，本科院校的人才培养定位不断“下移”，强调应用型、实用型已不再是高职教育的专利，加之近年来我国高等学校在设置管理上对民办院校“升本”实施了相对宽松的政策，民办本科院校的生源吸纳能力大大增强，本科院校挤压高职的生源空间已成事实。更何况就业市场的“供大于求”矛盾日益突出，经济社会转型升级带来的用人门槛普遍提高，专科层次的高等职业教育终究会失去生命力。

二、问题所在:现阶段采取的诸多举措无力解决高等职业教育作为一个类型的可持续发展问题

近年来，为大力发展职业教育，国务院和有关部门采取了诸多举措，《国家中长期教育改革与发展规划纲要(2010—2020年)》更是用了相当的篇幅来阐述职业教育和高等教育的发展问题。与此同时，教育部、财政部围绕贯彻实施《教育规划纲要》出台了一系列的配套政策，加之省市政府的同步跟进，应当说当前高职教育的总体政策环境是好的。但是，高职战线的实际体会是:高职院校招生难、就业难，高职教育的生存压力大、发展空间小，目前的政策仍无力解决高职教育的可持续发展问题，所以必须提高政策推进的针对性和有效性。具体表现在:

1.贯彻《纲要》的推进政策虽多，但落在高职战线的项目不多。高等职业教育既具高等教育属性，也具职业教育属性，是高等教育的一个类型，也是职业教育的一个层次。《教育规划纲要》分设专章对职业教育和高等教育分别作了论述，高等职业教育淹没其中，尤其是《教育规划纲要》颁布实施后，教育部职能处室将调整高职高专处划归职业教育与成人教育司，高职高专院校管理职责划给职业教育与成人教育司，而全国上下又未曾对口统一，由此产生国家层面与地方政府对于高职教育管理的对接与协调问题。过去一年多时间里，国务院有关部委(以教育部、财政部为主)为贯彻《教育规划纲要》出台了很多政策，同时要求各地政府研究择机推出相关的支持和保障措施。但实际的落实情况不容乐观，尤其是高等职业教育的项目和资金在高等教育中看不到，在职业教育中摸不着，由此造成理论上是“大力发展职业教育、提高高等教育质量”，高职教育两者可兼得，实践上却有令高职陷入“两头空”的危险。

2.构建现代职业教育体系目标虽明晰，但有关高职的定位不明晰。2011年以来，教育部围绕建立现代职业教育体系，召开了一系列会议，并经过努力已将构建现代职业教育体系问题上升为国家行动规划。教育部已陆续颁布了《关于加强推进中等和高等职业教育协调发展的指导意见》、《关于发挥行业指导作用推进职业教育发展的若干意见》、《关于推进高等职业教

育改革创新引领职业教育科学发展的若干意见》等配套文件，教育部、财政部同时启动了“高等职业学校提升专业服务产业能力”的行动计划。总体而言，教育部主管司局为推进职业教育地位和发展提升做了大量的工作，也产生了积极的成效。但是具体到操作层面来看，构建现代职业教育体系的重心依旧在推行中职“3＋2”或高职“3＋2”，明确要求中职毕业生有30％升入高职，高职毕业生10％升入本科学习，更多地强调要架构中高职和高职升本科的“立交桥”。由此引发关于高职教育在现代职业教育体系中的地位和作用的困惑，比如构建体系的主要途径究竟是强化中高职有效衔接，走“一体化”之路还是选择走“立交桥”捷径；主要目的究竟是彰显职业教育的类型特色，确立中、高职分阶段的培养路径还是主力解决职业教育学生的学历提升问题还是一体化；高职教育相对于中职教育的高端引领作用如何体现，是否蕴含一种独立类型内的层次设计还是仅仅要引领作用的高端化等等。诸如此类的问题，教育部门的文件中不甚明了，恐怕也很难仅依靠教育部门独力就能解决。

3.“校企合作、工学结合”的培养路径虽明确，但操作方法不明确。校企合作应该成为职业教育的办学模式，使职业院校更具开放性；工学结合应该成为职业教育的人才培养模式，使职业学生实现学做的统一；顶岗实习也应该成为工学结合的主要途径使学生具有提高职业能力的机会。对此，各职业院校应该认清自身的职责，积极创造条件，努力有所作为，在构建校企合作的开放办学模式，在推进工学结合、学做统一的人才培养模式方面做出自己的努力，以彰显职业教育的魅力。特别是作为国家示范性高等职业教育院校，更应充分利用中央财政支持的项目资金优势和自身的品牌优势积极作为，做出表率。现实的问题在于，单靠学校一头热的行为是不可持续的，在校企合作、开放办学尚无法制保障和体制支持的情况下校企合作如何系统完整？工学结合、学做统一在没有法规和制度约束下的情况下如何向以见长？现实的情况大多是靠体制属隶为一个企业或一个学校同属于一个主管部门，靠社会资本，靠需求吸引等途径，但这种模式只能是权宜之计，既难以保证可持续发展。长此以往，校企合作的有效性、工学结合的真实性会大打折扣。

4.“双师素质”、“双师结构”要求虽有力，但队伍建设制度保障不力。作为职业教育的重要特色和特征，职业院校需要建设“双师型”教学团队，在提倡专任教师取得“双师”资质的同时，更应适量适需聘请来自行业企业的业务高手、技术能手、经营专家作为兼职教师，真正实现双师结构的教学团队。

但现实情况是:学校属于事业单位,如果强调教师要从具有企业经历的高层次人才中招聘,一方面是流程较复杂,更主要的是职业院校教师现有的薪酬待遇,对具有行业企业工作经验且较高学历层次又符合做教师工作素质要求的人是否有吸引力,现有高素质教师去企业挂职锻炼后会不会流失,等等。解决这些问题的有效方法是在提倡专任教师取得双师素质的同时,更有效地把工作精力和重心放在建设高素质兼职教师队伍素质上去,建立广泛的、公开的、畅通的兼职教师网络,并配备足够丰富的职业教育师资来源,确保职业教育大发展、大提升的需要。

三、求解方案:高等职业教育可持续发展需要实现制度创新

笔者认为,要真正实现高等职业教育的可持续发展,真正打造具有世界水平、中国特色、现代水准的高等职业教育,必须实现如下制度创新。

1. 根本性创新:真正把高等职业教育建设成为一个开放的成长发展体系。《教育部关于全面提高高等职业教育教学质量的意见》(教高〔2006〕16号)中已明确提出,高等职业教育作为高等教育发展中的一个类型,肩负着培养面向生产、建设、服务和管理第一线需要的高技能人才的使命,在我国加快推进社会主义现代化建设进程中具有不可替代的作用。五年多来,围绕高等职业教育作为高等教育发展中的一个类型教育,教育行政部门、财政部门和各院校做了大量工作,也起到了积极的促进作用,但"名为类型、实为补充"的状况并未从根本上改观,"名为长远、实为权宜"的情形每每都在发生。解决这个问题需要突出解决三个问题:一是要真正认识构建现代职业教育体系的重要性,从我国国民经济和社会发展实际、从产业结构实际等需要出发,由此来研究我国的人才需求结构,在推进高等教育大众化向普及化的过程中,切实优化人才培养结构,致力于培养数以亿计的高素质、高技能人才,真正把高等职业教育作为一个类型,切实提高职业教育的占比。二是着眼于人才培养规律和坚持以人为本理念,在积极构建人才培养立交桥的同时,致力于构建相对独立的职业教育体系,实施专业化培养,提高培养效能。三是坚持把职业教育体系建设成一个成长发展的开放式体系,在现有专科层次的基础上,加快探索四年制(本科层次)高等职业教育新路径,并努力争取在2020年前后建立包括专业硕士在内的一体化、开放式高等职业教育体系,使中国高等职业教育走上可持续发展之路。

2. 基础性创新:把职业教育企业合作问题上升到国家法律层面。职业教育坚持办学的开放性,这无疑是十分正确的,而校企合作是重要的根本性

途径。然而，要真正把校企合作落到实处、落到真处，必须用法律的形式加以保障和促进。我国是一个法治国家，教育是一个国家的根本大计，职业教育是教育的一个重要类型，必须用法律的形式推进职业教育法制化，其基本的路径有两个：一是全面修订职业教育法，在职业教育法中加入有关校企合作办学的条文，使校企合作有法可依。二是颁布制定专门的校企合作法律法规，明确政府、行业、企业、学校在校企合作中的权利与义务，以真正体现“政府主导、行业指导、行业参与、学校主体”的职业教育办学体制机制，促进职业院校校企合作办学、合作育人、合作就业、合作发展机制的真正建立。

3.保障性创新：把高等职业教育经费投入机制纳入财政工作常规。众所周知，教育是公益性事业，需要财政投入，职业教育是面向人人、面向大众的民生事业，更应得到财政的支持，尤其是高等职业教育兼具高教性和职教性双重特征。因此，在确保校企合作作为职教性法律性保障的同时，必须有高等教育规格和水平的财政性保障投入。《教育规划纲要》颁布以来，为确保2012年4%目标的实现，国务院加大了对教育尤其是对高等教育的投入。但遗憾的是，在现行的投入办法中，并没有把广大高职院校纳入其中，更有甚者，不少省市的高职院校仍按照其中专时的拨款基数，没有建立生均拨款制度，大部分省的高职院校没有基本科研费，教育部门给予的项目均为自筹等等。笔者认为，要提高高等职业教育的办学质量、改善办学条件、加强教师队伍建设、推进产学研合作发展，财政收入是至关重要的。为此，必须有一个可靠的财政保障，而财政的基础拨款机制、专项支持项目、科研经费安排都是重要的，当务之急是，必须从制度上保障高等教育生均拨款制度和数量标准在高职院校中得到落实。

4.支持性创新：建立职业教育兼职教师的人事部门统筹制度。职业教育以培养高素质技能型人才为重任，必须坚持开门开放办学，必须聘请适需适量的兼职教师，必须坚持工学结合、学做统一。当前，双师结构师资队伍的重心应该在兼职教师队伍上，而兼职教师队伍的建设必须依靠人事管理体制的创新，单靠学校努力是难以有效解决的。笔者的思考是：将兼职教师纳入人事部门统一的管理制度，具体操作办法是：根据一地职业教育发展需要，根据学校提出的具体需求，由当地人事部门采用具体的统一管理办法，确定条件，流动聘用，也就是说由人事部门制订兼职教师基本门槛，设定兼职教师等级规范，并由人事部门向社会公开招募，经过报名、笔试、面试等途径确定兼职教师资格，将其纳入人事部门人才规划，会同同级财政部门发放兼职教师津贴，颁发兼职教师资格证书，并将其授课或指导学生工作纳入正常岗位职责，再根据职业院校聘任情况发放课时津贴。与此同时，建立年度考核工作，将其纳入本人综合业绩重要组成部分，对担任兼职教师工作比较优异的给予奖励或重用。

5.监督性创新：建立高职院校人才培养质量公开发布和第三方评价制度。教育行政主管部门应制订高职院校办学水平和办学质量的考核监督性指标，如毕业生就业率、毕业生起薪率、生师比、生均仪器设备总值、生均校园和建筑面积、生均运行设施、“双师”教师比重、教师工作数量与质量、学校科研与社会服务等，并由学校作为义务主动发布人才培养质量和办学水平报告。与此同时，应建立第三方评价人才培养质量和办学水平的制度和机制，使学校各项工作更加经得起社会和人民的监督，以切实推动特色鲜明、人民满意、师生幸福的高职教育氛围的真正形成。

总之，笔者认为，从类型体系上、体制机制上、财政投入上、队伍建设上、评价办法上实现了法律和制度创新，中国的高等职业教育才会不断提升内涵、提高质量，才有利于增强特色、提高水平，不断增强吸引力，实现类型教育的真正可持续发展。

第二节　加快构建具有中国特色高职特色的学校运行新机制

《教育规划纲要》明确指出，高等职业教育实行校企合作、工学结合、顶岗实习的人才培养模式，坚持学校教育与岗位培训并举，全日制教学与非全日制教学并重。据此，教育部明确指出，要认真落实纲要精神，加快构建中国特色、世界水平的现代职业教育体系，积极推进高职教育体制机制创新，深化高职院校教学改革，以发挥其在职业教育科学发展中的引领作用。那么，我们究竟应当如何建立具有中国特色、高职特点的学校运行新机制呢？

一、中国特色高职教育改革与建设进入深水区

作为高等教育的一个类型，我国的高职教育始于20世纪80年代初，成长于20世纪90年代，发展于世纪之交尤其是21世纪初，明确作为一种类型教育和体系建设，则主要开始于21世纪近五年。2003年国务院作出《关于大力发展职业教育的决定》，2006年实施“国家示范性高等职业院校建设计划”，2006年教育部发布教高〔2006〕16号文——《教育部关于全面提高高等职业教育教学质量的若干意见》，明确指出高等职业教育是高等教育的一

个类型。据此,全国高职路线尤其是国家示范高职院校进行了积极的探索,并取得了一定的成绩,但如何真正做到由点到面、由星星之火到可以燎原,走出改革建设深水之区值得我们思考。

第一,作为一个类型,高等职业教育大规模发展阶段已经结束。基于类型特点、内涵建设,提高质量的任务已经摆在我们面前,征地、造房添设备、扩招、铺摊、揽老师的已不再是工作中心。在此前提下,学校的主要任务是强化内涵、凝炼特色、提高质量,而为了保证质量和内涵建设,尤其是推进特色办学、内部运行新体制和机制建设就显得更为重要。

第二,经过百所国家示范校的建设,我们在校企合作、工学结合等方面的改革探索已经起步。不少地方、部分院校还取得了较为显著的成绩,但如何把用中央财政资金撬动的成果经过总结、提炼、传播、推广到整个高职路线,以产生更大的促进效应,是今后几年高职领域内涵建设的重要任务。

第三,《教育规划纲要》已经明确"校企合作、工学结合、顶岗实习"是高职教育人才培养模式的重要特征。如何从体制和机制上确保校企合作的有效开展、工学结合的顺利进行、顶岗实习的有序推进,是一件带有全局性、方向性的工作,也是事关高职教育办出特色、办出水平、提高质量的大事,必须积极作为,并务必作出成效。

第四,种种迹象和科学统计资料表明,从2000开始,我国高中毕业生已经呈下降趋势[①],高等职业教育处于高校招生体系的末端,如不能用体制机制创新来激发活力,真正培养出职业素养好、动手能力强、岗位适应快,并具有一定可持续发展的职业化专门人才,使培养出的人才具有不可替代性,能成为行业企业的首选和轮选,则这种教育将失去竞争力,甚至失去生命力。

正因为此,无论是人才培养模式改革还是内涵建设,高职教育已进入深水区,必须实现由点到面,由局部到整体的体制机制和培养模式创新。

二、特色化高职教育改革建设面临运行矛盾

高职教育改革建设进入深水区的实际情况,客观上要求我们按照类型特征的要求进入整体性体制机制创新,从而激发活力,产生动力形成创造力。然而现实的情况是,高职教育在特色化改革和建设的进程中还面临许多矛盾和问题,主要表现在:

1. 高教性和职教性之间的矛盾。高职教育既具高教性,又具职教性,这

① 朱雪梅:《直面生源危机:中国高职院校发展格局与战略》,《现代教育管理》2012年第8期。

是通行的表达和说法,但两者如何做到相互兼容,客观上还是一件难事。从国家教育行政管理体制看,对高职教育的管理经历了由职成司到高教司再到职成司的过程,因而使高职发展重心游走于职教性与高教性重心之间。现实的情况是,作为高等性,学生普遍有专升本的强烈需求,从而有接受系统化知识体系学习的动力,且有国际化办学的强烈呼声,作为职业教育,它更有正面生产、建设、管理、服务第一线职场(工厂)的直接要求,要按照工作过程系统化和项目化等途径实施教学,并做到毕业证书与从业资格证书的统一。正因为这样,白天办职业教育、晚上办高等教育,周一到周五办职业教育,周六周日办高等教育的情况相当程度上存在。

2.高等学校的准机关考核机制与合作伙伴的企业化属性之间的矛盾。在我国,公务高等学校的性质均为事业,而这些事业单位近年来一般到按照机关化运作要求管理,且有愈演愈烈之趋势。在这种条件下,教师的事业身份、干部用人上的机关化做派,在岗位设置和收入分配上的准公务员运作办法,均与校企合作的有关要求难以吻合。况且,由于学校身份的准公益性事业单位成分,使学校在校企合作过程中与合作方的利益诉求难以得到保障,无论是对外投资,还是吸入资金,都面临财务处理上的障碍。至于由学费结余归还贷款形成的固定资产,则更是一个复杂的产权问题。

3.高职院校传统的运作流程与合作企业需要之间的矛盾。按照传统理解,我国的各级各类学校均实行较长的寒暑假制度,并同样按相关实行每周一至五工作制,教职员工也同样实行“朝九晚五”作息时间,但是,合作企业往往采用365天不间断运行24小时不间断工作的轮流作业模式,尤其是农业企业的季节性、工业企业的连续性、施工企业的时间性等,对学校更提出了不同于学校正常工作的要求,如不有效协调,则真正意义的校企合作难以深入有效进行,必然大打折扣。

4.双师结构师资队伍建设面临财政和人事体制挑战。由于公办学校的事业单位性质,决定了它越来越受到严格的编制管理和薪酬控制。在当前编制管理从严从紧的情况下,学校很难有充足的人力和财务配制去实现每四年事年或每两年事年企业顶岗实践或挂职工作的要求,即使是新进教师兼职,用若干年企业工作经历的要求,使企业编制回到事业编制难以宽松进行(要公开招聘、硕士以上学历等),真正适用的人才难以引进和充实。

5.工学结合和顶岗实习面临管理制度乃至法制制约。工学结合和顶岗实习是提高人才培养质量,提高学生学习效能的重要途径,然而具体在操作过程中,也面临矛盾。一是学校人才培养环节需要与合作企业顶岗工作需要存在时间和数量上的矛盾；二是许多行业的上岗操作资格证（或工号编码）有严格准入要求，不能随意顶岗；三是生产性操作性工种安全事故责任归属和责任承担问题；四是顶岗实习在客观上没有法律许可或保证条例；五是学生在顶岗实习过程中也存在道德乃至法律风险问题。

三、综合改革、立体推进、着力构建高职运行新机制

如前分析，一方面是高等职业教育改进建设进入深水区，客观上要求我们在体制机制上要求突破；另一方面，现实生活又面临运行过程中法制机制的冲突和障碍。因此，我们必须正视现实、抓住时机，用创新的思维、改革的务气，综合推进高职院校体制机制建设。

1. 抓住贯彻落实《纲要》的有利时机推进体制机制改革。为认真贯彻落实《教育规划纲要》，国务院专门成立了教育改革领导小组，《纲要》明确把改革创新作为今后一个阶段教育工作的重要任务，现在首批改革创新试点项目已经展开。作为具有复合特征的高等职业教育如何在总结国家示范建设经验基础上推进体制机制创新，既鼓励个案创新、各个突破，更要总结梳理，要求面上整体性改革方案。如何设计高等职业教育的领导体制，如何科学设置高职院校的内部分配制度、人事用工制度、财务分配制度等。需要各个突破，也需要教育、人事、劳动、财政、物价、审计等部门联同设计，制订科学有效改革方案，纳入到试点改革项目之中并据此成功推广，是比较现实可行的办法之一。

2.鼓励各学校从实际情况出发创造可行经验是一个好办法。在国家示范性高职院校建设过程中，不少学校结合上级文件，针对本校特点，充分利用本行业、本地区资源，在体制机制方面做了有益的实践和探索。以浙江金融职业学院为例，该院作为国家首批 28 所国家示范性高等职业院校之一，在示范建设过程中以及后示范建设阶段在体制机制方面做了一系列探索性改革。如：

第一，学院层面组建了发展理事会，并汇同行业企业组建浙江金融职教集团。按照“立足大金融、面向大市场”的办学思路，学院组建了由政府部门、金融管理机构、金融经营企业为立体的学院发展理事会，组建了由理事会成员系统、知名校友所在企业、职业院校广泛参与的职业教育集团，为校企合作、工学结合的开展创造了外围条件。

第二，确立并不断完善“行业、校友、集团共生态”开放合作办学体系。按照“依托行业、团结校友、集团化发展”的理念，以开放办学、开门育人为导

向,形成合作发展、合作育人、合作办学、合作就业思路,在广泛的校企合作网络中,顺利地解决了兼职教师和实习就业基地问题。

第三,重心下移至专业群。鼓励以专业群为基点推进体制机制创新,各专业群根据专业特点和自身条件,建立专业指导委员、推进校企合作体系。专业指导委员会按照“六个一”原则,即一个咨询参谋组织、一批行业企业兼职教师、一批学生学业实习实践基地、一批学生就业工作基地、一批教师实践服务基地、一批专业合作发展基地的要求顺利推进改革,不影响全局,但有序有特色地推进改革和建设。

第四,学校内部建立强性工作时间和柔性管理制度。也就是说,学校在遵循传统高等学校基本管理体制和工作节奏的前提下,建立弹性的工作学习时间和柔性的内部管理制度,与国家事业单位人财物管理办法实行“不违规、大协调”的工作机制,并在具体考核过程中引入企业绩效概念,实行“小灵活、可变通”的操作办法,在收入分配上做到月月有岗位津贴、季季有绩效津贴、年年有考核奖励。对开展校企合作、工学结合、顶岗实习、科学研究、社会服务、教书育人工作做得好的部门和个人,则实行专项奖励。

第五,积极创造条件实施大面积订单式培养。通过订单培养解决学生就业的,大约已占到60%左右,而没有进入订单培养的学生,则可以采取跟单学习、常规学习、升学学习等多种途径推进第三学年学习生活安排。实践证明,订单培养是绕过体制机制障碍,解决好开放办学、校企合作育人、工学结合育人、顶岗实习锻炼和推进双师教学团队建设,实现理论教学与实践教学结合的最可行办法,应该花大力气加以推进,有了订单培养,一切体制机制难题迎刃而解。

3. 积极推进以系(专业群)为基点的校企合作、工学结合体制机制创新。传统的做法是,一说校企合作、工学结合就把目标和问题锁定在学校层面,学校层面涉及面广、影响力大、太敏感,既不好操作也不见得有实效,而把改革创新的基本点放在一个系或一个专业群上,允许和鼓励系部根据自身特点,针对对应行业企业要求,在照顾双方利益诉求的条件下,采用灵活、具体的方法,推进合作、创新管理办法。如浙江金融职业学院允许各系部在教学运行、内部分配、合作方式等与学校整体和而不同。如会计系与浙江众诚公司及其合作金融机构,其建信用工场、会计记账中心、财务服务中心的办法,采取领导互兼、中层互任、教师(教工)互兼的办法,形成了校企合作有机体,既不影响大体制,又建立了新机制,成效十分明显。

4. 基于高职教育体制机制建设和可持续发展的思考与建议。高等职业教育是我国高等教育的重要组成部分，已占据半壁江山。为鼓励其办出特色、办出水平、打造中国特色和世界水平，国家和政府有关部门采取更为科学合理的办法，来实施对高等职业院校的考核和管理，并创造更为宽松友好的考核和管理办法，也取得十分重要。为此建议：

(1)全面实施国家层面的校企合作法律支持和保障制度。建设由全国人大的法律法规或请国务院以条例的形式，制订职业院校校企合作条例或法律。明确行业企业的权利和义务和责任，促进职业教育校企合作有法可依，有法可护。

(2)全面推进兼职教师政府认定和鼓励制度。由各地教育、人事、财政等部门牵头，设立如省(或市)范围内的职业教育兼职教师公开选拔评价制度。通过设定基本条件，明确鼓励政策，通过公开选拔、资格确定、财政资助、学校聘用考核与管理等途径，建立一支素质精良、结构合理、数量充足、使用灵活的兼职教师资源和储备体系，保证职业院校人才培养工作需要。

(3)建立职业教育实习实践基地申报考核认定制度。明确企业作为职业教育实习基地的条件、职责和义务，并根据实际绩效，建立财政补助或税收优惠试点制度，确保基地数量充足、结构合理、定位明确、功能到位。

(4)扩大和保障高等职业院校自主权。在持续增加财政投入、合理确定人员编制的同时，应放宽对职业院校机构、人员、财务管理。允许学校自主确定收入分配制度、绩效考核和发放办法，并在基层层面引入企业化考核机制，为创造条件，应允许投入产出机制和产权制度创新。

第三节　应该着力建设一批“国内一流、国际知名”高职院校

经过30余年的探索性发展，尤其是近十年的规模化扩张，中国高等职业教育作为高等教育的一个类型和职业教育的一个层次，在中国教育领域已具有很大的影响力，规模已占据中国高等教育的半壁江山。在这一发展过程中，国家实施了国家示范性高职院校建设计划，高职院校参与并共享了高等学校教学质量和教学改革工程。这一系列举措，对推进高职院校内涵建设产生了重要的影响。目前，《国家中长期教育改革与发展规划纲要(2010—2020年)》颁布实施，100所国家示范性高职院校顺利通过验收，100所骨干院校建设计划启动实施，中国高职教育将站在一个更高、更新的

起点上。对此，一些高职院校提出了建设一流高职院校的思考和建议①，笔者认为：推进中国高等职业教育的可持续发展，必须致力于打造一批类型特色鲜明、教育质量优异，国内一流、国际知名的高职院校，以此来增强高职教育的吸引力和生命力，彰显高等教育强国和职业教育大国的实力和水准，推进人力资源强国的有效实施。

一、国家示范性高职院校建设的巨大成效与"国内一流、国际知名的高职院校"目标的提出

（一）国家示范性高职院校建设计划的巨大成效

2005年《国务院关于大力发展职业教育的决定（国发〔2005〕35号）》明确指出，实施职业教育示范性院校建设计划，在整合资源、深化改革、创新机制的基础上，重点建设高水平的培养高素质技能型人才的1000所示范性中等职业学校和100所示范性高等职业院校，大力提升这些学校培养高素质技能型人才的能力，促进他们在深化改革、创新体制和机制中起到示范作用，带动全国职业院校办出特色，提高水平。由此可以看出，示范院校建设的国家推进职业教育发展的重大战略举措，它的基本任务是提升国家培养高素质技能型人才的能力，创新职业院校的办学体制和机制。

2006年教育部、财政部颁布《关于实施国家示范性高等职业院校建设计划，加快高等职业教育改革与发展的意见》（教高〔2006〕14号文件，以下简称《示范意见》），明确提出：为在全国高等职业院校中树立改革示范，"将按照地方为主、中央引导、突出重点、协调发展的原则，选择办学定位准确、产学结合紧密、改革成绩突出、制度环境良好、辐射能力较强的高等职业院校，进行重点支持，带动全国高等职业院校办出特色、提高水平"。据此而言，国家示范性高职院校建设计划是大力发展职业教育战略在高等职业教育层次的重要体现，是推进高职教育建设发展的主要抓手。它的基本任务是："使示范院校在办学实力、教学质量、管理水平、办学效益和辐射能力等方面有较大提高，特别是在深化教育教学改革、创新人才培养模式、建设高水平专兼结合专业教学团队、提高社会服务能力和创建办学特色等方面取得明显进展。发挥示范院校的示范作用，带动高等职业教育加快改革与发展，逐步形成结构合理、功能完善、质量优良的高等职业教育体系，更好地为

① 向红梅：《国家示范高职后示范建设现状及期望路径》，《职业技术教育》2012年第25期。

经济建设和社会发展服务。"简而言之，就通过"改革创新"，实现"提高"和"引领"。这一点在《教育部财政部关于进一步推进"国家示范性高等职业院校建设计划"实施工作的通知》(教高〔2010〕8 号)中进一步得到了印证。

对于国家示范校高职院校的建设成效，政府、高职教育界和产业界基本上都持一种正面的评价。就政府的而言，教高〔2010〕8 号文件对此作了明确的阐述："4 年来，示范建设院校在探索校企合作办学体制机制、工学结合人才培养模式、单独招生试点、增强社会服务能力、跨区域共享优质教育资源等方面取得了显著成效，引领了全国高职院校的改革与发展方向"。就高职战线的切身感受而言，示范建设的成效主要体现在高职院校整体水平的提升与社会影响力的增强上[①]。具体来说：①推动了各级政府高等职业教育投入的显著增加。截至 2009 年末，中央财政对 100 所国家示范高职院校的专项投入已达 25 亿元，带动地方财政投入 60 余亿元，行业企业投入近 15 亿元，三项投入总计达 100 亿元。这一规模与中央对高等教育"211"一期立项学校的投入(27.55 亿元)总体相当，但与"985 工程"一期中央对 34 学校的投入相去甚远(仅北大、清华两校的前 3 年投入已达 36 亿元，中央总投入预计在 300 亿左右)。②确立了"校企合作、工学结合"人才培养模式改革方向，高职培养的类型特色显著增强。"校企合作、工学结合"不仅成为了高职战线人才培养的基本理念，同时在推进专业建设、课程与教材建设、实训基地建设、教学管理改革、师资队伍建设、质量评估体系建设过程中得到了制度化。③强化了职业能力和职业道德的培养，毕业生就业率和就业质量显著提升。与 2005 年相比，示范院校参加校内生产性实训的学生比例由不足 40%提高到 90%，参加半年以上顶岗实习的毕业生比例由 68%提高到 97%，示范高职院校毕业生越来越受到企业的欢迎，一次就业率超过了 96%，订单培养的成功实施使得部分学生毕业前一年就实现了就业，这与普通本高校近年来的低就业率(2009 年为 68%，2010 年为 72.2%)形成了鲜明对照。④推行了高职院校间的对口支援、跨省招生等政策，高职教育的区际协调发展能力显著强化。目前，示范院校跨省招生比例已达 30%，面向西部招生比例达 10%，共支援西部职业院校 421 所，为对口支援院校培训师资 1.3 万人次，联合培养学生 10 余万人次，产生了显著的辐射带动作用。此外，各地参照国家示范高职院校建设目标及实施办法，相继设立了省级示范高职院校建设项目，省级建设院校达 187 所。

---

① 马树超：《新中国高等职业教育发展改革的非凡成就和经验》，《中国高等教育》2009 年第 17 期。

(二)"国内一流、国际知名"高职院校建设目标的提出

2010年可以说是一个承前启后之年,国家与各行各业都面临着"十一五"收官与"十二五"规划的重大任务。就高职战线而言,恰逢全国第四次教育工作会议隆重召开《国家中长期教育改革与发展规划纲要(2010－2020)》正式颁布,国家和各级各类政府的"十二五"发展规划先后制订之际,示范一期顺利验收,骨干院校建设计划顺利启动,各高职院校迎来了一个重新审视与确立自身发展目标的重要契机。在此过程中,高职战线围绕着"示范后高职怎么办"的基本问题,提出了一种建设国内一流、国际知名高职院校的发展思路,部分学校特别是前100所国家示范校中的许多学校已经将这一目标写入了自己的"十二五"发展目标。怎么看待高职院校自发形成的这种发展追求?笔者认为:

第一,如前所述,经过国家示范校高职院校建设,部分高职院校的办学水平、办学实力、教育质量有了很大提高,尤其是适应校企合作的体制机制初步建立、专业特色初步彰显、学校的社会声誉和影响明显提升,部分学校、部分专业已经产生了比较公认的国内一流水平和一定的国际知名度。比如天津职业大学、深圳职业技术学院等院校在整体实力上的龙头地位,浙江金融职业学院、黑龙江建筑职业技术学院等学校在各自专业领域内的高人一筹都是很好的明证。因此,国内一流、国际知名目标的提出是个别学校办学实力增长到一定阶段的自然产物。

第二,建设国内一流、国际知名是高职战线面对激烈竞争压力和长远发展问题时作出的必然选择。这一问题对前100所国家示范校的困扰尤其明显。近年来,普通本科院校的整体培养目标下移,办应用性本科已成为一种基本的趋势,加之百所国家骨干高职院校建设计划的适时启动客观上给这批学校造成了一种"前有强敌、后有追兵"的窘迫局面,不发展没有出路,这批院校普遍存在着一种发展危机感。而对于骨干院校和其他1000多所学校而言,国家推动计划管到2013年,骨干院校计划申报截止和建设单位验收成功后仍将面临相同的困境,特别在当前高中生源呈现下降格局的情况下,整个高职战线如何面向2020年,办出有中国特色的高等职业教育形势不容乐观。

第三,《教育规划纲要》明确提出:高职院校要主动适应国家和区域经济社会发展需要;国家要建立动态调整机制,不断优化高等教育结构,促进高校办出特色,引导高校合理定位,在不同层次、不同领域办出特色、争创一流。目前,普通高等院校高校,特别是已列入"985工程"、"211工程"的学校

都明确提出了建设世界一流大学的奋斗目标，高职教育作为高等教育的一个类型，比照普通高校的成功经验，提出合理定位、争创一流的发展目标，体现了高职院校志存高远、争创一流的精神面貌和巩固示范成果、深化内涵建设的不懈追求，应该予以肯定和鼓励。

综上所述，在"十二五"规划实施进程中、在示范建设后，全国部分高职院校提出"国内一流、国际知名"的目标合乎逻辑、顺乎情理，关键是国家如何因势利导，一鼓作气，推动高职再腾飞。

二、建设一批"国内一流、国际知名"高职院校应当成为国家战略

高等职业教育作为我国高等教育的重要组成部分，应该主动适应并以自身的实际行动推进国家建设高等教育强国和人力资源强国的目标。就国家而言，在大力推动世界一流大学建设并取得明显成效的同时，应当着力建设一批国内一流、国际知名的高等职业院校并把它提高到国家战略的高度来加以实施，以此表明落实大力发展职业教育、推进经济社会转型和建设社会主义和谐社会的巨大决心。

第一，从教育与经济社会发展的一般关系看，它是顺应当前中国经济社会转型升级的客观要求。中国是一个经济大国，也是一个人口大国。党中央提出到2020年实现全面建设小康社会的战略目标，必须大力发展科技和教育，重视人力资源开发，从而促进中国经济的转型和升级，使人口大国转化为人力资源强国，促进经济大国向经济强国转变，这是顺应时代发展的必然趋势，也是实现中华民族复兴的战略使然。就转变经济发展方式，促进经济结构战略性调整而言，加强农业基础地位、提升制造业核心竞争力、发展战略性新兴产业、加快发展服务业关键在科技创新，基础在人才培养。无论是传统产业的升级换代，还是新兴产业的大力扶持，都需要国家大力发展高等教育，培养数以千万计的高素质创新型人才、数以亿万计的高技能应用型人才。从今后我国人才需求的数量和要求来看，应用型专门人才需求是基础、是大头；同时，除了培养一大批拔尖创新型人才之外，突出高技能应当是弥补产业升级"人才短板"的核心工程。因此，继续大力发展职业教育乃是顺应经济社会转型升级的题中之义，努力提升高等职业教育的培养质量和服务能力，不仅需要整体提升，更加需要树立榜样、带动整体，重点建设一批国内一流和国际知名的高水平院校。

第二，从教育改革与高职发展的长远目标看，它是贯彻落实《教育规划纲要》，推进现代职教体系建设的必然选择。《教育规划纲要》进一步重申了

党中央、国务院关于“大力发展职业教育”、“提高高等教育质量”发展决心、提出了构建具有中国特色现代职业教育体系的宏伟目标,要求高等职业教育发挥高端引领作用。而要实现这一目标,必须要在国家示范性高职院校建设计划成功实施的基础上,继续推进高职发展国家战略,在具体的政策出台上不仅要有面的铺开(骨干院校建设计划的实施很好地体现了这一点),更要有点的深化,最终实现整体推进。为此,国家应当启动建设一批“国内一流、国际知名”高职院校,以此为抓手,推动一部分高职院校继续强化内涵、凝练特色,同时要允许和鼓励这类学校在扩大高校办学自主权,构建新的办学体制机制方面先行先试、形成制度,使之真正成为建设有中国特色职业教育体系道路上的排头兵和桥头堡,以榜样的力量和实践的价值引领整个中国高等职业教育发展改革创新。

第三,从整个高职教育的发展阶段与高职院校的当前任务看,它是彰显高职教育类型特色和提升吸引力的必由之路。高等职业教育作为高等教育的一个类型,不仅在学理上有定论,政策上有体现,更加需要在实践上加以不断深化。实事求是地讲,国家示范性高职院校建设计划实施至今,虽然在扩大了高职院校办学规模、改善高职学校办学条件、提升高职教育社会影响力产生了立竿见影的成效,但是还没有从根本上改变应用型人才在现代产业体系中的低端地位,没有改变高职教育作为“相当于专科”的低层次学历价值,没有改变高职毕业生作为“基层一线人才”的低收入状态。中国高等职业教育发展时间不长,可以凭借和凝聚的历史资源十分有限,中国高等教育发展中的政策导向特色比较明显,尽管国家也鼓励各级各类学校自主办学,但是解决高职当前和长远问题的关键还是在政府,必须要有一个国家的战略来加以高端统领、系统优化。因此,国家应当启动新的建设一批国内一流、国际知名高职院校的计划,为高职教育发展争取更大的投入、营造更好的氛围、搭建更高的平台,从而推动整个高职战线真正把提升教育质量、彰显类型特色、构建现代体系作为自身的根本任务与长期追求,提升高职教育的生命力与影响力。

三、怎样实施“国内一流、国际知名”高职院校建设战略

综上所述,在高等职业教育领域确立建设一批“国内一流、国际知名”院校的目标,不仅仅是大量高职院校在进入示范后发展阶段提出的关于自身发展定位和发展目标的自觉追求,同时也应当成为国家必须在战略层面加以重视,在政策层面加以推进的迫切需求,而要实现这一目标,必须借鉴中

外各国发展高职教育的基本经验,采用工程推进的方法加以落实。具体的思路是:

1.总结国家示范性高职院校建设计划的成功做法。应该说,从2006年开始,由教育部、财政部联合推进的国家示范性高等职业院校建设计划,按照"中央引导、地方为主、突出重点、协调发展"的原则,以内涵建设为重点,围绕提高示范院校整体水平,推进教学建设和教学改革,加强重点专业建设,增强社会服务能力,创建共享型专业资源,以专业建设为龙头,以推动校企合作体制机制创新为着力点,对高等职业教育办出特色水平起到了积极的作用。示范建设的成功经验之一,就是以工程推进为动力,以项目建设为抓手。从每一所参与示范建设的院校来说,它是一个建设项目,有具体的建设内容和建设计划,并以计划任务书形式向教育部门和财政部门承诺建设目标和要求,获得建设资金并接受验收和考核,通过项目的科学管理,达到提高整体办学水平的预期目标。实践证明,这样的做法是行之有效的,将来应当继续坚持。

2.借鉴"985工程"、"211工程"、"本科教学质量工程"等经验。

党中央、国务院一直非常重视在高等教育领域进行重点建设。1995年,经国务院批准,原国家计委、原国家教委、财政部发布《"211工程"总体建设规划》,"211工程"正式启动建设。1998年5月4日,江泽民同志在北大100周年校庆大会上宣告,我国要有若干所具有世界先进水平的一流大学。1999年,国务院批转教育部《面向21世纪教育振兴行动计划》,决定重点支持部分高等学校创建世界一流大学和高水平大学,即"985工程"。"211工程"和"985工程"的实施,为我国建设若干所世界一流大学和一批世界一流学科发挥了重要作用,有力地推动了我国高等教育的发展和高等教育质量的提高。进入新世纪以后,教育部为加强本科教学改革,提高本科教育教学和人才培养质量,又实施了本科教学改革与教学质量工程。

通过这些重点建设项目的实施,我国高水平大学建设成效显著:学校整体实力得到较大提高;学科建设取得重大成效,少数学科接近国际先进水平;提升了高等学校的创新能力;高水平大学在不断提升其办学水平的同时,对其他高校的发展起到巨大的辐射带动作用,促进了我国高等教育总体水平的提高;提高了我国高等教育的国际影响力。这三项工程尽管侧重点不同,但都是以工程推动的方法来实施,采用项目申报的办法来建设,体现了选择重点,持续建设,以点带面,整体推进的基本思路。实践证明,它对提高高等教学人才培养水平和质量,推进高等教育强国建设和世界一流大学建设都起到了十分有益的作用,高等职业教育作为高等教育的一个类型理应吸取和借鉴。

3.以高职教育"双百工程"为抓手,推进"国内一流、国际知名"高职院校建设。总结国家示范性高等职业院校的成功经验,借鉴"985工程"、"211工程"等有益经验,笔者认为,高等职业教育"国内一流、国际知名"建设行动计划,应以"双百"工程来推进。

"双百工程",首先就是在全国1200多所高职院校中,分期分批选择200所左右高职院校进行重点和特色建设。"双百工程",同时意味着该工程的建设目标是高职教育的"国内一流、国际知名"双重目标并重。以"双百工程"作为抓手,在数量上是合理的,大约占全国高职院校数量的1/6,并且与已经进行的国家示范校建设和正在进行的国家骨干校建设总量相等,因此,它可以理解为是国家示范性高职院校建设计划的继续和深化。

四、"高等职业教育双百工程"的具体建设内容和建设目标

作为国家示范性高等职业院校计划的后续工程和深化工程,高等职业教育"双百工程"的建设目标是适应学习型社会和人力资源强国建设的需要,集中中央和地方的各方面的力量,分期分批重点建设200所左右高等职业院校;到2020年左右,在校企合作体制机制建设、人才培养模式和教育质量、国际化职业资格认证等方面有较大进展,有一批高职院校和专业进入国内一流并达到国际水平。具体建设内容是:

1.优势特色专业建设。在近200所学校中,选择一批适应经济发展和产业结构调整需要,适应战略性新兴需要和先进制造业、现代服务业、文化创意专业发展需要的专业,通过加快校企合作、引入现代化教学工场、改革创新人才培养模式等办法,以其形成鲜明的办学特色,培养出适需的高素质技能型人才,并使其服务产业、行业、企业的能力有明显提高。

2.共享型专业教学资源库建设。在200所学校中,通过招投标和合作联合的办法,围绕产业和经济社会发展必须,人才培养过程通用性较强,选择大约100个左右普适性专业进行共享型专业教学资源库建设。

3.示范性职业教育集团建设。在200所学校中,通过深化校企合作体制机制建设,鼓励建立由高职院校牵头,国内外职业院校参与,中外企业广泛参与的职业教育集团,并在合作办学、合作就业、合作育人、合作发展等方面取得明显成效。

4.高职教育国际合作能力和机制建设。包括青年职教教师国际文化交

流能力提升，职业教育留学生培养，国际职业资格证书培训考试等等。

5.高职教育层次提升工程。根据国际交流合作和人才培养的需要，在200所院校中，选择若干优势特色专业进行本科层次高职教育试点，并逐步推广和层次上移，为建立中国特色现代的职业教育体系积累经验、创造条件。

6.高职院校领导人物培养工程。在全国范围内选拔一批热爱职业教育教学和管理的中青年骨干，通过出国研修、企业锻炼等途径，培养高职教育管理、教学和研究方面的领军人才。

总之，实施“高职教育双百工程”不仅是必要的，而且也是可行的，只要我们抓住有利时机、抓紧建设，建设“国内一流、国际知名的高职院校”的目标一定能够实现！中国高等职业教育可持续发展的目标一定能够实现！

第六章

典型引路:高等职业教育可持续发展的先导

第一节　基于内涵建设和特色发展的高职院校管理理念

中国的高等职业教育已进入内涵建设和特色发展新阶段。当前一个亟待研究的问题是:如何从阶段特征出发,构建起适合高等职业教育发展规律和适应各校文化特点的管理理念和运行机制,它事关科学发展观的落实,事关内涵建设的深入,事关人才培养质量的提高,事关学校能否形成特色,立于不败之地,兹事体大,不可不察。浙江金融职业学院作为第一批国家示范性高等职业学院,不仅以优异的成绩圆满通过了国家示范性建设项目的验收,并且在向着“打造中国金融类高职第一品牌,引领财经类服务高职改革创新”的目标迈进,在这一过程中,学校坚持解放思想、锐意改革,不断创新办学模式和人才培养模式,尤其注重对学校管理理念的系统思考和顶层设计,取得了显著的实践成效。我们的基本管理理念是:

一、坚持科学发展,以创建全国第一流的示范性高等职院校为激励目标

浙江金融职业学院原系中国人民银行所属的国家级重点中专浙江银行学校,2000 年因国务院部委所属院校管理体制的调整而移交浙江省人民政府管理,同年升格举办为高等职业教育,系省教育厅唯一直属的高职院校。经过了“十五”、“十一五”两个时期的快速发展,2001—2008 年期间成功实施了的新世纪第一个“三五八”工程(即三年实现规划、五年形成特色、八年争创一流),现正在实施“十二五”发展规划和新世纪第二个“三五八”工程(2009—2016 年,目标为三年巩固深化、五年丰富内涵、八年提升层次)。在为期不长的办学实践中,学校始终坚持贯彻落实科学发展观、重视内涵建

设、特色办学和质量管理，旗帜鲜明地提出要按照第一流的目标和要求组织和规范内部教育管理行为。具体而言：

1.牢固树立“办好‘特色鲜明、人民满意、师生幸福’的高等职业教育”的宗旨。十几年来，高等职业教育的发展政策环境在调整变化，发展阶段从规划扩张深化进入内涵建设，但是浙江金融职业学院提出并确立的办学宗旨始终没有改变：特色鲜明表明自身办学专业布局和质量指标的人才规格的追求；人民满意表明学校对自觉承担社会责任，对社会、考生和家长高度负责的态度和决心；师生幸福表明学校党委对确立一种科学内部管理理念和目标的不懈追求，同时也是高等学校贯彻落实中央提出的建设和谐社会的重要体现，是对教育部提出的“办人民满意教育”的具体实践。

2.积极推进“国内一流、国际知名”高职院校的建设目标实现。2003年，学校以优秀成绩通过人才培养工作水平评估，据此，学校拉开了示范建设的序幕。2006年学校入选全国首批国家示范性建设项目计划，是立项单位为数不多的几所财经类高校之一，学校据此确定了“引领财经服务类高职创新”和争做“财经服务类高职代表性学校”的发展使命，发起了许多颇具创造性的活动。如举行全国首届高等职业教育文化建设与可持续发展论坛，2007年发布中国高校第一份社会责任报告并坚持至今，力主倡导并深入推行关爱文化等等，学校因此被《职业技术教育》杂志评为2008年年度学校（排名第一）。2009年，学院顺利通过示范验收后即着手制订“十二五”教育事业发展规划，明确提出了创建国内一流、国际知名高职院校的目标。同时，我们又以自身的研究和体会，对国内一流的具体内涵进行了系统诠释，提出了“改革创新先行学校、内涵建设领先学校、素质教育先进学校、以生为本榜样学校、尊师重教典范学校、文化建设特色学校”等若干标准，为此，《光明日报》全文刊发了我们的观点使之产生了一定的全国影响力。

3.坚持就业立校、服务强校、合作兴校和国际化发展路径。早在2004年，学校即讨论确定了推进高等职业教育和学校改革发展的“三校一化”方针，包括：就业立校，把毕业生高质量优质就业作为立校之本；把提高为行业企业和社会服务能力作为强校之路；把推进与各界的合作作为促进学校兴旺发达之道；同时积极推进学校国际合作和目标化交流，以此来扩大学校办学资源，促进学校提高质量、提升层次。

4.积极建设“一体两翼、一二三三办学”功能。学校近年来积极并全面履行学校人才培养、科学研究、社会服务、文化传承与创新等大学职能，在重视和加强人才培养工作的同时，鼓励教师开展科学研究、提高专业水平，以此促进服务能力的提高。学院“十二五”发展规划在总结以往经验基础上，明确提出学校今后的功能定位，即办好“一个主体”（高质量高等职业教育学历教育），发展“两翼”（科研服务行业企业和政府、资信评估服务行业企业和社会），打造金融领域“三个中心”（金融职业人才培养中心、金融技能考证鉴定中心、金融科研信息服务中心）和高职领域“三个基地”（高等职业教育理论与政策研究基地、高等财经类专业师资培训基地和金融类专业资源建设基地）。

二、坚持以生为本、努力构建关爱学生、重视素能的服务体系和素质教育体系

以生为本是一个基本理念，人人都会说、校校都在讲，但能否真正做到以生为本，大有分析、研究和确立衡量标杆的必要。浙江金融职业学院自正式建立那一刻起，就着力推动服务学生相关工作，主要的理念和做法是：

1. 提出并积极实践“一切为了学生，为了学生一切，为了一切学生”的理念，并以此为宗旨构建起“关爱学生进步、关注学生困难、关心学生就业”的工作体系。通过重视和加强学生党建工作、积极开展青年志愿、社会实践和公益活动等途径关爱学生进步；通过设立贫困生入学“绿色通道”、爱心基金，教师党员帮困结对困难学生等途径关注学生困难；通过大面积订单式培养来促进学生提前就业、对口就业、顺利就业、优质就业等方面来关心学生就业：凡此种种，均以真诚之心、负责之义进行了大量的创新和实践，赢得了社会各界和学生家长的高度赞誉。

2. 提出并全面实施“千日成长工程”，以此为抓手构建高职素质教育体系。根据高职学生学制途径和成才成长规律，浙江金融职业学院全面实施学生“千日成长工程”，把学生从入学到毕业大约1000天的在学时间进行整体设计、规划和引领，包括千日成长规划、千日成长实践、千日成长记录、千日成长考核、千日成长与千人成才共行等具体环节，从而赋予全程育人工作丰富的实践内涵。与此同时，根据学生千日成长要求，学校积极构建三个学院（明理学院、淑女学院、银领学院）协调发展，三个课堂（第一课堂、第二课堂、第三课堂）有机融合，三维文化（诚信文化、金融文化、校友文化）综合推进的素质教育体系。最近，学校又根据当前形势的需要，在推进公民素质教育、创新创业素质教育、国际交流素质方面进行新的探索。

3. 围绕育人为本、德育为先理念，积极构建“六全”育人机制。“全员育人、全程育人、全方位（全面）育人”是各学校正在共同探索的课题，浙江金融

职业学院在全面贯彻落实党和政府关于三全育人指导要求的基础上，从地处高教园区着眼，创设新载体、开拓新路径，创造性地提出了建立“六全”育人机制的新理念。具体而言，我们不仅重视全员、全程、全面育人，更强调教职员工全心育人、面向全体学生育人，通过环境建设推进全景育人，从而把党建与育人、教书与育人、实践与育人、文化与育人、环境与育人、校友与育人等环节有机结合起来，促进了学生工作的有效深入开展。

4.发挥高职教育的优势，努力在加强实践育人上有所作为。今年以来，教育部等七部委发布了《关于进一步加强高等学校实践育人的若干意见》(教思政〔2012〕1号)，对高等学校推进实践育人提出了新的要求和部署。浙江金融职业学院认为，实践育人是高等职业教育的优势，但必须在强化和深化实践育人体系上下工夫。实践教学强项要巩固，军事训练弱项要增强，社会实践务必要变系统，并要在调动教师和学生积极性，在建设校内外育人基地上下工夫，而关键在于建设统分结合的实践育人体系即学校层面的顶层设计，专业群层面的务实推进。

三、坚持教学中心任务，积极推进专业建设、课程建设和教学资源建设

高等职业教育区别于普通本科教学的不同点在于：前者重学科，基于学科逻辑而展开；后者重专业，基于专业面向而建设。因此，高职教育的中心任务即围绕专业建设推进教学工作。为此，我们的做法是：

1.确立以金融专业群为核心、财会和商贸专业群为主体、信息技术专业和文化创意专业为两翼的“航空型”专业结构。这样的结构既体现了学校传承历史、创新发展的理念，也明确了学校在整个高等职业教育发展中的分工和定位，指明了学校未来发展的重点和方向。我院名为金融、情在金融、历史和人脉和人文资源皆在金融，因此金融是重点、是核心，必须做大做强；财会与商贸与金融关联度最大，具有一定的联同效应，必须做大；信息技术和人文创意既是社会普适性专业，又有利于丰富学校科技人文底蕴，是对主体专业建设的补充和保障，学校必须给予支持。

2.践行“六业贯通”理念，推进专业人才培养模式改革。在具体教学内涵建设过程中，学校按照“办好专业、注重学业、强化职业、重视就业、鼓励创业、成就事业”的六业贯通人才培养工作理念要求，努力在人才培养工作中做到：以推进学生成才成长为逻辑起点，以满足用人的需要作为着眼点，以充分利用三年时间为着力点，坚持做到学历教育与岗位培养相结合、职业能力与职业素质相兼顾、就业导向与人生发展相统一。

3.重视微观领域的教学的改革,着力在“六课”上下工夫。高职教育宏观领域和中观领域的深化改革非常重要,有助于解决好办学指导思想、专业结构布局的定位问题,但更新教学观念,提高人才培养质量要求时不我待,推进微观领域的教学改革已是刻不容缓。浙江金融职业学院坚持三者统筹兼顾的同时,在推进微观教学改革和创新方面着墨颇多,主要做法是:坚持课程为基础,把课程作为专业的细胞和学校的产品,在重构课程体系的基础上规范推进课本建设,在做好课程与课本的同时抓好课堂。与此同时,学校还立足于精心安排课余和课余,科学设计课表,从而实现了“六课”的有机协调推进。

4.立足于信息化和国际化大背景,着力做好教学资源建设。早在“十一五”末期,学校即提出了“深化专业与专业群建设,着力专业与专业群的联同,强化条件与保障建设,美化课程与教学资源建设”的教育教学改革基本要求。近两年,学校又根据高等教育大力推进信息化、国际化建设的大背景,强调首先要把教学资源建设做好做实,学校牵头建设经教育部、财政部批准立项的国家级金融专业资源库,积极参与国家级会计专业资源库,并拟发起全国和全省性专业教学资源建设。与此同时,课程资源化、网络化正在重点推进,国际化双语课程已在抓紧推进建设。

四、坚持教师主地位,着力以工程推动机制和项目推进方法打造高水平、高素质教师队伍

教师和学生在学校工作中处于什么地位,目前还是一个在政策和学理上有待明确的问题。浙江金融职业学院根据办特色鲜明、人民满意、师生幸福的高职教育的宗旨要求,着力在推进“幸福金院”建设上下工夫,明确了“教师是学校工作主体”的观点。具体表现在:

1.确立全心全意依靠全体教师办学的理念,建设教师发展中心。浙江金融职业学院认为,一所大学办得好与不好,决定性因素或根本性标志之一,乃在其教师阵容。因此,办学必须全心全意依靠教师。据此学校专门成立了教师发展中心(全称为教师职业发展研究与指导中心),建设好教职工之家,尊重教师、尊重知识分工,充分发挥教授在学校改革发展和民主管理中的作用。

2.实施师资队伍建设千万培养工程。学校通过整合利用校内外各方资源和力量,深入挖掘内部财政潜力,认真做好行业培训和社会服务,利用发挥浙江金融教育基金会等平台,明确每年在政党工资福利之外,筹措100万

元左右资金用于教师职教能力提升、科研学术水平提高、国际化能力提升、师德教风提升、健康管理水平提升、全民健身水平提升。

3. 实施师资队伍建设八大工程。2000 年以来，浙江金融职业学院师资队伍建设历过两个阶段，即“专业化、硕士化、双师化”阶段和“增博士、增教授、强双师、强团队”阶段，后来实施过师资队伍建设的诸多工程。近两年来，学校推进教师队伍建设以实施“师德教风提升工程”、“青蓝工程”、“学科（学术）带头人培养工程”、“专业带头人团队提升工程”、“教学与课程建设带头人培养工程”、“青年骨干教师培养工程”、“双师素质教师培养工程”、“国际化高端师资培养工程”为抓手，同时鼓励教师攻读博士学位等，以工程和项目推进方法，促进师资队伍个体提高和全面提升。

五、坚持开放办学，着力推进“行业、校友、集团”共生态开放办学

开放办学是高等职业教育的重要特征。校企合作、工学结合、顶岗实习作为人才培养模式已写入《国家中长期教育改革与发展规划纲要（2010—2020 年）》，浙江金融职业学院近年来在构建开放合作办学模式方面进行了积极而有益的探索：

1. 积极探索“行业、校友、集团”共生态开放合作办学模式。从 2000 年开始，学校从学校特点出发，研究如何探索高等职业教育改革创新，根据学校长期在金融系统办学，校友在金融系统集中度高、成才率高的资源优势，综合考虑学校管理体制后离开金融行业管理举办金融高等职业教育的实际情况，提出依靠行业、团结校友、集团化发展的办学路径，着力构建行业、校友、集团共生态开放合作办学模式，经过 10 多年的积累，这一模式不仅完善和成熟，而且结出了丰硕成果，校友资源成为学校自身力量办学和社会力量办学的最佳结合点，校友也成为学校兼职教师队伍的重要来源。

2. 实施校企合作千花盛开工程。根据专业建设的具体需要，学校在全校范围内广泛实施校企合作千花盛开工程，提倡积极广泛有效的产学合作，要求每个重点专业至少有 30 家左右合作企业（其中 10 家为示范性，10 家为紧密型，10 家为一般性），省特色专业至少有 20 家合作企业（其中示范性 10 家、其他 10 家，一般专业也必须有 10 家合作企业），通过考核和激励机制，促进校企合作深入开展，促进了人才培养工作开展和人才培养质量提高。

3. 着力打造学校“七彩金院、交相辉映”办学格局。学院设有金融、投资与保险、会计、经营管理、国际商务、信息技术、人文艺术六个专业群（系部），

在日常办学过程中积极鼓励并提倡要充分利用金融资源、明确各自定位、力求办出特色，最终形成“七彩金院”的良好局面。与此同时，学校更加重视广泛的校企合作，提倡并鼓励学校、系部、专业推进分层次、梯队式产学合作，建立产学合作的广泛平台，构成颇具创新活力，有利于人才培养和质量提高的校企合作发展平台，形成交相辉映的良好氛围。

六、坚持和谐稳定，努力推进“五个金院”建设

1.积极构建“五个一”安全稳定机制。对学校工作而言，发展是第一要务、质量是第一内涵、稳定是第一责任，保持平安稳定是学校发展的重要基础和基石。近十年来，学校按照“不让学生有担心、不给家长添压力、不给社会添麻烦、不使自己乱方寸”的五不要求，切实注意安全保卫工作，着力平安校园创建，努力创设平安稳定的校园环境，营造学生静心学习，继续进步的良好氛围。

2.着力强调“重五政、塑五风”，营造勤勉干净的良好校风。领导和管理干部队伍建设，是事业发展的领导和带头力量。学校按照“学习明理、创新谋事、和谐共事、勤勉做事、干净干事”的要求建设领导班子。与此同时，在全校教师干部队伍中，强调勤政、廉政、俭政、优政、善政，推动党风、政风、教风、学风和校风的全面建设。

3.按照“五个一”要求，建立党建工作长效机制。党建工作事关高水平示范校建设的坚强领导和有力保障，浙江金融职业学院通过建立“五个一”党建工作长效机制，形成了党建工作和学校工作齐头并进、相互促进的和谐发展格局。所谓“五个一”就是：一个党委就是一个科学发展的决策集体；一个总支就是一个开放育人的领导集体；一个支部就是一个创新创业的战斗集体；一个教员教师就是一面教书育人的旗帜；一个学生学员就是一个成才成长的榜样（以此为指导思想推进党建和思想政治工作体系的全面构建）。其中，按照“中青年学术（学科）带头人的党员为主体，中青年骨干教师中党员有较大比重，三育人先进人物内以党员为多数”的要求加强教工党建工作，按照“教育全体培养多数，发展适量”的要求做好学生党建工作，从而切实提高党建工作水平。

4.全面推进“特色、活力、品牌、和谐、幸福”金院建设，力争成为高水平示范校。学校自2003年即开始幸福金院创建工作，确立了“一心一意谋发展，聚精会神抓质量，真心诚意爱学生，同心同德干事业，意气风发奔小康”的建设理念，2004年，学校又研究了特色金院建设问题，2005年研究推进活

力金院建设，2006 年研究推进品牌金院建设，到 2008 年全面形成特色、活力、品牌、和谐、幸福“五个金院”建设体系，总的思路是按照创发展走在前列、内涵建设干在实处的要求，不断以扎实的行动、在丰富内涵建设的实践中推进幸福金院建设，努力向国内一流、国际知名高职院迈进。

第二节　“六业贯通”的高职教育人才培养理念与实践

《国家中长期教育改革与发展规划纲要(2010—2020)》明确指出，职业教育实行工学结合、校企合作、顶岗实习的人才培养模式，这就对整个职业教育的办学模式、人才培养模式、教学组织运行模式提出了明确的要求。事实上，高等职业教育作为我国职业教育中较高层次的一种学校教育，作为高等教育的一种新型形式，其新在何处，特色在哪里，一直在探索和发展之中，并创造了许多好的经验和做法，对提升高等职业教育的社会吸引力、影响力、满足经济社会发展和社会主义现代化建设产生了积极的作用，其原因不在于规模上占据“半壁江山”，而在于面向基层一线培养实用、管用、耐用、实践、实干、实在的人才。在这过程中，许多院校更是在遵循规律的同时，因校制宜、不断探索，取得了显著成效。其中，浙江金融职业学院提出并实践的“六业贯通”的人才培养理念具有典型性和代表性。

一、高职教育人才培养工作在实践中升华

高等职业教育作为高等教育的新型形式，其主要任务是培养适应社会主义现代化生产、建设、管理、服务第一线需要的高素质技能型人才，坚持以就业为导向、以服务为宗旨、走产学研相结合的发展道路。十余年来，整个高职战线，围绕教育行政主管部门的这些要求，尊重和顺应市场规律，突破传统本科“压缩饼干”式的教学模式，坚持面向区域经济和行业发展，做了探索性的工作，概括起来，主要表现为以下几方面：

1. 全面践行“以生为本”的办学理念。总体而言，高职院校在执行和坚持以生为本的办学理念方面做得是比较好的，尤其是，如何在教学、学生管理中、从学生的需要和特点出发，从落实和满足学生的愿望出发，围绕以就业为导向的人才培养方面，做了许多积极、有效的工作。较之其他各类、各层次的教育形式，高职教育在这一点上是做得比较好的。

2. 始终坚持开放办学的发展方针。高职院校积极主动面向生产建设、管理、服务第一线，面向区域经济社会发展和行业需要设立专业，制定人才

培养标准，改善办学条件，采取“请进来、走出去”的方法建设专兼结合的教学团队和双师素养的教师队伍，紧密联系行业企业需要，积极开展科学研究和社会服务乃至在文化传承和创新方面都做了大量的工作，并取得了显著实效。

3.构建多样化的“四合作”办学模式。各高职院校坚持合作办学、合作就业、合作发展、合作育人为主要的“四合作”办学模式，把高职教学全方位融入产业、行业、企业、职业和实践要素，最大可能地吸纳行业企业和社会的力量，整合行业企业和社会资源，促进了学校办学与行业企业的有机结合，采用多种方式共建共管实验教学基地，包括推进校内实践基地生产化，校外实训基地教学化等，促进了人才培养质量的提高。

4.广泛开展订单式人才培养。订单式人才培养是近年来在高职教育实践过程中创造出来的一种重要形式，它也是联结教学与应用，理论与实践的重要途径，各院校或适应需求或找米下锅，探索出了多样化、大规模的订单式培养方法，有“2＋1”式订单，有“1＋2”式订单，有一入学乃至未入学就组建订单班的，还有按照企业单位需求而招生的等等，大大提高了人才培养工作的针对性，促进了就业率和就业质量的提高。①

5.不断丰富人才培养的具体模式。高职战线遵循规律、与时俱进、锐于创新、不断探索，在“以生为本”办学理念指引下，充分利用开放办学条件和“四合作”机制，结合订单式人才培养，创造出了许多具体、丰富多彩且实有实效的人才培养具体模式，包括“2＋1”人才培养模式，“2＋0.5＋0.5”人才培养模式，“411”人才培养模式，“岗证单”人才培养模式，“三方联动、三位合一”人才培养模式等，大大丰富了高等教育和职业教育理论，也促进了高等职业教育的发展。

二、“六业贯通”人才培养理念的基本思路

无论采用什么样的人才培养理念和方法，高等职业教育必须围绕“培养什么样的人，怎样培养人”的目标来进行，必须遵循学生发展规律，以最大限度地适应人的身心发展和健康成长为目标，以最大限度地满足行业企业单位的用人需要为指向，并体现终身教育理念。正是基于这样的考虑，我们认为，校企合作、工学结合、顶岗实习这种理念和做法融入人才培养的过程之中，是正确的，也是必要的，但它只不过是手段、方法、形式和载体而已，其最

① 周建松：《高职院校订单人才培养的理论与实证分析》，《高等工程教育研究》2009年第6期。

终的要求是：学生经过高职三年的学习，顺利实现从普通中学生向职业人的转换，毕业生初次上岗率高，适应比较强，并在岗位上能够有较强的迁移能力和实现人生的可持续发展。有鉴于此，浙江金融职业学院在国家示范性高职院校建设过程中，经过不断探索，形成了“六业贯通”的人才培养理念，具体思路是：

1.办好专业。专业设置要紧密围绕区域经济社会发展和行业发展需要，从行业企业需求出发，正确布点，科学布局，努力把专业办成具有浙江特点、高职特征、学院特色的专业，要求每一个专业的毕业生实现对口就业、优质就业、顺利就业，初次就业有冲击力、岗位迁移有适应力、人生发展有持续力。为此，必须经常性开展人才需求调研，研究人才市场发展变化，不断调整和优化教学内容和教学目标，如该校在专业目录外经教育部批准开设的农村合作金融专业，是紧切结合浙江农村金融发展需要培养人才，具有针对性、适需性，不仅就业率高，就业质量好，而且还拓展了继续教育和岗位培养工作。又如，该校金融管理与实务专业，过去强调培养一线柜员，主要注重业务操作和技能水平，经过多次调研，发现学生产品意识营销能力十分重要，后调整为“三熟二有一会”，即熟练操作、熟知产品、熟悉营销，有科技人文、有职业素养，会宏观分析，深受用人单位欢迎。

2.强化职业。高等职业教育的重要特点是高等学历教育与职业岗位培训的有机结合，因此，学校在专业建设过程中，除了坚持开放办学、紧贴行业企业一线，重视对职业岗位的分析和研究以外，还十分注重推广和拓展与行业企业合作的订单式人才培养，并与行业企业联合组建专兼结合教学团队，在教学中引入行业企业从业必需的岗位资格证书，从而使专业教学具有实现学历教育和职业培训的有机结合特征。与此同时，根据用人单位的需求和前阶段80后、后阶段90后学生的特点，特别强调要把职业能力与职业素质教育结合起来，在培养学生的人际沟通能力、业务操作能力和业务动手能力的同时，更注意培养学生具有崇高的职业理想，良好的职业道德，严明的职业纪律，真正做到德才兼备、素能皆优。为此，该院专门建立了职业素质拓展训练基地，设立了旨在培养学生综合素质的明理学院，围绕“明法理、明德理、明情理、明学理、明事理”内涵，深入展开工作。

3.注重学业。当今的世界是一个丰富而多彩的世界，但学生以学为主，这是办学上的基本规矩和要求。但在现实生活中也面临着许多矛盾和挑战，尤其是在职业教育强调能力为重的背景下，处理不好就会受到冲击和挑战，因此，既要学生面向实践，跳出书本，培养适应社会、适应市场、适应岗位的实际能力，以避免理论脱离实际，教学脱离实践，育人脱离需求的不良倾向，又要防止以一种倾向压倒另一种倾向，混淆职业培训和学校教育的区别，淡化学校教育上的特质要求，过多削弱知识的传授和必要的理论分析，过分地削弱对学生课堂教学和学业的考核。高等职业教育作为高等教育的重要形式，还是要强调学生以学为主，还是要谋求知识、能力和素质的统一。对一些理论课程的教学也要坚持。与此同时，对学生的考核和要求，也应该回归到以学为主。近年来，围绕学生党建工作中一个基本条件的设定之争，就是一个例子，最终，大家还是统一到以学为主上。

4.重视就业。就业乃民生之本，高等职业教育以就业为导向，以服务为宗旨，正因为这样，就业率、就业质量一直是高职教育中比较重要的评价指标。如何以就业为导向实施教学，如何适应就业市场的变化来调整和更新教学内容，更新和优化教学方法，这是高职教育必须深入思考的。为此，浙江金融职业学院注意从以下几个方面来重视就业工作：一是以提高人才培养质量，提高人才培养工作的市场适应量，促进就业工作的开展；二是积极营造学校办学的合作氛围，以满足更多的行业和企业的需求，合作就业；三是号召学校教师干部充分利用各自资源帮助指导学生做好就业工作；四是学校内部强化领导对就业工作的担任，真正做到“第一把手抓就业，考核奖惩促就业，齐抓共管强就业”；五是千方百计动员校友力量，综合利用家长和社会等力量推进就业工作的有效开展；六是采用订单培养、跟单培训等多种方法，提高教学针对性，提高学生就业水平，全面促进毕业生就业工作水平。

5.鼓励创业。创业教育与创业实践是高等职业教育的一大特色，因为，与普通高中比，中职院校的教学主要是知识的传授，基本上与创业无关，中等职业教育虽属职业教育，应该以就业和创业为导向兼顾少量升学，但中职毕业生由于年龄轻、社会阅历浅，而创业实践涉及法律、市场、工商、社会等综合知识和能力，因而，对于中职毕业生来说，还是一件难事。传统普通本科教学虽在理论教学、知识传授方面更高一筹，但由于受教学模式、教学观念、教学方法等因素的影响，尤其是考研指挥棒的导向，往往对创业教育比较忽略，因而，创业工作开展得也不是很好。高等职业教育既是高等教育又是职业教育，无论是年龄层次、学历层次、培养模式都比较符合创业教学与创业实践的要求，因此，采取鼓励的导向是必要的。这样做，既有利于引导更多的学生投入到创业实践中去，从长期来看，又有利于推进“校企合作共生体”的建设，从而促进学院的可持续发展。至于创业教育本身，我们要鼓励其从小着手，提篮买卖，门面销售，电子商户都属于其范畴。当然，能够建厂创公司，更应鼓励发扬，把鼓励创业作为人才培养工作的理念，在电子商务、市场营销、国际贸易、经纪中介等专业中尤其有意义。

6.成就事业。一般而言，高等职业教育是个人从学生时代迈向职业社会的最后一站，因此，高等职业教育不仅要瞄准就业、重视就业，还有必要着眼事业，规划人生。作为学校，更有责任和义务重视学生的职业生涯规划指导，在推进学生充分就业、对口就业、优质就业的同时，为学生将来可持续发展打下扎实基础。同时，学校必须切实重视和加强校友会工作，注意校友桥梁的沟通，校友文化的传承，校友平台的搭建，形成校友与学校事业的互动机制，形成助推每一位校友成长的氛围，坚持做到"重视成就校友、关心弱势校友，巩固老校友、开发新校友"，真正把校友会建成"成就校友的名园、成长校友的桃园、全体校友的家园"。在这同时，学校也必须十分重视学校品牌建设，不断提升学校社会声誉和社会影响力，从而支持和促进校友成就事业。

三、"六业贯通"人才培养理念的实践成效

浙江金融职业学院在国家示范性高职院校建设过程中，总结形成了"六业贯通"的人才培养理念，同时还创设了与此相适应的"学生千日成长工程"，作为支持和支撑"六业贯通"人才培养理念实施的有效抓手。2006年以来，学院几届毕业生以良好的风貌走上工作岗位并在岗位上快速成长发展，从而有效证明了这一人才培养理念的科学价值，具体而言：

一是比较充分地贯彻了"生为本"理念。科学发展观是中共第四代领导核心提出的执政理念，科学发展观的核心是以人为本，在人为本理念指导下，如何做到育人为本、德育为先、能力为重、素质为要，"六为贯通"是最好的实践和最佳的诠释。因为它在出发点和立足点上都是以学生的成才成长、优质就业、岗位发展为基本点，围绕学生知识、能力、素质的全面协调为抓手，强调学生在校三年，学校不仅要做好一千日工作，更要关注其未来和长远发展。

二是比较全面地把职业教育的"产业、行业、企业、职业、实践"五要素概念模型融入教学之中。要真正做到"六业贯通"，必须把学校和专业建设立足在主力产业、依托行业、融入企业、强化职业的关系链之中，并将实践能力的培养贯穿始终，这一点正是职业教育的本质和特色所在，也是职业教育区别于普通教育的吸引力和生命力所在。"六业贯通"时时处处、事事件件以专业建设为基点，把产业、行业、企业、职业连在一起、融为一体，最具实践性

和创造性。

三是真正实现了毕业学生广受社会欢迎。金融行业是全社会平均薪酬最高的行业,人才供应一直处于供大于求状态,这几年尤其如此,研究生临柜不足为奇,因此,高等职业教育的毕业生要在金融系统找到一个好工作,并在岗位上很好发展,实属不易。浙江金融职业学院毕业生因为“知识、能力、素质和谐统一,动手能力强、岗位适应快、实践水平高”的好口碑而受到用人单位欢迎,不仅学生就业率高,而且起薪高,毕业生在岗位上也表现出了很好的发展潜力和上升势头。

四是毕业生广泛认同和推荐母校。“六业贯通”的人才培养理念不仅充分体现了“以生为本”的办学理念,而且把学校一贯倡导的“关爱学生进步、关注学生困难、关心学生就业”的工作体系进一步完善,把“就业立校、服务强校、合作兴校”的发展方针进一步具体,把“专业特色化、课程精品化、实训真实化”进一步落到实处,把对学生“专业深化、能力强化、形象变化、素质优化”的要求抓到要点。从而不仅提高学生的素质和水平,而且也增强了对学生对母校的认同和推荐。据麦可思公司提供的调查数据,我校2010届毕业生对母校满意度为91%,而全国示范性高职平均水平为79%;我校2010年毕业生对母校推荐率为84%,全国示范性高职平均水平为60%。

正是具备了以上优势和成效,“六业贯通”的人才培养理念不仅将成为浙江金融职业学院办学发展的恒久指针,同时也能够为全国其他高职院校的改革创新提供良好的借鉴意义。

第三节　高等职业院校“航空型”专业结构理论与实践

按照高等教育的一般规律,普通本科高等教育一般以学科建设为基点,而高等职业院校以专业建设为基点,衡量一所高职院校的特色和水平,主要是要看其专业结构和专业建设的水平①。正因为这样,如何研究和推进高职院校专业建设和专业结构的调整优化,就成为高职院校办出特色、办出水平、加强内涵、提高质量的重要内容,也成为下一步推动高等职业教育可持续发展的重要环节。以下拟就高职院校专业结构问题,作一些探讨。

① 范唯:《专业是高职学校的品牌和灵魂》,《职业技术教育》2012年第6期。

一、高职院校专业布局形成的一般逻辑

尽管从表面上看,不同的高职院校都有其不同至少是不尽相同的专业结构,但其建设初衷不外乎以下几种因素:

一是需要论。这就是说,经济社会发展的特点和要求,决定了人才的需求,因而对专门为人才培养服务的高职教育也提出了相应的要求。比如深圳职业技术学院曾提出,"深圳产业发展到哪里,深圳职业技术学院的专业就设置到哪里"。又如伴随国家产业"走出去"战略的深入,石家庄铁路职业技术学院就围绕铁路走出去战略,专门设置了相应的专业课程和培养方向。

二是条件论。满足经济社会发展需要,培养适需人才是高职教育的重要使命,但专业的设置也是有条件的,这个条件既包括了各个学校自身所拥有的师资、设施、资源等硬性条件,也包括各个学校因为不同的办学传统、与特定产业或行业的历史联系所形成的软性条件,更包括不同地区的教育行政主管部门在专业准入上的审批管理(如指标限制)、政策导向(如鼓励或扶持某些专业)等制度性条件。

三是热门论。在经济社会发展过程中,经常会在经济、社会和文化领域涌现出一定的热点现象,在这种热点现象的映照下,一般就会在一个阶段内形成专业建设中的趋热、追热、赶热现象,哪里热就上什么专业,如电子商务、社区管理、证券期货,热门现象也包括考生和社会都比较热衷的专业(如国际商务等)。

四是普适论。专业虽然都是专业,但各个专业之间有不同的社会评判标准,有些专业含金量高但进入门槛高而难(如珠宝加工与鉴定),有些专业就业方便且广受市场欢迎但专业建设财物投入要求高(如工业自动化),但有一些专业准入门槛和建设投入不大,就业面向又相对较广(如文秘、市场营销、工商企业管理、财务会计、计算机信息管理、商务英语等),因此出现了各个学校均设置的普适性专业。

二、高职院校专业布局的常见格局

按照高职院校专业设置的一般逻辑,经过多年的实践积累,当前在全国范围内形成了几种非常鲜明的专业结构类型。

一是"一"字型专业结构。这一般发生在地方性高等职业院校,由于历史和现实因素,这些学校一般是由多所中专学校合并而成,合并前专业设置比较宽泛,又因为有强烈的宽口径需求,最终往往形成一种"一"字型的专业

结构。有些学校从农林牧渔、生产制造到医药卫生乃至师范一应俱全,专业上百个,其口径比全国综合性大学还要宽泛,重点一般也不很突出,校园文化也很难培育和彰显。

二是"1"字型专业结构。这一般发生在行业举办的高等职业院校,主要开办以行业企业所需的极少数专业,或者虽然有多个专业,但主要以某个行业为支柱提供相关辐射服务,如笔者所见到的瑞士洛桑酒店管理学院。我国前些年建设发展的医学专科学校、医疗器械专科学校、护理职业学院等也具有上述特征。应该说,这种办学形式在八十年代乃至九十年代比较明显,其培养的人才专业性强,对口率高,具有鲜明的行业特色,但近十年在高等教育大众化和规模扩张过程中,已日益显现其不适应性。

三是"△"型专业结构。这一般发生在由行业性中专升格而来的高职院校,这些学校主体专业受几十年办学传统的影响显得比较突出和鲜明,但由于受规模发展要求等因素影响(尤其是近年来普遍采用生均指标的拨款办法),这些学校一般都发展一些普适性或大众化程度较高的专业,逐步形成了一专为主,多样化适度发展的专业结构,这在目前部属、省属高职院校中相当普遍,因为是三角型,因而也是比较稳定的。

四是哑铃型专业结构。这主要是由几所——常见是两所——专业结构相同或相近的学校合并组建的高职院校的状况,如工校与林校合并,林校与农校合并。笔者曾经在某省见到会计学校与工业学校合并升格为财经工业职业技术学院,农业学校与机电学校合并升格为生物机电职业技术学院,因而,这类学校自然就形成了哑铃型专业结构,确实很难理解其学校办学特色和特点。

三、航空型专业结构理念:一种理想的专业结构模式

如前所述的四种专业结构形式,总体而言,各有特点:"一"字型形式可以较好地满足和适应当地区域经济社会发展的要求,但摊小面大,难以管理,范围广泛难以形成特色,而且总体上处于被动应付状态;"1"字型专业结构形式,有利于办出特色和办出水平,但容易受行业政策影响而波动起伏,况且在生均拨款体制下,学校难以坚守;"△"型专业结构形式,很难构画出一个和谐的专业框架,虽比较稳定,但不一定有利于内部运行和专业建设的推进;哑铃型专业结构虽充分利用了初始优势和资源,但作为职业教育,终让人感觉有特色不好把握、建设难以推进的缺憾。

笔者以为,航空型专业结构,可能是当前高等职业院校优化专业结构布

局的理想模式。所谓航空型专业结构，它是指一所学校的整个专业结构是由龙头专业（或称核心专业）、主体专业、支撑专业（辅助专业）共同组成，具体包括如下特点：

第一，龙头专业（核心专业），必须是该校建设发展过程中长期举办的，规模较大、特色明显、质量较高、社会影响较大的专业。龙头专业在人才培养、科学研究、社会服务、文化建设等各方面具有综合优势和品牌效应，一般应占全校学校规模的1/3～1/5，其影响力要到1/2～1/3。

第二，主体专业（主要专业），必须是与核心（龙头）专业具有一定或较大的相关性，其专业基础相关或相近，对核心专业具有直接支持作用，一些人力资源、实践实习设施和就业岗位具有一定的相通性、相容性，其发展也有一个容量和空间，可以帮助龙头（核心）专业更好发展，有更大作为，也可以吸纳龙头（核心）专业发展过程中受大环境影响而带来的不利因子，一般应当占全院专业数的1/2左右。

第三，辅助专业（支撑专业），必须是与龙头专业、主要专业具有一定的基础关联性，也在整个区域经济社会和产业发展具有广泛需求的专业，或者说，是一些普适性比较强的专业，如文秘类、计算机信息类、通讯类、语言类、营销类。

航空型专业结构具有自身显著的比较优势：第一，由于明确了龙头专业、主体专业、辅助专业的相互关系和不同地位，重点发展什么、优先发展什么、兼顾发展什么比较清晰，便于进行人、财、物的投资安排；第二，各专业（群）之间相互有一种内在的联系和互动方式，彼此之间没有排斥关系，而是具有吸纳和支持关系，体现出一种既具集约化，又具开放式的综合优势；第三，可以比较好地满足、适应区域和行业产业结构和业务结构文化发展的需要，使专业结构较长时间内处于稳定状态。

四、浙江金融职业学院的航空型专业结构建设实践

（一）缘起

浙江金融职业学院的前身是原中国人民银行所属的国家级重点中专浙江银行学校，2000年在国家教育体制调整过程中升格为高等职业院校。在专业布局中，该学校既适应了浙江省推进高等教育大众化的需要，也满足了浙江省金融行业和相关行业对金融应用型专门人才的要求。作为行属国家级重点中专，其人才培养以面向行业为绝对主体，并根据行业对口设置专业，管理体制调整和升格办学后，学校提出“办学升格、管理升级、面向优化”

的思路，确立了“立足大金融、面向大市场、适应大发展”的办学理念，形成了“传承金融文化、服务地方经济、培养实用人才”的办学定位，并形成了“特色鲜明、人民满意、师生幸福”的办学宗旨和“就业立校、服务强校、合作兴校”的发展方针及“行业、校友、集团共生态”的开放办学模式。在专业结构布局上，采取了初定方向、逐渐推进、注重内涵、不断优化的方法，具体地说：

第一，做好主打专业。根据高职高专专业目录，着力在金融、投资理财、保险等专业上下工夫，做大、做强、做实、做名，确保了龙头专业的全国领先地位。

第二，重视相关专业。根据市场需求，兼顾国家政策，注重科学布局，不断把财务会计、国际商贸、经贸营销等专业积极扩展并努力做大，创造条件做强、做特、做名。“十一五”期间，该校提出“做强会计专业群，提升全国影响力”，“充分利用金融专业优势，努力提高商贸专业水平”等行动口号，逐步扩大了相关专业的分量，提高了水平。

第三，从社会需求和综合条件出发，适当发展信息、人文等普适性专业，既作为辅助性专业发展，又支持学校营造人文氛围和信息化建设的需要。

(二)特征

学校从“十五规划”开始探索，“十一规划”明确提出构建一个金融保险类专业为龙头(核心)，财会经贸类专业为主体(主干)，人文艺术类专业和计算信息类专业为支撑(辅助)的航空型专业结构。具体地说：①做大做强龙头专业，将原本合一的金融、保险、投资专业群分设为2～3个系部，构建大金融平台，分别做成全校最大的专业之一，努力以全国第一品牌的目标加以推进；②做特做强主体专业，财会、国贸、营销等专业既尊重专业建设的一般要求，又融入金融大类的特色内容，既积极扩大招生规模，又切实重视教学质量，不断创造条件在全国做出影响力；③因势利导、顺势而为，发展信息技术、文秘等辅助性专业，使专业结构有一个合理的回旋余地和配置方法。

(三)效应

经过十年的建设，航空型专业基本成熟，并开始发挥积极效应：一是学校2006年顺利入选国家首批28所国家示范性高职院校之一，并于2009年以优异成绩通过验收；二是招生广受青睐，毕业生广受市场欢迎，考生录取分连年雄踞全省前列，毕业生就业率达到98%左右，学生对母校满意率和推荐率全国领先；三是学校各项工作和谐进行，特色金院、活力金院、品牌金院、和谐金院、幸福金院(“五个金院”)建设全面深入，可持续发展局面已经形成。

第四节　凝聚在纲要的旗帜下，切实重视职业教育科学研究工作

《国家中长期教育改革与发展规划纲要（2010—2020）》颁布一年多来，全国上下围绕学习全教会精神和贯彻《教育规划纲要》，采取了许多切实可行的有效措施，并加大教育投入，以推动教育事业按照“优先发展，育人为本，改革创新，促进公平，提高质量”为工作方针，逐步实现现代化。其中，在“大力发展”的目标下，职业教育高招迭出，职业教育改革创新和科学研究更是摆上了十分突出的位置。本文联系从浙江金融职业学院的实际，就学习贯彻纲要，做好职业教育科学研究工作谈些体会，做些思考。

一、《教育规划纲要》关于大力发展职业教育的主要思想

大力发展职业教育，作为国家教育发展的一项重要政策已经坚持多年，早在 2005 年，国务院就主持召开了全国职业教育工作会议，同时颁布了《国务院关于大力发展职业教育的决定》（国发〔2005〕35 号）。六年多来，在党中央、国务院的正确领导下，全国上下齐抓共管，采取切实有效措施，职业教育有了较快较好的发展。去年颁布的《教育规划纲要》，用专章专门对发展职业教育的问题进行了规划和部署，其中的主要思想是：

第一，坚持以“大力发展”作为总体指导思想。明确地发展职业教育作为推动经济发展，促进就业、改善民生、解决“三农”问题的重要途径，强调职业教育面向人人、面向社会，强调建立现代职业教育体系。

第二，注重积极构建发展职业教育的有效机制。这就是要政府切实履行发展职业教育的职责，调动行业企业的积极性，建立健全政府主导、行业指导、企业参与的办学机制。

第三，突出发展面向农村的职业教育。纲要明确指出，把加强职业教育作为服务社会主义新农村建设的重要内容，增强职业教育服务“三农”的能力，加强涉农专业建设，加大培养适应农业和农村发展需要的专业人才力度。

第四，明确把提高质量作为职业教育发展的重点。要求在职业教育领域，坚持以服务为宗旨，以就业为导向，推进教育教学改革，实行工学结合、校企合作、顶岗实习的人才培养模式，强调职业教育与职业培训并举，全日制与非全日制并重，重新职业教育基础能力建设等。

第五,强调要增强职业教育的吸引力。这包括要采取有力措施鼓励更多的社会人群参加职业教育,完善各类用工就业的职业教育经历和证书准入制度,采取有力措施支持、鼓励和奖励高技能人才等等。

总之,《教育规划纲要》对职业教育发展有非常明确的指导思想和行动目标,只要我们认真学习、深刻理解、创新实践,就一定会取得成效。

二、职业教育在学习《教育规划纲要》中积极实践

根据纲要的总体指导思想和行动目标,结合全国教育改革试点的有关要求,职业教育战线已经采取了许多积极有效措施,并取得了不少明显的成效。我们欣喜地看到,职业教育战线空前活跃,国家支持职业教育发展的新政策、新举措不断颁布实施,具体表现在:

第一,职业教育统筹发展体制机制初步建立。为理顺关系,促进中高职协调发展,推动教育教学改革的深入实施,教育部早在去年底并明确把高职高专处、继续教育处整体划归职业教育与成人教育司管理,这为职业教育作为一个类型发展对外争取政策、对内协调运行创造了有利的体制机制条件。

第二,发挥行业企业积极性迈出重大步伐。教育部颁布了《关于发挥行业在职业教育发展中的指导作用的若干意见》,强调了行业的职责和作用,并组建了 43 个职业教育行业指导委员会,先后多次举办职业教育与行业企业的对接对话会议,有力地推进了行业关心、支持、参与职业教育的良好氛围。

第三,国家示范性高等职业院校建设有力推进。教育部特别是鲁昕部长进一步强调了高等职业教育在现代职业教育体系建设和职业教育发展中的重要作用,强调了高等职业教育的新使命(引领职业教育科学发展)、新定位(培养高端技能型人才),强调了构建职业教育体系的行动方案。与此同时,作为引领全国高职教育改革创新的国家示范建设继续发挥作用,骨干高职校建设蓬勃展开,高职战线发展形势良好。

第四,国家示范性中等职业院校建设已经突破。中等职业教育在整个职业教育中起着重要的基础作用。中国的国情特征决定了全国范围内尤其是西部地区艰苦行业发展中等职业教育还十分重要。因此,启动实施国家示范性中等职业学校建设不仅必要,而且重要。经过努力,千所示范性中等职业学校中的第一期项目已经实施,第二批正在启动,这对中等职业教育发展和职业教育基础能力建设必将是有力的促进。

第五,职业教育科学研究得到前所未有的广泛的重视。适应国家大力

发展职业教育的战略要求，适应职业教育改革创新和体系建设的要求，适应职业教育校企合作、工学结合模式的实践，顺应职业教育提高社会吸引力的期盼，加强职业教育科学研究工作摆上了十分重要的议事日程。有鉴于此，教育部会同人社部召开了新中国首次职业教育科研工作会议，鲁昕副部长发表了长篇重要讲话，对今后一个时期职业教育改革发展和科学研究工作进行了总体部署，吹响了职业教育科研工作的号角，也明确了职业教育科学研究工作的重点和方向。

三、切实提高对科研工作促进职业教育科学发展重要性的认识

长期以来，职业教育被当作一个低层次、低水平的教育，往往被人们忽视。在教育科研领域，职业教育也是一个弱势群体，全国虽成立了一些职业教育研究所，在一些大学里也有职业教育硕士点、博士点，但总体地位不高、影响力不大，甚至有点不够理直气壮；至于在职业院校内部更缺少职业教育的研究机构，更缺少职业教育的研究人员。这不仅不符合国家大力发展职业教育的方针要求，更与我国职业教育半壁江山的地位不相吻合，必须切实提高对职业教育科研工作重要性的认识，并采取切实有效措施加以改进[①]，我们的认识是：

第一，职业教育地位低但研究水平不能低，并且要通过研究促进职业教育地位的提高。众所周知，由于历史、环境、人文等因素影响，我国的职业教育不是很被人重视，职业教育在各类教育中的地位很低。因此，我们必须采取措施，乘贯彻《教育规划纲要》之东风，切实加以改变，而改变的方法和途径之一就是加强研究，以研究成果来争取政策支持，以研究成果来扩大宣传，用高水平研究成果来引领职业教育高地位形成和高质量培养。

第二，职业教育投入少但研究成果不能少，并且要通过高绩效来促高水平成果形成。由于经费和投入因素，我国缺乏专门的职业教育研究机构和专职的职业教育研究人员，但这并不是职业教育研究成果不多、水平不高的理由。职业教育最近实践实用，最讲开放合作，我们应该充分利用广大教师的力量，在实践中搞科研，在实践基础上出成果，为争取投入"发声"，为促进发展服务。

第三，职业教育是面向社会、面向人人的教育，应吸引社会和个人来研究。无论是政府还是学界都认为，职业教育面向人人、面向社会，与经济社

① 马树超：《发挥科研在职业教育改革发展中的先导作用》，《教育与职业》2011年第19期。

会发展最贴切。因此,对这一关乎民生和大众的教育,应该调动和鼓励民众和社会的力量来关心和研究,而政府的任务应该在搭建开放平台,鼓励百花齐放、百家争鸣,鼓励产出思想、产出成果。

第四,职业教育是与国计民生最密切的教育,国家应扶植一些专门机构来进行专门的研究。关于这一点,德国的经验很值得我们学习和借鉴。为顺应全面建设小康社会,推进社会主义和谐社会建设的要求,我们要支持资助一些国办专门的职业教育调整研究机构,专门研究国家职业教育的政策,为党和政府科学正确决策提供重要依据,为职业教育科学发展提供理论支撑。

第五,职业教育科学研究工作的重要性决定了参与研究应该成为是每一个职教人的自觉追求。如前所述,开展和加强职业教育科学研究十分重要,正因为这样,我们的每一个从事职业教育工作的同志,都应该拥有强烈的主人翁意识,以自己踏实、创新的成果来支持论证人们对职业教育重要性的认识,彰显职业教育的魅力,增强职业教育对全社会的吸引力。而在平凡的工作岗位上加强研究,多出成果、快出成果、出好成果应当是我们每一个职教人崇高的使命和责任。

四、以职业教育科学研究的成果推动职业学校持续健康发展

浙江金融职业学院作为全国职业教育大兵团中的一员,近年来得到了较好的发展。学校的快速发展,一方面与政府的重视,行业的支持,校友的协同,师生的努力,特别是国家示范性高职院校建设项目的促进和带动是分不开的;另一方面,也与通过加强高职教育改革发展中重大和现实问题、校内建设和管理中具体问题的研究,形成问题导向、科研引领、理念先行等作法密切相关。科学研究对一个学校的发展具有重要的促进作用,所产生的以研究促进队伍提升、促进理念更新、促进思路创新、促进学院发展的结果,值得总结和思考。我们的做法是:

第一,统一对高等职业教育科研工作重要性的认识。在几十年的办学过程中,我们始终认为,职业教育地位低但我们自己的研究水平不能低,职业教育的经费投入少,但我们自己对研究的经费和精力投入不能少,我校职业教育的办学规模小,但研究职业教育建设发展的力量不能小。同时,我们清晰地意识到,职业教育尤其是高等职业教育作为一种新类型,更加需要研究,更有内容值得研究,也更容易出研究成果,因此更要重视科学研究。

第二,采用领导带头开展职教科研的方法进行引领。高职教育正处在

大发展阶段，各项工作千头万绪，学校教学条件和基本建设更是事事烦琐，教师工作也十分辛苦，要推动职业教育科研工作的开展，必须依靠领头带头的方法。为此，我们要求每一位班子成员每一年都要立一个研究课题，带领一支团队，通过调查和研究，形成一项（批）成果，近十年如一日，既积累了成果，提高了自己，也带动了队伍，并形成全校良好风气。

第三，采用专兼结合、以兼为主的资源整合方法。由于各种因素影响，高职院校一般都不会配置很庞杂的研究机构体系，浙江金融职业学院设有高等职业教育研究中心，并建有高等职业教育发展研究会，人员队伍很多，网络体系健全，但专职人员很少，因此现实的方法是倡导专兼结合、以兼结合，倡导研究和工作相结合，在工作中研究。这样做，既提升了教师工作的科学内涵，也推动了教师科研成果的形成，同时也促进了教育科研风气在我校的良好形成。

第四，通过论坛、报告会、研讨会等多平台传播和推广。在倡导专兼结合、以兼为主的队伍体系的同时，我们还充分利用并积极发挥学术社团、学术论坛、研讨会在职业教育研究活动中的作用。这五年间，我们先后以浙江省高职研究会会长单位，全国高职教育研究会副会长单位，教育部经济类专业教学指导委员会副主任委员兼秘书长单位等身份，发起了全国高职教育文化建设与可持续发展论坛、中国财经类高职教育创新发展论坛、全国金融类应用人才培养论坛、浙江省高等职业教育强省建设论坛等30余场，受益代表50000余人，既讨论了问题，促进了学术，也锻炼了我校的队伍，促进了教师科研水平的提高。

第五，建立激励机制，鼓励学校教师多出成果、出好成果。科研成果和解决问题是检验职业教育研究工作的重要途径，近年来浙江金融职业学院发展成绩喜人，不仅以财经类高职院校代表率先入选国家第一批示范校，而且创新迭起、评价优秀，在省内外招生都是以录取分第一排名出现，在麦可思的第三方调查中，校友认可度和校友推荐度更是处于全国领先，学院发展中的问题在研究和实践中得到了很好解决。与此同时，学院教师的科研成果也不断增量提质，从2007年示范建设全面开展开始，浙江金融职业学院在高等职业教育研究领域发表成果数量丰硕，学术专著不断问世。据中国高教学会学术部统计，在全国14家高等职业教育核心期刊发表论文排名，浙江金融职业学院已连续四年位居全国第一，且年度发文总量持续上升。中国高教学会、中国职教学会组织的优秀研究机构、优秀论文（著作）、优秀科研工作者，浙江金融职业学院都榜上有名。

总之，开展并加强职业教育科学研究工作不仅使我们开阔了视野，提高了认识，也锻炼了队伍，优化了校风，更促进了发展，提升了影响，可谓少投入、多产出，小问题、大丰收。因此，重视和加强高职院校的科学研究工作应当是高职战线今后共同的努力方向。

第五节　高职院校社科联的工作平台与机制创新

自19世纪初叶德国洪堡大学在教育创新思维的影响下，提出“教学与科研相统一”的原则以后，科学研究逐步得到高等教育主流的认可，正式成为大学职能的一个重要组织部分，并最终形成高等教育人才培养、科学研究、社会服务的三大功能。社会科学作为科学研究的一个组成部分，具有整体性、集合性、综合性的特质，并对人才培养和社会服务两大功能，有较强的辐射力、影响率和交融度。因此，社会科学研究要求建立一种多学科的综合协调机制，架起发现和总结研究本体根本规律的渠道，最终形成对研究本体的整体性认识。而高校社科联的构建，正是基于这种跨学科联合科研的需求，形成了一种以科研项目为载体的跨学科跨专业的研究联合体，有效弥补了社会科学研究中单一学科、单一专业的科研领域盲区，一方面打破了学科间、专业间的研究壁垒，一方面又促进了不同学科和专业之间的相互渗透与融合。

高等职业院校以培养高技能应用型人才为基本，以服务行业、企业和地方经济为宗旨。高等职业院校的发展离不开科研，需要通过科研来提升人才培养水平，提高社会服务能力。因此，通过高校社科联的建立来整合社科研究资源，形成社科研究与社会服务的合力，已成为高职院校科研与社会服务的重要平台。2004年起，高校社科联开始在我国部分高职院校中出现，特别是2009年以来，高职院校成立社科联这项工作已在全国蔓延。截至2010年底，部分省(市)中有一半左右的高职院校成立了社科联，如浙江省已有30余家高职高专院校成立了社科联，占浙江高职高专总数的60%。但与此同时，高职院校社科联在其成立以后的发展中，面临着诸多问题，许多高职院校社科联行政化并成为科研管理部门的配角；一些高职院校社科联仿效本科院校社科联，走学科式发展道路。因此，高职院校社科联应找准自身定位，通过构建符合高职院校特色与优势的工作平台与工作机制，从而有效发挥高职院校社科联的统领、协调、服务、智囊等综合效能。

一、高职院校社科联及其发展基础

高校社科联是高等院校社会科学工作者的学术性群众团体，是高校整合社会科学研究力量的平台，也是高校联系与团结校内广大社会科学工作者的桥梁和纽带。高职院校作为高等院校中的核心组成部分，成立社科联有其客观基础。

1. 适应学科既细分又融合的发展趋势的需求。全球进行信息时代以后，高等教育新的学科分支不断出现，学科类别日益精细，表现为学科研究向纵深发展的“纵向分化”和向外延拓展的“横向分化”[①]，这两种学科精细化的倾向一方面反映了学科建设的进步和社会培养诉求，另一方面也割裂了事物的有机关联，破坏了自然科学、社会科学的有机整体性，因此，在既分工又合作的社会需求下，学科建设呈现出既高度细化又高度融合的趋势，表现为在包括高职院校在内的高校中，出现大量的“边缘学科”、“横断学科”、“综合学科”三种形态[②]。

由于高职院校的类型属性，科学研究也必须适应学科综合化发展的趋势，建立跨学科、跨专业的教学、科研的综合体，以匹配学校的复合型人才的培养定位。在一些研究型大学，实现科学研究的联合体通常是以研究院实体的模式，如德国柏林大学的“跨学科研究院”模式、北京大学的“前沿交叉学科研究院”模式，而在高职院校，由于学院自身的科研资源、科研信息等方面的有限性，以上级社科联的引领为前提构建“学院社科联”模式，则是促进学科交叉、创新，通过社科联研究模式整合高职院校社科研究力量，提高社会科学研究的边际效益的较好选择。

2. 培育学院核心竞争力的需求。学院的核心竞争力具有长板效应。根据美国加州大学伯利克分校校长田长霖的观点，大学的核心竞争力应该集中在一两个优势项目上率先出现，以拉动其他项目的成长[③]。因此，以社科研究为突破，以社科联为载体，集中学院最优秀的团队，通过科研成果的实现培育和形成学院的特色和优势，进而提高学院的核心竞争力，对于有必要考虑投入产出比值的高职院校而言，是一个有效途径，也是高职院校社科联形成的一个间接动因。

---

① 李宝元：《发展繁荣我国高校哲学社会科学若干战略问题的思考》，《湖南社会科学》2005 年第 3 期。

② 董漫雪：《我国大学学术管理机制研究》，《理论与实践》2004 年第 11 期。

③ 徐燕刚、庚光蓉：《高校社科联的管理定位与管理策略探讨》，《天府新论》2009 年第 6 期。

3.实现学院社科研究综合效益最大化的需求。高职教育在专业设置、课程结构、教学模式、科学与技术研究等方面都具有明显的区域性、针对性实用性、功利性的属性，不利于形成以专业或学科为单元的科研合力，不利于形成立社会科学研究的宏观视野，从而淡化了高职院校社科研究的系统性。

学院社科联作为学院综合性的社科统领机构，具备了社科联体系之内的信息获取、项目争取、学术交流等优势，可以从整个社科联体系的层面，发挥其预测、引导、协调、咨询、组织等职能，挖掘学院社科研究的潜能，实现学院社科研究团队的最佳组合和科研综合效益的最大化。

二、高职院校社科联的工作平台创新

高职院校社科联的平台建设是社科联发挥功能的前提和基础。高职院校由于其教育类型、科研资源和环境的不同，其社科联不能与研究型大学中的社科组织等同，主要基本特点有：

1.高职院校社科联平台是一个开放的系统。它是学院科研管理系统的一个子系统，受环境影响，也影响环境，这表现在它不断地从环境中吸取知识、资金、信息等负熵、排出科研成果的正熵，从而使得自身维持一定的有序性，进而是自身的能力不断得到提升①；另一方面，经过社科联系统的运行，使得新产生的“物质和能量”输出到外部，并使产出大于投入。

2.高职院校社科联平台具有一定的目的性和可控性。高职院校社科联工作是科研工作中的一个重要环节，目的就是提高科研效率，多出成果，多出人才。另外，通过对社科联系统各个环节的协调和优化，使知识、信息、经费和人才等合理流动，实现职能型向流程型转变，大大提高社科研究的比较效益。因此，社科联平台作为一种可控系统，人的能动作用将对系统的构成和功效产生重大影响。

3.高职院校社科联平台具有一定的自组织性。这表现在社科联系统的子系统之间存在非线性关系，它们互相联系、互相牵制，从而表现出强烈的整体行为，具有处理信息、知识和资金等自组织和自适应能力。系统的各个组成部分和要素都有一个共同的目标，遵循共同的原则，有共同的行为方式，系统的要素围绕着某个共同目标而相互联系。

因此，高职院校社科联的工作平台主要有：

---

① 陈厥祥：《试论创建高校社会科学联合会组织的意义》，《浙江社会科学》2009年第10期。

1.整合型平台。具体而言，就是通过组建学院社科研究专家库，构建学院社科研究团队的梯形结构，优化学院社科研究布局，将分散在各系部的社科力量，以中长期学术研究方向为主要依据，对全院的社科力量进行梳理并形成实质性的运行平台，实现社科研究人才资源、项目资源、社会合作资源的有效整合，达到科研平台学术指向明确，研究路径清晰，社会服务方向和外联系统稳定的目的，从而避免社科研究的随意性和暂时性，并在平台建设上形成社科联独特的“联”的优势。

2.自主型平台。高职院校的社科联平台应在提倡学术思想自由的前提下构建，给予学院内的社科研究人员一定的学术权力。根据韦伯正式权力与非正式权力的理论，正式的学术权力主要是指在大学组织内部由法定的制度规范赋予并以法定方式实施运行的学术权力。非正式学术权力既包括曾掌控学术事务的权力主体对现行学术事务的影响，也包括那些不具有合法性权力资源的学术权威基于对专业知识的垄断性占有而拥有的权力①。高职院校的社科联，应是正式学术权力与非正式学术权力的综合体，体现在研究者个体身上，应不断强化研究个体非正式学术权力的张力，并内化为一种工作形态，以充分体现社科研究者的自主性和能动性。

3.互补型平台。互补型平台应根据系统管理原理，将各系、管理机构、学术团体、教师等各要素之间的关联程度进行科学分解，然后在各要素之间建立基于互补目的的学术管理联系，形成社科联自身的学术管理系统。要素之间的互补联系主要包括要素之间的以横向协调形成的互补、以信息沟通与反馈机制形成的互补，与外部环境进行能量、信息交换形成的互补等。这些互补机制可以帮助各组织间建立管理平等的合作关系和对话机制，完成与重大课题或项目的对接，实现研究意图与研究实力的均衡和对称，达到管理效益最大化。

4.特色型平台。特色型平台是学院社科联平台中最具高职教育特色，最具校本标识和最能体现学院社科研究优势的个性化平台，容易形成识别符号和品牌效应、在可持续发展过程中较具有社会影响力和社会服务效果，在效益的生成上综合性强，特征明显，具有一定的不可替代和不可复制性。特色型平台体现了高职院校服务于地方经济，服务行业、企业的办学特色，所依托资源包括地域资源、行业资源、特色专业资源、校友资源以及学院领导人的社会资源等。

---

① 张富良:《关于培养学术带头人的思考》,《中国高教研究》2001年第9期。

三、高职院校社科联的工作机制创新

高职院校管理系统是一个围绕学院系部及行政职能部门运行的树型组织系统,弱化制度化学术管理权力。基于高职院校社科联与学院管理系统融合的学术管理机制尚未形成,社科联的工作机制需要创新。

(一)引导机制

1.过程引导。包括国家、上级社科联及相关部门社科研究政策及信息的引导、社科研究方向和选题的引导、社科研究路径和方法的引导、社科研究成果发布及成果转化的引导等。这种引导重在规范学院教师社科研究的行为,强化社科研究的方向和目标,减少社科研究环节的空耗,缩减社科研究的人力资源成本。

2.评价引导。激励理论认为,人的行为会遵循"需要—动机—行为—目标"的模式运行。即通过某种有效操作,激发或诱导他人产生某种需要,进入较高动机状态,采取恰当行为,努力实现目标。学院社科联应适时形成合理的学术评价标准和配套的激励机制,就是追求管理活动人性化与制度化的平衡,激发研究人员的科研潜力。如学院社科联应定时统计学院教师的社科研究数据,并进行动态分析,适时建议学院的科研管理部门修订科研管理相关规定,提高对重大课题、权威刊物论文的奖励权重,使学院的科研呈现稳定的质量型成长状态。

(二)协调机制

高职院校社科研究的协调机制,应是在学院社科研究协调统一的前提下,完成学院与学院外各相关政府职能部门和科研团队、学院科研管理部门与学院社科联、学院社科联属下的各学术团体之间三个层次的协调。在对学院社科联协调机制的效果考量上,应在科研资源、科研氛围、科研政策、科研成果、科研人才五个环节体现。在上述五个环节中,科研资源是具有有限性、稀缺性和竞争性的特点,因此,高职院校社科联可采用矩阵管理方法整合资源。矩阵组织结构可由纵横两套系统交叉组成的组织机构,一套是纵向的资源单位系统,各资源单位为学院、企业、课题组甚至是个人;一套是为完成某一项任务而组成的横向项目系统。横向和纵向的元素交叉,在交叉的地方形成结点,实现科研资源的协调和最大化开发。

(三)人才管理与发现机制

从人力资源管理的维度对高职院校的社科联团队进行管理,是保证社科联可持续发展的必然路径。乔恩·R.卡曾巴赫指出，团队是指一定的技能互补、愿意为了共同目标而相互协作的个体所组成的正式群体。并认为团队高效运转必须具备活力、控制、专业知识和影响力等资源①。

高效的学院社科联团队应在效率的命题下完成人才的组建和团队的搭建，并对通过人才细分形成人才发现机制。对此，美国科学哲学家托马斯.库恩指出，任何一项科研活动总是存在“渐进型”和“创新型”两类人②。渐进型的人掌握和根据前人所形成的规范去解决科学中的问题，基本上不越出规范。而“创新型”的人则是那些在科学理论敢于做出重大突破，并使某些专业的成规发生变革，制造所谓的“科学革命”的人。如果把这两类人有机地结合在一起，则定能配合默契，各展其能。学院社科联应针对每个社科研究才形成详细的研究方向定位的，并相应建立以下个动态运行的机制：一是社科研究团队的发展规划；二是建立社科研究专家库，构建社科研究团队的梯级结构及增补机制；三是社科研究学术带头人的培养机制；四是学院内外专家相互合作、项目引领、以外促内、以外带内的人才互补互动的长效机制。

（四）成果转化机制

据统计，目前高职院校科研成果能够签约转化的不足30%，转化后能产生经济效益的成果又只占被转化成果的30%③。基于此，高职院校的社科联应具有“经营”意识，根据加瑞思·威廉姆斯提出“高校企业化管理”理论，“企业化除了任何能够补充或代替公共资金投入，能够产生自身效益的行为外，还包括那些为应对快速变化的知识型社会而采取的积极的学术行为，如新课程引入、知识产权保护和商业开发、技术转化以及传统教学科研活动之外的社区服务等。”④高职院校社科联应在后一种软性企业化行为上开展工作，以促进社科联科研成果转化机制的生成和发挥功效。主要渠道有四个方面：一是通过社科联完成与高职院校外智能资源的联合，通过借脑、借智实现科研成果的转化；二是由学院社科联组织协调，由两个以上的组织（企业、院校等）针对某一重大课题和项目组成相互信任、合作的联盟，以便以最少的投资、最短的反应时间对市场的机遇作出快速反应。每个成

① 李静：《高职院校科研项目渠道拓展的路径阐述》，《黑龙江高教研究》2008年第10期。

② 托马斯·库恩：《科学革命的结构》，北京大学出版社2003年版，第132页。

③ 邢运凯、陶永诚：《高职院校科研误区及对策》，《中国高教研究》2010年第12期。

④ 伯顿·克拉克：《高等教育系统》，杭州大学出版社1994年版，第174页。

员只做自己擅长的工作,成员之间是平等合作的伙伴关系,实行知识产权、技能和信息投入共享。在短时间内通过一流的竞争力完成科研成果的转化;三是以课题、项目为联结纽带,建立一种非线性网状组织结构,形成开放的社会广泛参与的项目型攻关团队,组织和发挥各种非政府和中介机构的作用,把研究与实验、应用与服务结合起来,促进科研成果的转化;四是课题、项目申报下移,鼓励社科联研究人员深入市场、行业一线,从需求中开发选题,实行订单式科研。

四、高校社科联工作平台与机制创新的实践与成效

浙江金融职业学院于2010年1月在浙江省属高职高专院校中率先成立了高校社科联。学院社科联成立以来,适应学院以文科为主体的学科与专业结构特点,确立了统领学院社科研究事业的身份定位。学院社科联以学术社团和研究机构为工作平台,构建社科联整体运行体系。

(一)平台体系与功能定位

学院形成“一院三会六中心”的学术社团与研究机构布局。“一院”即应用型金融人才研究院,聚合了学院金融、教学、就业等优势科研资源,是整合型平台;“三会”为金融研究会、高职教育研究会、党建和思想政治工作研究会,构建了学院金融核心专业、高职教育研究传统、思想政治工作先导等要素之间的关联,既体现了科研主体的主导意识,又实现了社科研究的项目对接,是自主型和互补型平台;“六中心”为浙江地方金融发展研究中心、高职教育发展研究中心,高职教育文化研究中心、浙江信用与会计研究中心、浙江中小企业成长研究中心和浙江服务经济研究中心,从不同研究维度组合了学院的社科研究特色,具有较强的校本意义和品牌张力,是特色型平台。

三个研究会是学院教师自发性、自愿性、开放式的民间学术组织,其核心功能是营造科研氛围,加强学术交流,培育学术团队,推进教师科学研究的自觉性。六大研究中心是专兼结合的社科研究开放式应用平台,对内承载整合学院内社科研究资源、培养科研团队,提高整体研究水平的责任;对外则加强学科交流与合作,以科学研究服务于政府、行业企业和社会大众,提升学院的社科研究形象和学术威望,提高学院社科研究对地方经济社会发展的贡献率。

(二)平台内部关系

各平台形成横向链接和纵向融合的网状关系,以项目或课题为主导,按

研究需求形成有机关联，根据项目或课题的需求要素导入平台要素，主要体现为：

1. 统分结合。“一院三会六中心”有统有分，应用型金融人才研究院作为整合型平台，在金融学科的教学、研究和社会服务上充分体现了统领效应；三个研究会与六个研究中心体现了学院学科与专业核心结构。统分结合能较好地保证了各平台在资源调配上的协调性，同时也能较好地将高等学校的教学、科研和社会服务三大功能有机结合起来。

2. 虚实结合。“一院”、“三会”和“六中心”均形成虚实结合、内外互动的灵活运行机制，便于学院的整个社科研究工作可持续发展和动态管理。如在进行金融订单班人才培养的研究上，一方面要对学生的职业品德、职业操守、思想表现进行以“务虚”为主要标识的调研，一方面要对金融业的专业理论、职业技能等以“务实”为主要标识的设计。

（三）运行机制创新

1. 搭台互动。社科联及下属平台与政府及其相关部门、行业、企业共同搭台，主要分三个层次：第一，社科联及下属平台与政府及其相关部门共同搭台；第二，社科联及下属平台与行业、企业共同搭台；第三，学院社科联搭台，政府及其相关部门、行业、企业参与。在实际运行过程中往往会因为功能需求出现上述层次的交差，如浙江地方金融发展研究中心与杭州市政府共同搭台召开“中国金融仓储高峰”论坛，与中国社科院技术经济与数量经济研究所合作召开“完善金融监管、维护金融稳定”理论研讨会等。这一模式遵循“学术交流—学术共识—学术成果”的运行线路，体现了高职院校社科联引导机制的创新意图。

2. 基地共育。这一模式实现了学院社科联的协调机制，在运行过程中构建了有效的“双向”、“动态”原则。一方面学院成为行业的职业成长与展示基地，另一方面行业成为学院的职业素质培养基地，如应用型金融人才研究院牵头，联合省内几十家银行、保险、证券等机构为稳定的合作对象，成立浙江金融人才继续教育基地。

3. 目标管理。学院社科联以学院中长期发展规划和学院社科联工作计划为依据，对学院社科联各团体的常规活动进行了目标引领和量化管理，从制度上保证学院社科联工作的秩序和成效。研究会确立以学术沙龙为主体的学术交流机制；研究中心建立“五个一”运行机制，即每年举办一次大型学术论坛，举行一次在本领域内浙江的改革与发展专题研讨会，建立一个常规性的季度或月度学术交流制度，完成一项反映在本领域内浙江发展状况的标志性成果,至少完成一项直接服务于浙江地方经济的重大服务项目。

4.引领提升。通过科研人力资源的引领提升落实人才管理与发现机制,结合各人的研究专长在本人自愿的前提下组建团队,并建立各学术团队、各成员个人的科研成长档案,对各学术团体和团队成员的年度科研情况进行统计分析,研究各科研单元间科研成果与科研预期的级差和量差,并针对测评结果进行修正。

5.成果延伸。对已有的社科研究基础和重大社科课题的前期研究给高度重视,并通过成果转化机制实现效益。将课题申报位置前移,通过社科联的信息和学院的行业优势,在市场一线发现项目和开发课题,同时举办社科联与行业的科研供需见面会,定期向行业和企业推荐、介绍学院社科联各学术团体的科研成果。

(四)学院社科联工作平台与机制创新的成效

浙江金融职业学院社科联成立以来,日益彰显出为地方经济发展服务的功能,通过运行机制的构建与完善,已成为学校、政府、行业学术互动、资源共享、服务共荣的特色鲜明的开放平台。

社科联下属的各研究会均构建了开放式的品牌学术沙龙与常规学术沙龙制度,在活跃学术氛围中发挥重要作用。各研究中心通过落实“五个一”工作机制,将自身打造成本领域的特色化平台。如高职教育发展研究中心融合国内高职教育的优秀研究力量,获得丰富的高职教育研究成果,其在高等教育类核心期刊上发表论文数列全国高职高专院校首位,被中国高等学会评为高等教育研究优秀机构。浙江地方金融与发展研究中心与省级政府部门合作建立浙江金融强省论坛,形成系列性研究的5部专著,发挥出省内金融决策的良好咨询功能。同时还主持完成了“杭州市‘十二五’地方金融发展规划”、“杭州市都市圈‘十二五’地方金融发展规划”等重大课题,为嘉兴银行、金华银行、湖州银行等地方金融机构制订发展规划。依托浙江信用与会计研究中心成立的浙江众城资信评估中心,是浙江省内规模最大、人才层次最高、功能最全的专业资信评估机构,2010年共完成评估企业14000余户,占全国银行间信贷市场信用评级总份额的四分之一。

五、结语

从浙江金融职业学院社科联工作成效来看,通过创新工作平台和工作机构,高职院校的社科联大有文章可做。而高校社科联的良好运行,既丰富了学校的办学功能,也促进了学校与政府、行业、企业的联系与合作,更好地实现高职院校以服务为宗旨,走产学研结合的内涵发展道路。

同本科院校相比,高职院校的社科研究更易受不同地域、不同经济背景、社会背景和地方文化影响。总结作为新生事物的高职院校的社科联事业发展规律,必须同高职院校的办学定位、办学特色及地域因素综合考虑,因此,高职院校的社科联工作平台或机制的建设,应各具特色,并有效避免学院社科联的管理和服务流于程序,化解由于职能重叠和管理交叉带来的低效率,保证高职院校的社科联良性发展。

第七章

育人为本:高职教育可持续发展与育人机制建设

第一节 基于学校个性的高职院校三维文化育人体系构建

胡锦涛在清华大学百年校庆上的重要讲话中指出,全面提高高等教育质量,必须大力推进文化传承创新。高等教育是优秀文化传承的重要载体和思想文化创新的重要源泉,要积极发挥文化育人作用,加强社会主义核心价值体系建设,掌握前人积累的文化成果,扬弃旧义,创立新知,并传播到社会,延续到后代,不断培育崇尚科学,追求真理的思想观念,推动社会主义先进文化建设。总书记的讲话,既阐明了高等教育在人才培养、科学研究和社会服务三大职能之外,还具有文化传承和创新的职能,同时,也对高等教育的文化建设提出了新的要求。

一、大学文化与学校个性的思辨

(一)大学文化的内涵

大学文化这一概念最早是由美国学者华勒(W. Weller)于1932年在《教育社会》中提出,他定义的大学文化概念为:大学形成的特别文化,大学文化是大学发展的思想基础和价值导向,是实现高校职能的土壤和平台,是一所大学体现出来的生命力、创造力和凝聚力的整体精神面貌[①]。具体而言,一般认为,大学文化是学校在长期办学过程中发展形成的,体现学校特色的办学理念、学校精神以及行为规范、物质文化载体等共同构成的文化,是全体师生员工乃至历届校友共同遵循的思想意识、道德观念、价值标准和

---

① 程太生:《高职文化建设的探索与实践》,《中国高等教育》2011年第2期。

行为规范。[①]

据国内外学者长期研究和分析，得到的比较一致的结论和共识是：大学文化包括物质文化、制度文化、精神文化和行为文化四个构成要素。[②] 进一步的分析表明：从性质上看，物质文化和制度文化属于“硬文化”，是可以直接看到的、具体的。而行为文化和精神文化则属于“软文化”，是无形的，抽象的。[③] 从结构层次上看，物质文化是基础，是载体，是浅表层次的大学文化；制度文化表现为一定的社会机制与制度，联结着精神文化和物质文化，是规范，是准则，它比物质文化深一个层次；行为文化是精神文化的外显，属于第三层次；精神文化是大学文化的核心和灵魂，是最高层次或最深层次的大学文化[④]。

（二）大学文化建设的意义

重视和加强高等学校的大学文化，对全面提高高等教育质量，促进高等教育可持续发展，意义重大。

第一，推进文化建设是培养高素质人才的必然要求。在当前高等教育建设和发展过程中，由于规模的扩大，大众化的全面深入，再加上信息化、现代化、国际化的推动，高等学校之间的竞争十分激烈，而学校之间的竞争首先表现在人才培养质量的竞争，而培养高质量的人才，则应当有高品位的文化来支撑。正因为这样，努力建设高品位的学校文化，最大限度地优化育人环境，是培养高素质人才的必然选择。

第二，推进文化建设是引领事业发展的重要抓手。学校文化对于凝聚广大教职员工和广大校友围绕目标、服务大局，建设更高水平、高有特色的高等学校，具有十分积极的促进作用。这就是说，加强文化建设，具有感召行动和凝聚力量的作用，从而对学校事业发展和目标任务的完成奠定良好的精神基础和行为动力，有利于引领广大教职员工和校友积极投身于学校建设，影响和带领社会各界更加关心、关注、支持学校建设和发展。

第三，推进文化建设对高职院校具有特别重要的作用。高等职业院校是我国高等教育的重要组成部分，尽管规模上已占据高等教育的半壁江山，但主要由两部分来源，一是由中专升格，二是新建而来。但是新建的学校大

---

① 胡象斌：《大学精神视阈下的高职文化建设策略研究》，《职教论坛》2010 年第 24 期。

② 蔡劲松：《文化传承创新与大学文化建设体系构建》，《高校理论战线》2011 年第 11 期。

③ 钟秉林：《加快建设中国特色的大学文化》，《国家教育行政学院学报》2010 年第 9 期。

④ 何致瑜：《重视与加强高等学校的文化建设》，《中国高教研究》2007 年第 12 期。

部分由各种社会力量和民办企业出资,缺乏历史积淀,文化建设明显处于弱势,中专升格学校一般都有一定历史,但经历合并或更名,经历老校区搬迁和新校区建设,文化建设也受到挑战。与此同时,无论是中专升格学校还是民办新建学校在其建校初期往往会把学校硬件建设放在重要位置,把主要精力放在设专业招学生培养人才上,文化建设相对难以摆上重要位置。当前,我国高等职业教育在经过一定阶段的规模扩张和建设发展后,已经进入了内涵发展和提高质量的历史新阶段,文化建设需求更加迫切,应当也必须摆上重要议事日程。

(三)学校个性在文化建设的体现和作用

高职院校的文化建设存在共性和个性两个维度。高职院校文化建设的共性,遵循的是大学文化建设的通用原则和路径,即按照现代高等教育的大学文化元素和高等教育的普遍规律,注重文化建设的普适性和一般意义。同时,高职院校文化建设也有其个性,主要表现在三个方面:

第一,教育个性。在高等教育的诸多类型中,高职教育是具有鲜明的"职业"、"应用"、"技术"等特征的教育类型,在对大学文化的选取上,也彰显出技术文化体系的文化取向,如在对生命意义价值的文化表述上,共性维度下的大学精神表现为"尊重生命价值、认知生活的意义、承担社会责任、维护伦理道德、坚持公平正义",个性维度下的高职院校的文化表述则为"至善至诚、服务为本、能本乐业、职业情怀"。[①] 此外,在文化建设的物质构成、制度设计、行为规范及精神追求上,高职院校的职业教育个性必然在各个环节得到体现,从而呈现出不同于一般本科院校的文化个性。

第二,区域个性。在一元导向的教育体系下,高职院校在生源结构、专业设置、资源配置、学生就业等方面都具有明显的区域特征。尤其是不同的高职院校以一定区域为资源半径,区域内的历史沿革、文化传统,人文积累以及产业结构和经济发展水平,必须反应在高职院校的教育服务定位和专业结构上,高职院校的文化建设也必然在区域文化的传承和融合中形成共同体,通过区域性文化符号、文化方式、文化行为体现在高职院校的文化建设中。

第三,校本个性。校本文化是一所高职院校校区别于其他高职院校的重要文化标志。学院的文化资源一般由精神资源和物化资源两部分构成,

---

① 石芬芳、胡类明:《大学精神及其在高职文化建设中的立体贯注》,《职教论坛》2011年第3期。

不同的高职院校，由于学校发展历史不同、办学定位的不同、专业设置不同，以学院文化传统、教师和学生为主体的精神资源也具有明显的差异性，而在学院历史和学院文化背景下生成的物化资源，也具有明显的校本符号和象征意义。因此，无论是精神资源和物化资源，成熟的高职院校的文化建设，必然会在这两方面形成有机一体的校本个性，进而使高职院校的文化建设呈现出多元特征和校本特色。

二、浙江金融职业学院三维文化建设的基本思路

如前所述，文化建设对于高等学校而言，具有十分重要的作用，而对于高职院校来说，加强包括物质、制度、行为和精神四个方面的文化建设更具有紧迫性。那么，怎样才能构建一个学校的大学文化呢？

(一)基本思考：全方位构建，立体化推进

物质、制度、行为、精神四位一体的建设是大学文化建设的重要内容，因而在构建大学文化体系建设中，必须据此作出分析和探索，基本思路是：

第一，统筹四大领域，进行整体性思考。换言之，学校文化建设既应当有物质层面的设计和考虑，也应当有制度层面的建设，既应当有行为方面的要求，也应当重视精神文化的培育，形成一个物质和精神相适应，制度和行为相协调的文化建设体系。孤立地就某一个局部或方面进行建设往往是难以成功的，没有精神的物质文化犹如摆设而缺乏内涵，没有有效的物质和制度文化支持，精神文化也就很难真正得到提升。

第二，着眼四大内容，着力立体推进。文化建设重在先知先觉、早作打算，同时也要“后知后觉”，持续推进！先知先觉者，在报除旧校舍、建设新校舍时应当事先有文化建设的通盘考虑，在学校升格更名时也有预先安排，则学校的文化建设一定会收到事半功倍的效果。当然，如果在学校发展的各个阶段持续地重视学校文化建设，不断地为文化建设投入人力、物力和财力，不断地加强文化研究和宣传，则一定会产生积极的作用。

(二)基本定位：三维文化的主要涵义

按照前面对于文化建设的理解，我们在整合物质、精神、制度、行为文化的理念，结合学院办学定位和专业特色，创造性地提出了三维文化的主要内涵，并着力推进三维文化育人体系建设。所谓三维文化即诚信文化、金融文化和校友文化，其基本涵义和做法是：

第一，诚信文化，高举精神品质之旗。诚信文化是公民基本素质与金融

从业人事职业道德的基本要求。学校设立诚信文化标识和景观,建有诚信文化研究所,构建诚信文化育人环境,渲染诚信文化氛围,加强诚信教育,丰富诚信文化内涵,编撰了中国高职院校中的首部诚信文化读本,发布了学校诚信指数。

第二,金融文化,深植职业能力之根。金融文化是浙江金融职业学院校园文化的职业标志,是金院学子的文化主干,也是学院学生专业素质的综合显现。以金融文化育人,在某种程度上就是锤炼学生鲜明的职业能力。学院以金融机构冠名为抓手,打造金色校园,建设货币博览馆、票证博览馆等刻显深厚金融历史,开设《金融学导论》、《理财基础》等传播金融通识与理论;同时加强与金融机构,开展大面积订单式人才培养,组建银领学院,聘请大量金融系统兼职教师,传播金融文化。

第三,校友文化,广结合作办学之链。学校在三十余年历史,培养了近5000余名校友,他们以动手能力强,岗位适应快,实践水平高,创新创业业绩显著,廉洁自律行为规范,报恩母校情谊深重而享誉社会,因此,通过校友组织,在编织力量之链,汇集办学资源,编织情感之链,编织文化之链,积聚金融底蕴方面,形成了强大的社会影响力。

总之,三维文化作为集金融物质、制度、行为和精神于一体的高职文化建设,既是在浙江金融职业学院的重要内涵,也极大地促进了浙江金融职业学院的发展,也提升了浙江金融职业学院的品质。

三、三维文化育人机制探索——以浙江金融职业学院为例

浙江金融职业学院的前身是原国家级重点中专浙江省银行学校,2000年在部委管理体制调整进程中升格举办高职。从1975年办学到2000年的25年间,学校为中国人民银行管理的部属学校,因此,其银行情结深厚,金融资源广泛,金融文化深远,特别是从这个学校毕业出去的学生基本上都在金融系统尤其是银行系统就业,这就奠定了其特有的文化基因和发展基础。正因为这样,学校在文化建设的策略上采用了综合考虑和特别重视的思路,具体做法是:

第一,学校发展理念:立足大金融,面向大市场,开创大事业。这是着眼于学校下放地方管理、升格办学、扩大规模等因素的整体思考,也是从当今金融发展趋势和金融在国民经济和社会发展的整体地位来考虑的。立足大金融,既包括银行、证券、保险,也包括政府、企业金融活动;面向大市场,则考虑学校办学的服务面向和学生就业面向;开创大事业,表明学校快速发展

的愿景和创优的目标。

第二，学校办学定位：传承金融文化，服务地方经济，培育实用人才。它明确表明学校将按照管理体制调整后的运行要求，处理好“条条”和“块块”的关系，把传承行业放在首位，服务地方放在要位，把培养面向生产、建设、管理、服务第一线高素质应用型人才的高等职业教育作为落脚点和工作重心。

第三，文化建设定位：诚信文化，金融文化，校友文化三位一体。这是学校从高等教育一般规律和学校自身特点出发探索形成的文化建设总体框架，也体现出学校在物质、制度和行为、精神层面的整体思考。诚信文化是全社会尤其是金融从业人员基本操守，金融文化则有其特定的行业精神内涵，校友文化则是浙江金融职业学院高品质办学的积淀和诠释。

第四，文化设施安排。学校在新校区建设安排时，就对物质文化建设进行了事先安排，如一号门的“诚”石，寓意“诚实”，取自《礼记·中庸》中“诚者，天之道也；诚之者，人之道也”；二号门的“信”玉，寓意“信誉”，取自孔子语“民无信不立”，两者直观阐发了“诚信”文化的本意。校内的诚信大道，诚信所有建筑和道路的金融机构和金融化冠名，所有景观和雕塑的校友会和校友捐资冠名建设。即使是学校倡导的学风建设规范，诚信明理笃行，也建有诚信讲学堂，明理报告厅，笃行创业园，建有诚信道，明理亭和笃行桥等，把诚信文化、金融文化、校友文化非常壮观地表现出来。

第五，文化建设推进。学校在机构设置时不是简单地把这项职能归在党委宣传部名下，而是采取委员会＋职能处的方法，学校设有党委副书记牵头的相关部门参加的校园文化建设委员会，并设立了文化建设处，委员会按照物质与硬件建设和精神与行为建设做了大量调研、协调和研究工作。文化建设处虽与党委宣传部合署办公，但直观地表明学校对文化建设的重视。在诚信文化建设推进中，学院率先在信息技术系和国际商务系建立了诚信评价机制，然后在全院推广，形成了包括“诚信考场”并通过高职教育文化研究中心做好诚信文化的研究和推广工作；在金融文化的推进上，学院校园内主要建筑物都以金融机构简称命名，并斥巨资建成浙江省内首家在高校建立的“货币金融博览馆”、“金苑华尔街”、“808 投资工作室”等；在校友文化建设的推进中，学院不仅注册成立了法人社团“浙江银行学校（浙江金融职业学院）校友会”，而且每年 5 月最后一个星期六为校友回访日，校友们为母校设立了共 15 个奖项的奖学金和多项奖教金。

第六，文化建设提升。学校于 2003 年率先取得人才培养工作优秀等级,2006 年成为全国第一批国家 28 所示范性高职院校之一。在示范建设过程中,学校既重视专业建设,也重视文化建设,分别于 2007 年发布了中国高校第一份社会责任报告(至今已连续四年),2008 年发起了全国第一次高职教育与文化建设论坛(至今已办二届),开创了中国高职文化建设和学校责任文化之先河,大大提升了学校社会声誉,丰富了学校品牌,扩大了学校影响力,也进一步推动和促进了学校文化建设。

四、结语

高职院校文化建设是一个系统工程,对于内化高职院校学生的人文素质,提升学生的职业适应和发展能力,优化高职院校的教育功能都具有重要意义。以校本特色为背景的高职院校文化建设,既能彰显高职院校的教育属性,也是保证高职院校文化建设务实、有效的重要途径,在人文精神缺失,高职教育工具化倾向明显的现实面前,个性鲜明的高职院校文化建设的责任担当任重而道远。

第二节　高等职业教育“三全育人”保障机制建设

《教育规划纲要》明确了今后十年教育工作改革发展的主题就是坚持以人为本,全面实施素质教育。其中,核心问题是解决好“培养什么人,怎样培养人”的重大问题,必须面向全体学生、促进学生全面发展,着力提高学生服务国家、服务人民的社会责任感,提升富于探索的创新精神和善于解决问题的实践能力。同时,《教育规划纲要》还指出,教育工作应该坚持德育为先、能力为重、全面发展,强调要更新人才培养观念,“树立人人成才观念,面向全体学生,促进学生成长成才;树立多样化人才观念,尊重个人选择,鼓励个性发展,不拘一格培养人才;树立终身学习观念,为持续发展奠定基础”。在此过程中,构建“三全育人”机制,努力营造全员育人、全过程育人、全方位育人的良好氛围,积极构建“三全育人”的科学平台和有效机制意义重大、影响深远。

一、高职教育构建“三全育人”机制的重要性

中共中央、国务院《关于加强和改进大学生思想工作的意见》(中发〔2006〕16 号)明确要求,高等学校应积极创造条件,努力健全机制,深入推进全员育人、全过程育人、全方位育人的机制建设,把德育为先、育人为本的

理念落到实处。这是根据新的历史发展时期高等学校教育工作的中心任务作出的具体部署,其重要性在于:

第一,可塑性强的大学生队伍需要正确培养和引导。中国特色社会主义事业需要数以千万计的德才兼备的接班人和数以亿计的高素质建设者,这是我们的事业继往开来,永葆生机活力的重要保证。正因为这样,党和政府历来重视教育、科技和人才工作,并分别于2006年6月、2010年6月、2010年7月发布三项工作中长期发展规划纲要,其中,大学生的培养和高等教育的质量受到高度重视。胡锦涛在清华大学百年校庆庆祝大会上的重要讲话中,就全面提高高等教育质量问题也提出了明确要求,明确强调必须坚持育人为本、德育为先、能力为重、全面发展,这是从国家战略角度对高等学校人才培养和育人工作的现实要求,也是对中国未来发展支撑保障的长远思考。当前高校培养教育的对象大多为"90后"学生,多数出生于独生子女家庭,一般具有自我为中心意识强,集体合作意识弱,自我成才成长愿望强,社会责任感和公共意识相对弱的人格通病,因而他们需要更多的教育、培养和历练。同时,当代大学生身处网络化、信息化时代,面临各种各样的外在影响和诱导,其中不乏不健康、非正面的内容,需要他们增强是非感、提高判断力,需要我们通过正确而科学的引导,帮助其明辨是非,树立正确的世界观、人生观和价值观。正因为如此,高等学校必须在注重智力开展能力培养、知识传授的同时,加强德育教育、素质培养和全人教育。

第二,高等职业教育尤其要大力加强育人工作。高等职业院校加强"三全育人"和德育工作是由发展阶段和自身特点决定的。从发展阶段看,从世纪之交到现在,正是高等职业教育大发展时期,征地造房子、布点招学生,曾经是不少学校的共同发展模式,甚至一些学校迄今还停留在这种水平上。正因为这样,内涵建设、育人工作,尤其是马克思主义理论课、思想政治教育课,往往得不到重视,德育老师、辅导员队伍建设比较薄弱,这一点需要并应该引起我们重视。从高职特点而言,高等职业教育作为高等教育的一个新类型,它强调以就业为导向,比较多地强调培养学生适应岗位要求、适应职业需求、适应社会现实的业务能力和操作技能。技能大赛是其展示舞台,资格证书是其从业门槛,在这种情况下,专业建设往往被重视,公共课程开放和素质教育容易被忽视,极易受到岗位培训的影响,尤其是在强调校企合作和教师企业经历的背景下,德育和思想政治教师会难以适应,就此而言,切实加强高等职业院校的德育和育人工作显得非常重要,再加上高职学生来源多样,身份复杂,在中学教育培养阶段又不是成功者,进入高职教育也难以确立崇高而远大的人生目标。学生心理调适、目标确立等都有一个过程，需要在育人上花更多工夫和更大精力，才能克服客观存在着的更大育人难度。

二、高职教育"三全育人"机制的特点

(一)"三全育人"的含义

"三全育人"，简单地说，就是全员育人、全过程育人(或称全程育人)、全方位育人(或称全面育人)。

所谓全员育人，就是每一位教职员工，都要根据各自的岗位做好教书育人、管理育人、服务育人工作；所谓全程育人，就是要在学生在校的全部时间乃至更长时间上实施育人计划，通过系统设计、分步推进、全程实施，培养学生形成良好的职业品质和行为习惯，促进学生成才成长，尤其是伴随着学习进程的全过程育人；所谓全面育人，就是要通过体制机制和载体创新，实现课内教学与课外教育，理论学习与实践活动，校园引导与社区管理，集体培育和个体修养等培养学生德、智、体、美、劳、艺等全面发展。

(二)"三全育人"的基本特点

1.全员参与，达成共识。全员参与是"三全育人"的重要前提，一个学校，如果教职员工中在对待学生或者在育人问题上"铁路警察、各管一段"，或者"教师说教师的，辅导员做辅导员的，领导说领导的，群众做群众的"，甚至仅有少数，专职学生工作者和班主任做育人工作，那就一定做不好的。当然，不同岗位的教职工具有不同的职责和分工，但育人的目标和方向是一致的。

2.全程设计，综合全面。"三全育人"首先要有全程设计和全面综合考虑，学生入校前，就应根据各阶段学生特点和情况，分别不同招生对象，不同地域来源进行初步设计；报到入学后，还应根据情况进行调整和优化，力求做到适应用人单位需求和学生职业生涯发展需要，不留空间缺憾，不留时间盲区，不留残缺部位。

3.多维实施，立体推进。全员育人、全程育人、全面育人作为一个整体，必须立体推进，它以全员参与育人为前提，全程育人实施为载体，全面多维育人为重点，将育人工作分解到各环节，落实到各部门，贯彻在各项活动、各个环节的始终，成为各部门和全体教工的基本职责和重要工作。

三、着力构建“三全育人”机制建设的保障措施

学校是一个特殊的组织，相对稳定的教师队伍和不断流动的学生队伍并存。在这种条件下，如何在各项工作上做到与时俱进、因材施教、锐意创新、常做常新，这是一件非常重要的事，特别在实施和推进“三全育人”机制建设中尤其必要，应该构建起一整套卓有成效的保障措施。

1.必须有一个好的领导集体。高等学校实行党委领导下的校长负责制，“三全育人”需要党、政、工、团齐抓共管，但党委起着领导、引导和带领、统领的作用，建设一个高素质、高水平，实有强烈事业性责任心的领导班子，这是高等学校的根本任务，只有把党委班子建好了、建强了才有可能把育人工作落到实处。

2.必须有一个好的工作载体。“三全育人”机制建设既要有一般性载体，也要有特色性载体，如浙江金融职业学院近年来实施的“三关”学生工作体系建设、“四化”素质提升工程建设，明理学院建设，就形成了很好的工作载体。正在实施的“学生培养千日成长工程”更是叫得响、做得实的有效载体。今年，他们又针对女生相对集中的特点，创设了以培养女性学生职业素质和才艺特长的“淑女学院”，也不失为一个很好的载体。

3.必须抓好主体队伍建设。“三全育人”虽然是全程、全员、全面的育人，但也有重点和强处，这就是必须要有一支十分重要的队伍，一是要有一支素质精良、结构合理的教师队伍，这是重点；二是要有一支数量充足、素质优异的辅导员队伍，这是难点；三是要有一支工作安心、责任心强的学生管理队伍，这是支点；四是要有一支乐于奉献、甘于牺牲的兼职班主任队伍，这是亮点。

4.必须抓住思想政治课程主渠道。“三全育人”时间漫长、空间广泛、个体多样、活动繁多，但抓好主阵地、主渠道十分重要，其中最为基本的是党中央和教育部党组反复强调的马克思主义理论课和思想政治与法律课，上好这两门课，对解决青年学生的世界观和人生观问题非常必要和具体，必须重视和加强，如浙江金融职业学院在全校仅有的25本左右省级以上精品课程中，就把这两门课全部列为省级重点建设课程，在师资队伍、经费投入、课时保障等方面予以重视。

5.必须要开展好一系列丰富多彩的校园活动。“三全育人”并不只是枯燥的说教，而应该以青年学生的特点有针对地进行，并将教育引导寓于各种活动乃至社团和文体活动之中。比如课程社团化就是一个方法；“每天锻炼

一小时，健康工作五十年，幸福生活一辈子”等类似的宣传教育活动，也很有意义和影响；又如，在学生中广泛开展的“百名校友上讲台，百名校友话人生，千名学子访校友”等主题活动则更有说服力和感染力。

6. 必须要建设好一整套高效健全的保障机制。为了推动“三全育人”机制建设，学校必须建立健全必要的考核和奖惩机制，并采取必要的措施来落实和推动三全育人工作的开展。如浙江金融职业学院党委出台了《关于进一步推进三全育人工作的若干意见》，明确要求青年教师应当在具备企业经历和博士学历外必须有学工履历，要求新进专业教师须先做辅导员1～2年，确保辅导员双重身份，双线晋升措施，要求全校教师在晋升新一期专业职务之前必须有担任一届班主任工作并考核合格以上等也是推进之举。学校近年来组织的全校性师生交流活动，如一年级的“师生交流，教学相长”、二年级的“加强就业指导，零距离对话”、三年级的“面对实习就业，课外怎样准备”等等，在全校范围内也经常组织“零距离倾听，零距离对话，零距离沟通”等活动，尤其是每年的5月23日“爱生节”主题活动和每年的“教书育人、管理育人、服务育人”三十佳评选表彰活动，更加反响强烈、影响广泛。

总而言之，只要广大高职院校认真重视育人工作，积极构建育人机制，在实践中真正结合自身特色落实“全员、全程、全面”要求，德育和育人工作不仅应该做好，而且也一定能够做好。

第三节　从三全育人到六全育人：高职育人工作的机制创新

《国家中长期教育改革与发展规划纲要（2010—2020年）》和党中央、国务院颁布的一系列文件都明确提出：各级各类教育的共同任务是育人为本、德育为先。2012年1月10日，教育部等七部委又颁布了《关于进一步加强推进高等学校实践育人工作的若干意见》（教思政〔2012〕1号），再一次重申了育人工作的重要性，创新了育人的路径，给高等学校探索研究育人为本的具体实践指明了方向，为此需要我们进一步做实做好。

一、“三全育人”实践中的成效和差距

近年的实践育人过程中，三育人往往为人们所称颂，然而各方对其初始和具体含义的理解不尽相同。[①] 从各个学校的具体情况看，“三育人”主要

① 李海林：《“三育人”概念的内涵与高等教育的使命》，《江苏高教》1996年第5期。

是指教书育人、管理育人、服务育人，许多学校为此还开展了“三育人”先进集体和个人的评比，如金华职业技术学院、浙江金融职业学院每年都有“三育人”三十佳评比，有时还细分为优秀教师、优秀教育工作者、优秀班主任（辅导员）等具体奖项。“三育人”要求从单一的教师育人，发展到要求管理干部和后勤全都投入到育人工作中去，强调了主体多元或者说全员育人，应该说是一个大的进步。

另一方面，各高等学校都在围绕育人为本进行了更加广泛的探索和深入的研究，其内涵从全员育人逐渐发展到全过程（程）育人，全方位（全面）育人，简称“三全育人”。[①] 应当说，“三全育人”较之“三育人”在时间、空间和要求上作了推进和深化，它将育人工作贯穿于人才培养的始终，延伸至学校工作的各个方面，突出强调全体教职员工都是育人主体，其意义是明显的，成效是显著的，是学校重视内涵建设的结果，也是学校工作的理性回归。但是我们必须看到，当前在探索“三育人”和“三全育人”过程中还存在着不少问题，主要表现在：

一是全员参与不够广泛。有些把岗位工作简单等同于育人，有些把教好书、做好事完全等同于育人，把育人工作等同于本部门工作，实际上窄化了理解。

二是全程育人设计不够科学具体。以为设计了一个人才培养方案和教学计划，完成了三年的教学课程安排，这就是全程育人，而没有从学生的心理特征、成长历程等角度科学精细地设计育人方案。

三是全面育人尚流于形式。许多工作各做各的，学校许多是为工作而工作，脱离育人需要或者与育人工作是两张皮，许多应该渗透和体现育人的环节把握不好。

因此，我们认为：育人为本，需要我们再加强，“三育人”要求我们更广泛，“三全育人”要求我们更深入，真正把育人为本的理念落到实处。

二、从“三全育人”到“六全育人”

近年来，我国各类高等学校在“三全育人”机制建设和开展“三育人”活动上取得了一定的成效，也存在着诸多不足，必须从机制上进行再创新，在工作力度上进行再增强。浙江金融职业学院在贯彻落实育人为本理念，推进“三全育人”机制建设过程中创造性地提出了“六全育人”机制问题，我们

① 于洪泽：《关于高职院校“三全育人”的思考》，《继续教育研究》2011 年第 12 期。

的具体思路是:

1.基础:夯实全心育人。全心育人要求学校党委、行政和全体师生员工牢固树立人才培养是学校第一职责,学校各项工作必须坚持以育人为核心、以教学为中心、以教师为重心、以就业为圆心,以企业为轴心、以市场为准心的思想,真正把全校师生员工的思想、精力和行动统一到育人工作中上来,凡事都以发挥育人成效来衡量、以育人为根本,尤其在财力投入、人力投入、精心投入上要给予充分的保障。

2.关键:抓好"三全育人"。全员育人、全程育人、全面育人是我们的传统优势,在新的历史条件下必须切实得到巩固并有所加强,具体说来:

(1)全员育人:参与更广泛。真正做到全体师生员工包括后勤服务员工、行政管理人员都把育人作为职责,而广大一线教师和辅导员、班主任更要以育人为根本任务。

(2)全程育人:设计更科学。高职学生学期较短,在校时间不到三年(大约在1000天),稍有放松,时间极易流失,因此,作为高职院校,必须事先设计,从学生入学那一刻起就开始进入育人环节,浙江金融职业学院近年推行的千日成长工程,以高职学生在校1000天为育人工作全程,安排以循序渐进的育人实践,其全程设计上具有很好的科学性和针对性。

(3)全面育人:行动上更主动。全面育人不仅是一句口号,更重要的是必须成为一个统一行动,全校上下、前后左右都必须以育人为根本,以育人为动力,以是否有利于育人工作开展和是否收到育人成效为衡量标准。

3.创新:重视面向全体学生,体现全体育人。高等职业教育是高等教育大众化的产物,往往存在着生师比大、教学条件欠佳、培养经费不足等矛盾,在这种情形下,如何贯彻好"一切为了学生、为了一切学生"的理念,就显得尤为重要,加之职业教育本身就是面向人人的教育,增强职业教育育人的全体意识就显得尤为必要,抓几个典型容易,出几个案例不难,关键在于全体,决不能让一个孩子落下,这是育人工作中必须树立和坚持的基本原则。

4.补正:重视校园环境和文化,体现全景育人。高等职业院校一般办学历史较短,而且近年来大多正在建设新校区或处在城乡结合部,学校周边环境和文化构成相对较为复杂,这是一个不争的事实,这就在很大程度上影响了育人的成效。当前,高等职业教育已进入内涵建设和提高质量的新阶段,学校大规模基本建设阶段基本已经结束,在这种背景下,各个学校应该投入足够的财力、物力和人力,建设一个人文化、信息化、园林化、国际化的校园环境,以体现环境育人的要求,其中既包括校内景观的美化,也包含周边环境的整治。由此我们认为，从当前和今后一个时期高等职业教育发展重心来看，以全心育人为基础，提升全员育人、全程育人、全面育人，创新全体育人、补正全景育人，构建起一个“六全育人”的新机制必将成为一个基本趋势。

三、“六全育人”机制建设中的关系协调

如上所述，高职院校构建一个全心、全员、全程、全面、全体、全景的育人机制是非常重要和必要的，而“六全”育人机制的全面实现和推进则有赖于具体环节和工作的设计和安排，尤其是必须协调好以下几对关系：

1. 教书与育人。学生以学为主、教师以育人为根本这是基本的教育常识，但是真正要做好这项工作则有相当的难度，教师在课堂内外一句不经意的话、一个不当真的动作、一个不恰当的比喻往往会在学生关注、传播、放大后对育人产生重要的影响。因此，把握课堂、重视课余、关注课外，正确处理好教书与育人的关系，真正把教书育人工作落到实处，是非常重要的，它需要细节、需要坚持、需要修养、需要淡定、需要坚定。

2. 党建与育人。学校是知识分子比较集中的地方，是培养社会主义现代化建设合格建设者和优秀接班人的重要阵地，在大学生中培养和发展党员，积极开展党建工作是各级各类学校党委的重要职责，而如何在党建工作实现育人的目标，实现“教育全体、培养多数、发展适量”的目标则是一门重要的艺术。通过党建工作，教育引导大学生牢固树立中国特色社会主义信念，增强对中国共产党的信任，对社会主义现代化建设的信心，意义重大，功在当前，利在千秋，必须做好。

3. 实践与育人。教学必须与生产实践相结合，是毛泽东主席倡导的教育方针的重要内容之一。今年，教育部等七部委以教思政〔2012〕1号文的形式下发了《关于推进高等学校实践育人工作的若干意见》，进一步强调了实践育人的重要性，明确了实践育人主要是渗透社会主义核心价值观念，贯彻向人民群众学习，从实践学习的优良品格，以实践性教学、军事训练的社会实践等为主要内容，这是对全员育人工作提出的新要求，我们必须把重视实践、把实践育人工作放在更加重要的位置。

4. 文化与育人。加强社会主义文化建设，是中央的号召和要求，党的十七届六中全会的重要主题就是推进社会主义建设大发展大繁荣，高等学校具有文化传承和创新职能更是胡锦涛在清华大学百年校庆讲话中提出的重要命题。因此，重视和加强学校文化建设，尤其是发挥校园文化在育人中的

作用显得尤为重要。对于我国近年来发展起来的高等职业院校，必须克服历史短、底子薄、文化弱的先天不足，着力加快制度文化、精神文化、行为文化的建设，注重校园环境文化的建设，更为迫切。

5.环境与育人。建设一个更好的有文化品味的校园环境和周边环境不仅是全景育人的要求，更应当成为我们必须倡导和利用的育人工作重要载体。通过各种物化和文化的环境建设，支持和促进育人工作的更好开展，实践证明是有成效的，如浙江金融职业学院在新校区建设中结合了诚信明理、笃行的学风要求，在物化环境中建设了诚石(实)、信玉(誉)、诚信大道，建有诚信讲学堂、明理报告厅、明理读书亭、笃行桥、笃行创业园等，应该说把育人理念与环境建设融于一体，易懂易学、感受感悟，收效很好。

6.校友与育人。校友是学校的育人成果，也是学校重要的品牌和资源，学校工作的水平和成果大多在校友身上得到彰显，校友对传承文化、教书育人具有很强的影响和作用，因此，校友工作不仅仅是人心汇集工作、资源积聚工作，更是育人工作，它既是学校育人工作的延伸，也是育人力量的重要组成部分和重要的育人环节。通过学生访校友、校友回课堂，通过校友上讲坛、校友回母校，渗透出育人的文化和品位，处处体现出育人的思想风范和实践行动，应该成为育人工作的重要平台。浙江金融职业学院近年来着力于建设诚信、金融、校友三维文化育人体系，其中以校友会为例，学校以“关注每一位校友”为宗旨，以“汇集校友力量、助推母校发展、促进经济繁荣”为理念，以“巩固老校友，开发新校友，重视成就校友，关注弱势校友”为方针，以每年3月初第一个双休日的校友登高文化节，以每年11月初第一个双休日及校友文化育人日为重要载体，促进了校友与育人工作的有机结合，收效明显。

四、“六全育人”机制建设中的实践载体设计

“六全育人”，既是一种理念，也是一种文化；既是一个目标，也是一个号召；既需要制度设计，也需要载体跟上，除了前面所述的六环节支持以外，更需要宏观、中观、微观活动的支持，以浙江金融职业学院为例，其支持拓展平台系统至少有：

1.学生千日成长工程为总抓手。学校根据高等职业教育学制的实际情况，设计了千日成长工程，以大约1000天的时间为蓝本，以贯穿全程育人为主线，综合面向主体、发动全员、涵盖全面、辅之全景的育人工程，彰显了学校全心全意育人的理念和决心。

2.学生素质教育平台和课堂。学校先后成立以订单培养为载体的银领学院，积极开展学生职业素质培养；创设明理学院，着力明事理、明情理、明学理为主要内容的人文素质课程教学；创设公民素质教育学院，着力加强对青年学生的社会主义核心价值、社会主义法律意识和社会主义公共道德教育；同时创设淑女学院、国际交流学院和创新创业学院，重视对女学生才艺特长、国际化文化交流、创业能力等素质的培养。

3.校园文化活动。学院鼓励和支持学生在教师指导下建立一系列与素质教育、专业学习、能力培养、才华特征、兴趣爱好相关的上百个社团，每个社团都配有指导老师，给予一定的经费，以支持学生培养能力、发挥特长、锻炼成才，尤其社团指导老师工作量补贴和业绩考核奖励制度应该说成效非常明显。

4.千名学生访校友活动。2300校友文化活动是学校文体建设的重要载体。所谓2300就是千名学生访校友、千名校友回课堂、百名校友上讲台、百名校友话人生、百名教师进企业，开展学生访校友，既是全校友文化的重要组成部分，也是学生社会实践的重要载体，多年实践、行之有效，但对学生了解社会、了解历史、了解岗位、了解行业、了解职业意义重大，影响深远。

5.创新创业教学实践活动。学院按照办好专业、强化职业、注重学业、重视就业、鼓励创业、成就事业的"六业贯通"人才培养理念，在重视并不断加强就业教育、就业指导和就业帮助的同时，积极开展创业教育，建立笃行创新创业教育学院，按照"创业通识教育全覆盖、创业课程模块一部分、创业实践试水一定量"的原则，既营造创新创业光荣的风尚，也推广创业知识的学习，也鼓励一部分同学投入创业实践，收到了一定的育人效果。

6.以银领学院为平台的订单培养。银领学院是颇具浙江金融职业学院和高职办学特色的实践创新，它以"订单培养为始点，以开放办学为特征，以优质银领为目标，以校企合作为平台，以双师结合为载体，以工学结合为抓手"，从三年级开始，将面向银行(金融)系统的订单培养为集合在一起，通过学校与合作金融机构全方位合作，开创了合作育人的新路径和新平台，真正实现了办人民满意高职教育的自我追求。目前，接近学校全部毕业生的50%左右的学生采用订单模式培养，既解决了学生顺利就业、对口就业和优质就业的需求，同时也在全国范围内产生了广泛的品牌影响。

总之，"六全育人"是一种理想、一种要求、一个目标，它的实践才刚刚开始，需要我们不断深化、不断创新、不断加强，不断赋予新意。

第八章

素质教育:高职教育可持续发展与素质教育体系构建

第一节　全面推进素质教育　促进高职学生健康成长

教育是培养人的活动。强化素质教育,正是基于对传统教育误区的反思而倡导的一种教育改革,以期回归教育的本质。① 高职院校要坚持以人为本,全面而有效地推进素质教育。

一、基于高等教育的类型定位呼唤素质教育实施

近年来,我国高等职业教育在国家示范性高等职业院校建设等项目的推动下,做了大量富有成效的工作,社会吸引力和美誉度不断增强。然而,高等职业教育虽然取得了巨大成就,但在教育观、质量观、成才观方面仍存在一定偏颇,与素质教育有所偏离。②

(一)重"技能"轻"人文"的教育观仍广泛存在

进入新世纪,在对高等职业教育应培养什么人的问题进行深刻反思的过程中,加强高职学生人文素质教育、促进人的全面发展的教育观念逐渐成为共识。但是,许多高职学校至今尚未能够将人文素质教育落在实处,取得实效。究其根由,主要是囿于主客观两方面因素的制约。

1. 主观方面,思想观念上存在模糊认识。一是没有完全认清就业导向与素质教育的相互关系。高等职业教育要坚持就业导向,这是确定不移的。但怎样才是坚持就业导向呢?天津职业大学通过对天津大型企业的调研发现,在毕业生所需知识、能力与素质指标重要性排名中,业务能力只列第 6

---

① 刘芳:《人文素质教育的历史和反思》,《高教探索》2012 年第 5 期。

② 李仁平:《"后示范"时期高职素质教育的体系化构建》,《学校党建与思想教育》2012 年第 27 期。

位，企业最注重的是员工的敬业精神、负责态度、行为习惯等素质。基于社会选用人才和评价人才的标准视角，高等职业教育在强调技能的同时，更应重视学生综合素质的全面培养。重视学生综合素质的全面培养，才是真正坚持就业导向。二是没有完全认清素质教育的目标是什么。教育作为培养人的一种社会活动，既要体现社会的要求，又要促进人的身心发展，它是一个系统的活动过程。高职学校的学生要全面发展，在实现人生自我价值的同时实现人生的社会价值。高等职业教育要从社会的需要出发来解释素质教育，从人的发展角度来探讨素质教育的含义。

2.客观方面，运行机制不够健全完善。高职学校要从本校的生源特点、人才培养定位和学生的未来职业要求等实际出发，创建有效的素质教育载体，完善素质教育机制，在素质教育的内容、学时、学分、运行机制等方面做出切实可行的探索与实践，从而使学生的潜能得到发掘，特长得到锻炼，兴趣得到培养，在课堂内外、校内校外的专业学习、人文研习、工学交替、顶岗实习等各个教学环节都获得润物无声的素质教育。

（二）重“人才规格”轻“个性培育”的质量观仍客观存在

高职学校要办好学，办成一所人民满意的高职学校，必须有科学明确的人才培养目标。这个目标的规格往往是知识水平和专业水准。教师的教和学生的学达到了预期的“人才规格”的要求，就被认为是好的教育。这种质量观极易导致知识性教育和专业性教育的绝对化，而这种绝对化恰是与素质教育相背离的。固然，社会、企业对其成员在质量规格的需求上有统一标准；我们的教育要促进受教育者的社会化，就不能没有统一要求，这应当说是正确的、合理的。但统一的人才规格并不等于人才培养的单一化，不等于排斥个性的自由发展。我们的教育要尊重学生的主体地位，爱护学生的独立人格，承认学生的个人价值，使学生能生动活泼地主动地得到发展，而不是墨守成规、不思进取。

（三）重“优质就业”轻“低薪体劳”的成才观仍现实存在

高职学校追求学生的“优质就业”，“优”即“二高”：工作起点高，经济收入高，社会地位高。实现了“优质就业”，是学校值得骄傲的办学成绩，必然为学校赢得更高知名度和美誉度。但从成才观的角度来看，“优质就业”的提法未免失之偏颇。高等职业教育要促进学生人人成才，就不应当完全用经济收入和所谓的社会地位来衡量学生成才与否。从根本上来说，这是成才观陷入误区的种种表现。以“优质就业”为旗号的成才观既容易促使学生

“眼高手低”，自我认知不准确，白白追求与自身能力和水平不相符合的职业和职位，造成“就业难”，同时，也容易滋长追求实惠、缺乏艰苦创业精神、不愿做普通劳动者的不良风气。人的成长因素有所差异，也就有了高级人才，中、初级人才，脑力劳动为主的人才，体力劳动为主的人才等差别。人尽其才，各得其所，无论于个人还是社会，都将是十分理想的境界。

二、基于高职教育的双重属性界定素质教育内涵

素质教育是一种教育思想，一种教育状态，更是一个教育过程和自身内涵嬗变的过程。高等职业教育作为高等教育的重要组成部分和职业教育的高端层次，在素质教育中要始终把握其高教性和职教性的双重属性，有针对性地界定其素质教育的内涵。①

（一）高职素质教育的内容

素质教育作用于人，一方面增益、完善人的思想、知识、能力、身体、心理等品质；另一方面唤醒人的先天素质，激发人的潜能。在内容方面要突出遵循我国教育为本、德育为先的教育方针，把思想政治教育作为高职素质教育的灵魂，教导学生以热爱祖国为荣，增强学生政治参与意识和能力；遵循高职教育的职教性，把创新和实践教育作为高职素质教育的重点；遵循高职教育的高教性，把终身学习的能力、习惯和方法作为高职素质教育的根本。同时，将知识、能力、素质的教育贯穿于高职教育全过程，增强学生的岗位适应和迁移能力，促进人的全面发展。②

具体地说，知识方面，促进学生专业知识的精进和文化知识的丰富；职业能力方面，提高学生基本岗位技能和沟通能力、判断能力、解决问题能力、合作能力等核心职业能力，以及人际交往能力、抗挫折能力、竞争能力、创新能力等综合职业能力；职业素质方面，培养学生爱岗敬业、诚实守信、服务群众、遵纪守法等基本职业节操和修养，形成高度的责任意识、积极的职业态度等优秀的内在职业品质。通过教育，使学生获得知识增长和能力提高的同时，获得身体的强健和人格的完善，获得对自我的客观认知和悦纳，对企业和社会的必要认知和理解，使学生既有求职就业的生存能力，也有提升自我和完善自我的发展潜质。

---

① 刘楚佳：《目标、体系与策略：高职院校推进文化素质教育的思考》，《黑龙江高教研究》2012 年第 9 期。

② 黎君：《素质教育的缘起、内涵及构成要素论略》，《南京师范大学学报》2003 年第 3 期。

(二)高职素质教育的原则

其一是因材施教,长善救失。《学记》中说:“教也者,长善而救其失者也。”瑞士教育家裴斯泰洛齐(J. H. Pestalozzi)认为:“教育的目的在于发展人的一切天赋力量和能力。” 就我国高等职业教育的生源实际来看,主要是“普高”生和“三校”生(中专生、职高生和技校生)。而普高生中的部分学生是因高考成绩失利才进入高职学校的。总体上,高职学生的知识基础较薄弱。其缘由无外乎智力因素和非智力因素,但更多的属于非智力因素。针对部分智力偏低的学生,要着重增强其自信心,坚定其恒心。对部分智力正常却学习结果不理想的学生,要着重教导其进取心,激发其完善自我、发展自我的心理需求,磨砺其意志,塑造其人格。

其二是人的全面发展与社会性相统一。培养学生成长为对社会有用的人,这是教育的社会性。同时,要培养学生的独立个性,增强学生的主体意识,使学生的个性自由发展,具有开拓精神、创造才能,提高学生的个人价值。全面发展即是个人的全面发展;全面发展的过程,即是个人的个性形成过程(这种个性化,必须是与社会同向的个性化)。独立个性的发展,将成为学生责任感、使命感、事业心、创造性的源泉。

(三)高职素质教育的实质

素质教育实质上是爱的教育。首先,作为教育工作者要拥有爱的原动力。教师要热爱教育事业,才能在工作中充满激情和活力,焕发精神,追求卓越。教师要关心关爱学生,才能用心了解学生,从学生实际出发,在教学中尊重每个学生,关注每个学生,发挥教师的主导作用,因材施教,因势利导,丰润学生心灵,提升学生素养。基于爱来组织教学,就不会拘泥于既定的教学程式,就会让教育过程随学生而动,把教学开展得生动丰富,带给学生愉悦,带给学生思考,带给学生品位,使学生有思考、有体验和感悟。兴趣获得激发,特长获得展示,能力获得锻炼,不断实现对自我的超越。其次,教育的深层次目的,是培养学生拥有爱的能力。学生在成长过程中逐渐懂得爱,拥有爱心、爱国、爱家、爱人、爱己、爱生命、爱自然。在增长知识和才情的过程中学会爱,拥有付出爱的能力、感恩、关怀、悲悯、包容、善于为他人着想。这样的学生,必定是全面发展的人,必定是对社会有用的人。

三、基于高职教育的质量提升构建素质教育体系

全面推进素质教育,是我国教育事业的一场深刻变革。高等职业教育

要深入推进素质教育,需要进一步完善素质教育的导向机制、保障机制和评价机制,构建富有高职教育特色的素质教育体系。[①]

(一)导向机制

政策导向。将加强素质教育作为一种重要的办学思想和办学要求纳入到高职学校的政策文件之中,并坚持在全校范围内进行广泛而持久的学习、领会文件精神和贯彻落实文件要求的相关活动。通过政策导向加强广大师生对素质教育重要性的深刻认识。

宣传导向。加强文化建设,把素质教育含蕴于校园文化之中,是高职院校素质教育体系的重要环节。浙江金融职业学院从人才培养的高素质、技能型金融人才的职业属性和职业品格出发,兼容大学精神的理想色彩,以金融文化引导人,强化职业意识;以诚信文化塑造人,养成职业品德;以校友文化激励人,升华职业精神,形成了"三维文化"育人体系。

示范导向。树立优秀教师典型,优秀学生典型,在广大师生中宣传优秀教师先进事迹和优秀学生先进事迹,以典型示范的作用引领尚德、精业、爱生的优良教风和勤奋、明理、笃行的优良学风,激发广大师生提高素质、完善自我、乐于奉献的主体意识。

总之,通过多方位的素质教育导向,促使广大师生形成科学统一的素质教育理念。一是双"重"观念,既重技能也重素质。把握好二者在人才培养方案中的地位和作用,处理好二者之间的相互关系,在转变"轻人文"的过程中防止矫枉过正,避免出现对技能重视不够的情况。二是爱生观念。爱是授之以渔的爱,是让学生经风雨见彩虹的爱,是引领学生走向成功人生的爱。

(二)保障机制

制度保障。制定相应的素质教育工作制度、组织制度、奖惩制度等,将素质教育制度化,素质教育在学校教育中的地位和作用就不会因校领导的改变而改变。健全完善的素质教育制度,有助于建设一支高素质的教师队伍,有组织有领导,有核心凝聚力,有团队协作精神。将素质教育真正落到实处,就不再只是一种理想。

载体保障。搭建素质教育平台,能够使素质教育的课程设置、教学组织和管理等素质教育目标和任务的落实有所依托。我们以分段和分类培养为

---

① 段志坚:《关于高职学生素质教育体系构建的研究》,《中国职业技术教育》2012年第24期。

特色，创建了明理学院、淑女学院和银领学院三个素质教育平台。“明理学院”着重于学生人文素质和人文精神的培养，而向全校年级学生开展明德理、明事理、明学理、明情理教育，教育学生学会做人、学会做事、学会学习、学会关心；“淑女学院”着重于女生才艺特长和淑女气质的培养，培养科学知识求真、道德修养扬善、艺术才情唯美的现代优秀职业淑女；“银领学院”着重于学生职业素质和核心职业能力的培养，通过学校和金融企业共同实施订单教育，为基层一线培养高素质技能型专门人才。两个多元开放的办学平台，为学校素质教育和人才培养积淀了雄厚的实力基础，在促进学生人人成才方面发挥了重要作用。

（三）评价机制

对教师教的评价。可以划分为 3 个层次较好完成基本教学任务，在教学中能够融入思想、道德、企业文化、社会心理等素质教育的内容，增强教育的渗透性；自主关爱学生进步，关心学生就业，关注学生困难，桃李不言，下自成蹊。将“三关”作为学校“生评教”工作的一项指标，必将有助于促进和谐师生关系的生成。

对学生学的评价。一方面是全方位评价，在侧重知识、技能的传统评价的基础上，开展对学生的思想、行为、知识、能力的全面评价。另一方面交错评价；对学生的评价从纵向、横向两个角度进行评价，不仅要进行横向评价，也要进行纵向评价。横向评价是基于人才培养规格来进行的，是学校教育的必然要求；纵向评价是基于学生自身的成长进步指数来进行的，这是增设的评价项目，其意义在于激发学生向上的动力，增强学生的自信心，明确发展的方向。

第二节　积极构建富有高职教育特色的素质教育体系

积极构建有中国特色的素质教育体系，不仅是教育学上的重要命题，更是各级各类学校的当然使命[①]。高等职业教育作为我国高等教育的新类型，其主要任务是培养生产、建设、管理、服务第一线的高素质技能型人才，必须坚持以就业为导向，以服务为宗旨，走产学研相结合的发展道路。当前，关于高职要不要抓素质教育的问题，支持肯定意见者居多，但是围绕如

---

① 周远清：《在更高层次上推进人文素质教育与科学素质教育的融合》，《中国高等教育研究》2010年第 7 期。

何抓素质教育,特别是构建有高职特色的素质教育体系,仍存在诸多分歧[1]。大量实践表明,职业教育不仅要重视技术和能力,更加要重视素质教育,后者对学生初次就业和岗位发展发挥着不可替代的作用。因此,从高等职业教育的生源、学制、专业等特点出发,积极实施素质教育,已成为新历史时期高等职业教育内涵建设的重要课题,对高等职业教育可持续发展亦将产生积极影响。

一、推进素质教育是高职坚持就业导向、促进学生就业的重要保障

高等职业教育既是高等教育的重要组成部分,也是职业教育的高端层次,具有高教性和职教性的双重属性。高职教育的主要任务是培养生产、建设、管理、服务第一线的高端技能型人才,为了实现这一目标,高等职业教育必须坚持开放开门办学,坚持以就业为导向,推进教育教学改革,提倡合作办学、合作发展、合作育人、合作就业。《国家中长期教育改革与发展规划纲要》(2010—2020年)明确以校企合作、工学结合、顶岗实习作为高职教育的人才培养模式,进一步阐明了高职教育的类型特色。近年来,整个高职教育战线,坚持以服务为宗旨,做了大量积极而富有成效的工作,尤其在国家示范性高等职业院建设过程中,各高职院校以专业建设为龙头,深化教育教学改革,加强师资队伍建设和校内外实训基地建设,建立健全校企合作体制机制,推动高职毕业生就业率明显提高,就业质量明显改善,社会吸引力和美誉不断增强。

在肯定高职教育近年来取得巨大成就的同时,我们也无法否认,目前整个高职教育战线无论是领导干部层面还是教师学生当中都不同程度地存在着功利化倾向,重职业轻教育、重技能轻素养的思想比较普遍。北京联合大学高等技术与职业教育研究所2011年发布的《中国高等职业教育课程改革状况研究报告》显示[2],只有8.5%的高职毕业生认为职业态度与素养是现在工作岗位最需要的能力,列所有调查选项中的最后一位。另据天津职业大学通过对天津大型企业的调研发现,在毕业生所需知识、能力与素质指标重要性排名中,业务能力只列第6位,企业最注重的是员工的敬业精神、负责态度、行为习惯等素质。事实表明,凡是在岗位上发展比较顺利,发展比较快、比较好的毕业生,除了初始具备较强的动手能力外,积极乐观的人生

---

① 傅禄建:《我国素质教育政策及实践反思》,《教育发展研究》2011年第11期。

② 鲍洁主编:《中国高等职业教育课程改革状况研究》,中国铁道出版社2011年版。

态度、敬业爱岗的行为习惯、和谐畅通的人际沟通能力非常突出，对其职业生涯发展具有根本性的决定作用。因此，高等职业教育虽定位在培养高端技能型人才上，但是这里的高端不单单指技能高、收入高、地位高，更加是指高职教育在文化知识的积淀、诚信人格的塑造、职业态度的确立、为人处世的原则要求上高于一般职业教育。

正是基于以上的认识，我们认为，大力推进高职素质教育，培养素质全面的高职学生不仅不会与高等职业教育的就业导向产生冲突，相反会对实现学生顺利就业，尤其是优质就业和可持续发展具有重要的促进作用。高职强调就业为导向十分重要，培养生产、建设、管理、服务第一线培养的业务操作能力和岗位动手能力十分必需，这是学生顺利上岗，实现就业的优势所在和基本前提，但是我们在鼓励高职毕业生成为业务能手、岗位标兵、首席工人的同时，必须研究和关注学生的转岗可能和持续发展问题，重视学生全面素质的培养，积极开展素质教育，这是内涵发展阶段高职教育改革的必由之路。

二、遵循高职教育特征，研究高职院校素质教育定位

与欧美国家近年来重视博雅教育以及我国台湾地区重视通识教育相比，我国自华中科技大学推行素质教育影响全国开始，历时已十七年的，时间不长且其主要侧重在文化素质教育。高等职业教育作为高等教育的一个类型，与普通高等教育尤其是“985”、“211”等研究型大学在办学定位上有较大差别，人才培养的素质定位、能力定位、文化要求也会相应不同，因此，高职院校开展素质教育应当从自身特点出发，研究确定符合高职类型特征的特色定位。浙江金融职业学院近年来以健康、快乐、成功为理念，以千日成长工程为抓手，追求三个课堂有机协调，三个学院各具特色，明确了自身素质教育的定位。具体而言：

1. 以三年学制为前提。在我国，目前高等职业教育暂定为专科层次和三年学制，三年学制是培养时限的规定，应当成为我们设计素质教育养成体系的前提。重点是在既定的时限条件下正确处理好全国统一的思想政治教育课程、军事体育课程和高职特点的外语教学、专业基础、专业核心技能课程、顶岗实习、社会实践与调研、等级证书考核与技能训练等之间的配比关系，当前比较可行的做法是以专业课程为贯彻始终的主干，分阶段、有侧重地增加素质课程，具体的课程编排应体现不同学校的专业布局，不宜作统一的量化要求，同时照顾专科学生的适应性能力，不宜施加过多的学理要求。

2.从专业分析着手。普通本科高校强调学科建设，高等职业教育则强调专业建设。不同院校、不同地域、不同专业具有很大的实践差异，每个地区、每个行业也有不同的文化底蕴，如主要与机器打交道的数控模具类专业与主要与人打交道的财经营销类专业，其专业要求就差异很大，因此在拓展其素质教育时应当有所侧重，“增其所长，补其不足”，重点在研究其专业特性与个性，尊重不同专业的文化传统与素质要求的差异性，实施对口素质教育。

3.抓住主线形成核心。素质教育是一个大概念，包含着丰富的内涵和广博的外延，素质教育的作用是潜移默化，其影响重在长远，正所谓“百年树人”。但是作为学校教育的时限规定和专业要求决定高职院校开展素质只能是抓核心、抓关键、抓基本点，其现实任务是矫正或弥补过去专业教育的缺陷或不足，确保高职学生由普通高中生到职业人的成长所需，在此前提下力求兼及长远、影响一生。同时，必须让每位学生有广泛的可选择性，注意点和面的结合。

三、把握高职学生特点，明晰高职院校素质教育内涵

在明确高职素质教育定位的基础上，学院依据学生特点和成长成才需要，确定素质教育内容和重点，同时贯彻素质教育理念，确定素质教育途径和方法，努力将素质教育落在实处。

1.把握素质发展的需要。学院通过与麦可思公司合作、专家咨询和多方交流等途径，获取社会选用人才和评价人才的标准，做出人才需求动态走向的学理性和逻辑性判断，形成提高人才培养质量的思路和举措。调研结果显示，沟通能力、服务能力、学习能力、理解能力等职业能力和诚实守信、爱岗敬业等职业品质对学生就业和发展十分重要。

2.明晰素质教育的内涵。素质教育包含思想道德素质、身心素质、专业素质、知识素质、创新创业素质五个方面。在人才培养中，既重视学生的职业技能训练，也重视学生的职业意识和核心职业能力培养，着力增强学生的岗位适应和岗位迁移能力；既重视学生的科学文化知识习得，也重视学生的思想品德修养和身体心理健康，着力提升学生的人文素养和可持续发展能力。

3.确定素质教育的理念。一是突出学生主体性。基于学生个性特征和个体差异，因材施教，因势利导，使学生有思考，有体验、有感悟，提升学生素养，丰润学生心灵，实现对自我的超越和个性化发展，增强可持续发展能力。

二是强化爱的原动力。素质教育本质上是爱的教育。基于爱来组织教学，用心了解学生，尊重并关注每一个学生，唤醒学生的先天素质，激发其潜能；增益、完善学生的思想、知识、能力、身体、心理等品质。

四、整合“三个课堂”，强化综合素质培养的育人阵地

第一课堂以课堂理论教学为主，第二课堂以课外学生社团活动为主，第三课堂以校外专业实习和社会实践为主。浙江金融职业学院把第二、三课堂的相关内容纳入到学生教育的整体计划之中，将第二、三课堂作为相对独立的大课堂来建设，使之成为第一课堂的必要延伸和有益补充，使学生得到多方面的能力锻炼和素质提升。

1.第一课堂重教学质量，探索素质教育与专业教育相融合的教学路径。第一课堂以专业知识教育、通识教育和思想道德教育为主，通过开设相关课程，培养学生的职业素质和职业精神、人文素质和人文精神、科学素质和科学精神，使第一课堂成为学生增长文化知识、提高理论修养、兼具德才品质的主要途径。坚持课程建设和教学改革，积极探索素质教育与专业教育相融合的教学路径。

2.第二课堂重丰富多样，搭建学生展示自我、提升自我的活动舞台。第二课堂由院团委负责管理，力求内容丰富，形式多样，激发学生创新能力，增强学生组织能力和人际沟通能力，培养团队协作精神，塑造完善人格。开展有利于学生专业深化、品德优化、能力强化、形象美化的各项社团活动，还专门设计和开展了“千名学生读万卷书”、“千名学生行万里路”、“千名学生访万名校友”、“千名学生写万封书信”、“千名学生评万象风云”、“千名学生传万句箴言”等六个千万活动，促进学生多读书、多实践、多思考。

3.第三课堂重贴近实际，策划拓宽眼界、知行合一、关爱他人、奉献社会的实践主题。第三课堂活动内容包括学生的专业实习(认知实习、专业实习、顶岗实习)和思想政治理论课的实践性教学等。一是牢牢把握实践主题的时代性，引导学生关注中国特色社会主义发展的重大理论和实际问题；二是探索形成素质类课程与专业教育在实践基地与实践机制上的一体化。

五、提升“三个学院”，完善类别素质教育的“大本营”

大本营，指战争时期统帅的指挥机关，泛意指活动的策源地。素质教育的大本营，即对高职院校课程设置、活动目标与计划、教育资源等进行统筹规划和安排的机构。浙江金融职业学院作为一所三年制的高职院校，立足

于"职业人"和"社会人"的培养,创建了明理学院、银领学院和淑女学院,确立了学生素质培养的阶段性目标和重点,构筑起三个素质教育大本营。

1.明理学院:突出人文素质和人文精神培育。明理学院面向全校一年级学生开展明事理、明学理、明情理教育,培养具有人文精神、创新精神和实践能力的金院学子,促进学生全面和持续发展。这种功能的实现主要基于三个方面:一是组织机构有利于整合力量,凝聚资源;二是明理教育目标明确;三是运行思路清晰。明理学院抓教育时机,强化新生始业教育和一年级的基础性素质培育;抓教育关键,完善素质类课程体系;抓教育过程,促进素质教育与专业教育相融合;抓教育实践,采取"1+1+X"的教育架构,开展文明修身系列活动。

2.银领学院:突出职业素质和核心职业能力培养。银领学院以服务为宗旨、以就业为导向,是面向基层一线培养高素质技能型专门人才而独立设置的二级学院。其培养对象是在完成一年级明理教育和二年级专业教育并自主选择申请接受订单培养的全日制在校学生中经由金融企业和学校共同选拔而确定的,通过学校和金融企业联合设计人才培养方案,共同实施教育,使学生成长为符合金融企业岗位需求的优质"银领"。银领学院由浙江金融职业学院和金融机构共同组建,机构建制占领职业素质培养先机。人才培养中以"双师"团队为依托,以工学结合为载体,实行"职业化教育、员工化管理"的学生管理机制。

3.淑女学院:突出女生才艺特长和淑女气质培养。淑女学院以全日制在校女生为培养对象,通过开展"春意、夏梦、秋思、冬悟"四期女性教育课程,以及生动的网络课程和全真的实训课程,倡导内外兼修的理念,从内修、外塑、才技三个方面,增强女生的内在修养、气质形象、才情才干,帮助女生成长为职场成功、家庭幸福、社会欢迎的自尊、自信、自强的现代优秀职业淑女。

一个有高职特点和学院特色的素质教育体系的建立和实施,促进了学院以就业为导向的教育教学改革的深入,也大大提升了学生素质、服务及能力。据麦可思调查,浙江金融职业学院毕业生起薪率、校友对母校认同度、校友对母校推荐度均位居全国高职院校前位。在今后一个时期,学院将认真贯彻党的十七届六中全国精神,不断在深化公民素质教育、创新创业教育和国际文化教育等领域采取新的措施,谋求更大的成效。

第九章

实践育人:高职教育可持续发展与实践育人体系的构建

第一节 全面正确认识和把握实践育人

为全面贯彻落实《国家中长期教育改革发展规划纲要》(2010—2020)和胡锦涛总书记2011年4月24日在清华大学百年校庆庆典上的重要讲话精神。教育部、中宣部、财政部等七部委近期印发了《关于进一步加强高校实践育人工作的若干意见》,这是继中共中央、国务院《关于深化教育改革全面推进素质教育的决定》和《关于加强大学生思想政治教育若干意见》后出台的又一育人工作重要文件,《意见》系统阐述了新时期高等学校推进实践育人的主要工作和组织方法,明确了各类学校开展实践育人工作的主要任务,必将对全国高等学校强化实践育人意识,构建实践育人体系产生重大而深远的影响。

一、高等教育大众化与实践育人的重要性

高等教育大众化阶段,由于人才供给的类型、层次、结构日趋多样化,因此,实践育人的重要性更为突出,其原因主要表现在:

第一,在精英教育阶段。高等教育的人才培养目标主要以科学发现、科学研究、知识传承、知识创新人才为主,在这种情况下,实践在人才培养过程中虽然十分重要,但由于人才的出路等原因,相对而言,实践的重要性显得不是十分突出和强烈。

第二,在高等教育大众化阶段。由于高等教育育人工作的重心发生了变化,育人工作目标呈现出多样化趋势,培养面向生产、建设、管理、服务第一线的应用型人才成为高等教育的重要目标。在这种背景下,加强实践教学、强化实践育人、增强学生实践意识和能力就显得十分重要。

第三,随着进入高等教育大众化的不断深入,整个高等教育的入学率进一步提高,高等教育的结构进一步优化和调整,出现了一大批直接面向县域、面向基层、面向中小企业的应用型乃至技术技能型教育。新建本科教育和高等职业教育比重越来越大,这类教育直接以学生实践能力为主,自然,更应重视和加强实践育人工作。

二、实践育人是一项带有革命性的教育理念变革

什么是实践育人,对这个问题认识并未统一和明确,也有不同视角。有人把实践育人作为教学的一个环节,有人把实践育人作为理论教学的一个补充,有人把实践育人理解为第二课堂或课外活动。我们认为,中央提出加强高校实践育人工作,是带有理念革命的教育体系和模式改革,应该从更高的高度去认识:

第一,实践育人是马克思主义教育原理的基本要求。实践的观点是马克思主义的基本观点,马克思指出"全部社会生活在本质上是实践的"。实践是认识的基础,是获得知识的源泉,是检验真理的标准,在认识上处于优先地位,实践性是教育的本质属性。马克思主义教育观和我党的教育方针历来强调"教育与生产劳动相结合","知识分子与工人农民相结合","脑力劳动与体力劳动相结合"。《国家中长期教育改革和发展规划纲要》也明确要求"教育为社会主义现代化建设服务,为人民服务,与生产劳动相结合,培养德智体美全面发展的社会主义建设者和接班人"。正因为这样,我们应当从贯彻马克思主义实践观,落实马克思主义教育原理的高度去认识和把握问题。

第二,实践育人是大学生成才成长和发展的内在需要。大学生的成才成长不仅表现为知识结构的丰富和知识水平的提高,更体现为德智体美的全面发展,个性和特长的充分显现,体现为个人特长与社会的交融和统一,美国卡内基教育基金会也提出大学教育的效益直接与学生在校园内度过的时光以及学生参加各种活动的质量联在一起。我国多地的实践也证明,大学生只有在实践中才能了解社会、融入社会、增强社会责任感;只有在实践中才能巩固、检验、掌握所学理论知识;只有社会实践才能面对各种困难,积极运用所学理论知识,增强解决实际问题的能力。

第三,实践育人有利于培养大学生的品格。加强实践育人工作,并不是仅仅为了增加几次活动,一种方法或几门课程,而是一种理念、一种思想,包含在其中的潜台词是:通过实践,进一步增加尊重劳动、尊重创造的人生品

格，进一步增强尊重基层、热爱基层的思想基础，防止出现眼高手低、脱离实际、鄙视劳动的现象和思想在当代大学生身上流淌乃至泛滥。

三、加强实践育人的落脚点在于育人

七部委《关于加强实践育人工作的若干意见》强调了实践育人的重要性，并提出了明确的要求，我们认为，实践育人贵在育人、根在育人，实践活动、实践载体、实践形式可以多样丰富，但形式必须服从内容，活动必须服务于目的，我们要把全部实践活动落实到育人为本的理念和宗旨上去，必须正确处理好以下三个方面的关系：

第一，实践育人与价值观形成的关系。我们认为，中央提出加强高校实践育人工作，应该是新形势和新历史条件下，培养学生正确的人生观、世界观的重要路径，是促进学生形成社会主义核心价值理念的重要路径，它有利于学生增强向实践学习，向人民群众学习的理念，形成尊重劳动，尊重创造的观念，促进大学生健康成长。因此实践育人有利于学生正确价值观形成。

第二，实践育人与素质教育的关系。应该说，实践育人是推进素质教育的必然要求，它与我们提倡的素质教育在目标和导向上是完全一致的，加强实践教育和教学工作有利于促进学生正确世界观、人生观的形成，有利于提高大学生人生素质和道德规范，从而有利于提高教育教学质量和水平。

第三，实践育人与能力培养的关系。我们同样认为，加强实践育人工作，它有利于培养学生的业务动手能力，岗位适应能力和实践工作能力，而且，实践育人本身包括实践教学、军事训练和社会实践活动，两者完全是一致性，是正相关和互相包含关系。

第二节　高职院校实践育人现状与对策

一、重视实践和实践育人是高职教育的优势

高等职业教育作为高等教育的重要组成部分，兼具高教性和职教性，它以培养生产、建设、管理、服务第一线高端技能型人才为主要任务，因此，高职教育自其诞生之日起就自觉地将实践教育作为人才培养的基本定位。

1. 高职教育产生开始的一系列文件都强调实践性。就教育政策层面而言，教高〔2000〕2 号文件、教高〔2004〕1 号文件、教高〔2006〕16 号等纲领性文件均强调高等职业教育必须重视实践教学，重视校企合作、工学结合、顶

岗实习，要求实践性教学占整个课程教学的比重不得少于50%，要求每个专业必须建立1个以上的校内实训基地，要求高职院校必须建立有一大批校外实践基地，通过引企入校、建立虚拟工场、理实一体教室等途径来加强实践教学，积极营造良好的实践教学环境。

2. 高职教育也把双师教学团队建设放在首要位置。与此同时，为推进高职教育实践教学和实践育人工作的深化，从高职教育产生发展尤其是近十年间，教育部等主管部门一直倡导高职教育的教师尤其是专业课教师必须有行业企业经历，必须取得相关的资格证书。近年来，又强调必须聘请行业企业的业务行家、技术能手、能工巧匠为兼职教师，组建专兼结合的教学团队。为推动这一工作的深化，教育部还在评比教学名师过程中对高职名师的行业企业经历作了明确规定，许多省份实施了相对独立的高职院校教师职称评审办法，旨在解决双师素质、行业企业、经历等问题，其目的是推动教学的实践性。

3. 国家示范等项目建设突出了高职教育的实践性。从2006年开始实施的国家示范性高等职业院校建设计划，把实践性摆到了十分重要的地位，项目建设要求必须有行业企业参与，体制机制创新的重点是建立由行业企业参与的理(基)事会，提倡鼓励建立职业教育集团，专业和课程开发团队要由行业企业行家与学校教师共同(组成)并从岗位分析出发，课程建设的基本理念是基于工作过程和项目化设计。

在高职推进内涵建设过程中，举办课程建设、教材建设、教学团队建设等工作均十分注意聘请行业专家参与其中，以增强相关工作的实践导向。

正是基于以上判断，我们认为重视实践和实践育人，既是高职教育的传统，也是高职教育的特色，更应当成为高职院校大力推进实践育人的优势。

二、应该从更高层面上提高高职教育对实践育人的认识

重视实践育人，强调实践教学是高职教育的特色和优势。近年来，高职院校在推进实践育人方面作了许多有益的尝试，也取得了明显的成效，但是，我们也必须清醒地认识到，高职院校的实践育人工作，距离《实践育人意见》的最新要求还有很大差距，这主要表现在：

1.《实践育人意见》提到的问题依然存在。进入21世纪以来，学校实践育人工作得到进一步重视，内容不断丰富，形式不断拓宽，取得了很大成绩，积累了宝贵经验，但是实践育人特别是实践教学依然是学校人才培养中的落弱环节，与培养拔尖创新人才的要求还有差距。《实践育人意见》强调，要

切实改变重理论轻实践、重知识传授轻能力培养的观念，必须注重学思结合、注重知行统一，注重因材施教，以强化实践教学有关要求为重点，以创新实践育人方法途径为基础，以加强实践育人基地建设为依托，以加大实践育人经费投入为保障，积极调动整合社会各方面资源，形成实践育人合力、着力构建长效机制，努力推进学校实践育人工作取得新成效，开创新局面。这实际上是说，我们目前的状况还存在着重理论轻实践，重知识传授轻能力培养的观念。在学思结合、知行统一、因材施教方面还存在相当不足。

2.高职实践教学本身在形式和内容上还存在问题。事实上，回顾和反思高职实践性教学本身，我们也确实存在不少问题。比较突出的问题包括：

(1)实践性教学整体性设计不系统，存在着重复、脱节等矛盾。

(2)实践性教学与岗位和企业要求不贴切，乃至出现较大不相符的状况。

(3)校内实践性教学场所环境不逼真，技术手段和设备落后。

(4)实践性教学教师队伍缺乏，素质难以达到实践育人要求。

(5)顶岗实习缺少有效指导，甚至一定程度上出现放任自流情况。

(6)专兼结合教学团队有效组合难，高水平、稳定性高的兼职教师严重不足，缺少机制保障。

(7)校外实训基地教学功能弱，不系统、不全面等甚至教学功能缺少。

3.对实践教学和实践育人认识高度不够。从以往的工作来看，高职教学重视实践教学，主要是以围绕就业为导向，提高学生能力，学生毕业后工作的快速适应或零距离过渡着眼。但是在从全面贯彻落实党的教育方针，推进社会主义核心价值体系贯穿于国民教育全过程；培养当代大学生向实践学习，向人民群众学习作为成才成长的必由之路，从而不断增强学生服务国家，服务人民的社会责任感，培养学生乐于探索的创新精神，善于解决问题的实践能力，增强学生坚持理论学习，创新思维与社会实践相统一的习惯等方面，我们尚没有形成系统认识，明显看出高度不够，深度不及。

三、正确把握高职教育实践育人工作的总体要求

《实践育人意见》从不同角度对实践育人工作提出了总体要求，概括起来主要是：

1.把社会主义核心价值体系融入全过程。加强对当代大学生进行社会主义核心价值体系教育，是培养和造就新一代社会主义现代化建设可靠接班人和合格建设者的重要前提和有效途径。高等学校必须坚持用中国特色

社会主义理论教育武装学生,用邓小平理论、“三个代表”重要思想、科学发展观统领教学,注重马克思主义中国化,注重“八荣八耻”教育,培养学生的时代意识和创新精神。

2.培养学生向实践学习、向人民群众学习的品格。当代大学生大多出生于20世纪90年代且多为独生子女。因此,从小缺少劳动锻炼,过多课业考试负担过多,从书本到书本、从理论到理论比较典型,社会实践环节严重不足、身心和身体锻炼机会严重不够。在这种情况下,重视实践育人,不仅是简单地增加实践教学内容或是强调理论联系实际的方法问题,而是注重培养尊重劳动、尊重群众、尊重实践,向实践学习、向人民群众、向劳动者学习的态度和品格问题。

3.实践育人需要进行总体设计和系统规划。实践育人不仅是教育教学工作和育人工作的一个环节,育人为本、德育为先更是一个基本理念和制度体系,因此,需要进行顶层设计和总体规划,包括目标定位、推进时序、体制设计、机制保障、组织领导、经费投入、设施建设等等。此外,还需要把实践教学、军事训练、社会实践活动作为重点和主要内容,规定实践教学课时和学分。

四、重点保证高职教育实践育人的主要内容

《实践育人意见》明确指出,实践教学、军事训练、社会实践活动是实践育人的主要形式。根据当前高职教育的实际情况,我们认为:

1.实践教学:优势要保持。实践性教学是高职教学的传统优势。实践证明,实践教学是学校教学工作的重要组织部分,是深化课堂教学的重要环节,是学生获取、掌握知识的重要途径。结合专业建设和人才培养要求,分类制订实践教学标准,增加实践教学比重,加强实践教学管理,深化实践教学方法改革,重点推行若干问题、若干项目、若干案例的教学方法和学习方法,加强综合性实践科目设计和应用,加强创新创业教育,支持学生开展研究性学习,创新性实验,创业计划和创业模拟活动,提高实验、实习、实践和毕业设计效果。对此,我们以往的工作在提高科技含量,增强项目可应用性等方面还有大量余地,尤其是防止以简单的技能考证代替实践教学,以极低含量的活动代表实践教学。确保真正把高职实践教学课时达到50%的要求,切实提高第一课堂实践教学比重和质量,并扩大第二课堂战场,延伸实践教学的广度和深度,辅之以课堂融合技能大赛,挑战杯等。相信会收到更好效果。

2. 军事训练：弱项要提高。《实践育人意见》指出，组织学生进行军事训练是实现人才培养目标不可缺少的重要环节，各高校应该把军事训练作为必修课融入教学计划。军事技能训练时间为 2～3 周，实训不少于 14 天。要通过开展军事训练，使学生掌握基本军事技能和军事理论，增强国防观念，国家安全意识，弘扬爱国主义、集体主义和革命英雄主义精神。培养学生艰苦奋斗、吃苦耐劳的作风，增强军训实效。当前，各高校在开展学生军事训练时普遍存在不同程度的压时间、减项目的情况，人为地降低了军事训练要求。同时，各学校往往更注重增强学生遵守纪律的要求，对爱国主义、集体主义、革命英雄主义，国防观念、国家安全意识培育，军事基本技能和理论等缺少明确要求，今后应予以强化。

3. 社会实践：系统要设计。《实践育人意见》指出：社会调查、生产劳动、志愿服务、公益活动、科技发明和勤工助学等社会实践活动是实践育人的有效载体。各高校要把组织开展社会实践活动与组织课堂教学摆在同等重要的位置，与专业学习、就业创业结合起来，制订学生参加社会实践活动的年度计划，并具体要求高等职业学生不少于 2 周，一学期不少于参加一次社会调查，撰写一篇调查报告。对学生参加生产劳动、志愿服务、公益活动和勤工助学等活动要支持。目前，高职院校均有开展此类活动，问题是整体设计不够，鼓励倡导多而实际要求少，整体参与面仍然较窄，因此应着力改进顶层设计。

五、推进高职教育实践育人的主要途径

《实践育人意见》在统筹实践育人各项工作中，对推进实践育人的主要依靠力量和推进工作提出了明确要求，主要包括以下三个方面，即“两加强、一发挥”：

1. 加强实践育人队伍建设。关于实践育人队伍建设，至少包括：

(1)明确全体教师都要有实践育人的重要责任，实践育人，事事关己、人人有责。

(2)学校应制订相关政策，对教师进行教育和培训，鼓励教师增加实践经历，进行挂职锻炼等，以提高教师育人水平，承担实践育人要计算工作量。

(3)积极创造条件，聘用具有丰富实践经验的专业人才，拓展实践育人的范围，提高实践育人的针对性和有效性。

(4)要配足配强实验室人员，提升实验教学水平

(5)积极组织思想政治理论课教师、辅导员和团干部参加社会实践、挂

职锻炼、学习考察等活动。

(6)加强对实践育人队伍的整体设计和结构优化，提高实践育人的综合效能

2.加强实践育人基地建设。《实践育人意见》第10条明确指出，实践育人基地是开展实践育人工作的重要载体，应重视和加强。具体应包括：

(1)加强实验室、实习实训基地建设和实践教学共享共台建设，扩大面积，增加容量，改进技术，加强开放利用。为实践育人奠定基础。

(2)加强校外实训基地建设。通过校企合作、体制机制创新，通过校友会等途径进一步增加一批校外基地，要坚持开门开放办学，推进校外基地教学化，实现量和质的统一。

(3)积极联系爱国主义教育基地、国防教育基地、城市社区、农村分镇、工扩企业、驻军部门、社会服务机构等，建立固定基地，积极建好校外基地。

3.积极发挥学生主动性。学生是实践育人的对象，也是开展实践教学、军事训练、社会实践活动的主体，在实践育人中处于主体地位和发挥主体作用。为此：

(1)必须加强对学生参与实践的教育和引导，克服等、怕、懒的思想。

(2)必须建立和完善合理的考核激励机制。

(3)加大表彰和奖励力度，激发学生自觉性、积极性，真正把实践育人的先进人物和先进典型弘扬光大。

六、努力完善高职院校实践育人的保障体系

《实践育人意见》第三部分明确提出要切实加强对实践育人工作的组织领导。实际上指的是实践育人的保障体系，主要应包括以下五个方面：

1.形成工作合力。作为一项系统工程，政府各部门要形成合力，在各高校内部更要统筹兼顾，齐抓共管，形成合力：

(1)成立由主要领导牵头的实践育人工作领导小组。

(2)把实践育人工作纳入重要议事日程和年度工作计划。

(3)加强与企事业单位的沟通协商，为学生参加学习实训和实践活动创造条件。

2.加大经费投入。落实实践育人经费，是加强实践育人工作的重要保障和基本前提。包括：

(1)明确高校是实践育人投入主体，必须统筹安排好教学、科研等方面的经费，保证实践育人工作开展。

(2)新增生均拨款和教学经费要加大对实践教学、军事训练、社会实践活动等实践育人的投入。

(3)通过基金会、校友会等多种途径,广泛争取社会力量支持,多渠道增加实践育人经费。

3.加强考核管理。主要措施有:

(1)从宏观上看,教育部门要把实践育人工作作为对高校办学质量和水平评估考核的重要指标,纳入高校教育教学和党的建设与思想教育评估体系,并进行表彰和奖励。

(2)从微观上看,各学校要制订育人成效考核评价办法,切实增强实践育人效果。

(3)从根本上看,要制订安全预案,大力加强对学生的安全教育和安全管理,确保实践育人安全有序,万无一失。

4.加强研究交流。主要包括:

(1)及时总结推广实践育人成果,研究深入推进实践育人工作的思路举措。

(2)积极组织专家学者开展科学研究,不断探索实践育人规律,为加强高校实践育人提供理论支持和决策依据。

(3)实践育人重大问题研究应该不断加强,并应纳入统一规划。

5.强化舆论引导。主要措施有:

(1)广泛开展实践育人宣传活动,充分发挥各种媒体的作用。

(2)积极推广实践育人新思路,新做法,新经验。

(3)支持形成全社会支持鼓励大胆实践育人的良好氛围。

第三节　探索建立统分结合的高职教育实践育人体系

伴随着全国上下认真贯彻《国家中长期教育改革与发展规划纲要(2010—2020年)》的行动和高等教育领域全面提高教育质量的实践深入,教育部等七部委下发了《关于进一步加强实践育人工作的若干意见》,就推进高等教育实践育人提出了新的要求、做出了新的部署。从高等职业教育的实际出发,着力建设统分结合的高职实践育人体系不仅必要,而且可行。

一、发挥自身优势,在进一步加强实践育人上使力气

高等职业教育作为高等教育的新类型,其特征就是强调开放开门办学、

校企合作、工学结合和实践教学。实践教学、开放育人是高等职业教育作为一个类型的比较优势,无论是20世纪80年代掀起的短期职业大学还是后来兴起的“三教统筹”学校,甚至是大量从中职升格而来的独立设置的高等职业院校,都把实践教学作为特色和重点来抓。10多年来,关于高职高专教育的一系列文件都明确提出“高等职业教育要以服务为宗旨、以就业为导向、坚持走产学研相结合发展道路……实践性教学的过程应达到50%左右”,强调人才培养模式改革的重点是教学过程的实践性、开放性和职业性,强调顶岗实习不少于6个月,并大力鼓励推进订单培养、工学交替、任务驱动、项目导向、顶岗实习等有利于增强学生能力的教学模式,加强学生的生产实习和社会实践,强调高职教育教师队伍的双师素质和双师结构。所有这些都说明和证明,实践教学和实践育人是高职教育的传统优势和特色所在。

但是,我们必须看到,现实中的高等职业教育在实践教学和实践育人中存在许多不尽如人意的地方,不仅实践环节重视程度有待加强,实践方法有待创新,而且实践教学和育人活动密度和广度有待拓展,因此必须在进一步加强这方面的改进。

认识上进一步提高。对于实践育人的理解,不能仅停留在将之视为教育教学改革的一个环节、一个重要组成部分,而是应该上升到向实践学习,向人民群众学习的人才培养与教学理念层面上,真正实现从实践教学到实践育人的观念提升。

行动上进一步统一。实践育人不同于实践教学,不应仅仅当作是教务部门、各系部和一线教师的事情,只是教学组工作的一部分,而应该当作是全校上下、党政工团共同的任务,是学校三全育人体系的重要组成部分。

工作上进一步加强。要在巩固传统优势和特色的基础上,进一步拓宽范围,延伸领域、丰富内涵、改进方法、强化条件、强化保障、强化领导,形成校内合力,谋求校内合作实践育人的新潜力与活力,尤其要在经费等条件保障上下更大的工夫。

二、做好顶层设计,在构建全方位实践育人体系上下工夫

从高等学校的实际出发,教育部等七部委《关于进一步加强实践育人工作的若干意见》明确了高校实践育人的重点,要求高职院校在推进实践育人中必须注重顶层设计。具体来说,主要包括以下几个方面:

明确实践育人的指导思想。要从党的坚持教育与生产劳动和社会实践

相结合的教育方针中研究确立实践育人的指导思想，尤其是要把社会主义核心价值体系贯穿始终；从坚持向实践学习，向人民群众学习中探索大学生成才成长之路；从坚持理论学习，创新思维与社会实践相统一的方法论中找寻推进实践育人的工资路径。

抓好实践育人的总体规划。要把实践性教学、军事训练和社会实践活动作为实践育人的主要载体，作为推动实践育人质量和成效的主要抓手，对高等职业教育而言，实践教学——传统优势再巩固，军事训练——弱势项目新提高，社会实践——重要项目再拓展。

强化实践育人的条件建设。最为重要的是：加强实践育人队伍建设，必须落实全体教师的实践育人责任，制订好相关政策，并加强考核；积极发挥学生主动性，因为学生的自我意识即自我教育、自我管理、自我服务作用十分重要，必须激发学生的热情和主动性；加强实践育人基地建设，要花大力气、用大投入、筑大系统、创造条件，在校内实践实验实训基地上下工夫，在校外实践教学基地上下工夫，并通过校企合作建立更加广泛的实习实践网络，推进校内基地教学化、校外基地教学化。

构筑实践育人的保障系统。实践育人不仅是教学工作的一个环节，而是育人工作的指导思想和行动理念，正因为这样，必须全校上下统一认识、形成合一，并在经费安排、资源配置、考核奖惩、舆论引导、担任领导等全方位达成共识和统一行动，将推进实践育人纳入党委和行政的重要议事日程，作为教代会献计献策的重要内容，作为学代会关注的重点工作。

三、分解落实责任，在创新实践育人推进机制上出新招

高等职业教育强调校企合作、工学结合，特别需要讲求科学设计、创新机制，首先必须将校企合作、开放育人落实到专业群层面，以专业群为基点和单元推进系统建设，由此才能建出特色、收到实效。从某种意义上，唯有在顶层设计时考虑到专业群为单元的推进机制，实践育人才会落到实处。

1. 必须把实践育人工作落到专业群层面。七部委提出并强调高等教育实践育人，重点在于“进一步”和“加强”，而要落实到“进一步”和“加强”，关键在行动。反观过去工作，主要是一般口号多、具体落实少，学校层面多、院系层面少，要获取实践育人工作动力源并将之落到实处，必须突出以下三点：

专业针对性。除了军事训练活动以外，实践育人工作的项目设计、活动安排必须从专业和专业群的人才培养工作内涵出发，发现专业和专业群育

人所需,实践育人工作载体所在,把社会实践与专业育人结合专业,形成教育与实践"一张皮"。

专业包容性。实践性教学作为实践育人的重要环节,它本身就是专业建设的重要环节,中央提出高等职业院校专业课中要有50%左右学时用于实践性教学,本身就是指专业性很强的课程,强调专业技术、专业能力和专业活动,因此,实践性教学本身就是专业和专业群建设。

活动可控性。以专业群为单元推进实践育人活动还有一个很大的好处,因为专业门类相近,基本要求容易统一,有关活动容易组织协调。一个专业群人数一般在300~500人左右,再加上统一设计的分散进行和轮流实施,便于具体落实工作;相反,如果将立足点放在全校层面,则容易轰轰烈烈走过场,难以有效操作和考核。

2.经由专业群落实实践育人工作的具体路径。以专业群为单元建设一大批校内实训基地。由于专业群范围内的专业具有相同或相近的知识结构要求,实践教学所需的条件包括仪器设备和工具也差别不多,有的近乎一致。正因为这样,整合各专业资源,统筹建设、优化和校内实践教学资源既可体现节约投入,也有利于提高综合利用率。

以专业群为单元建立一大批校外实践教学基地。学校的专业固然是一个基本细胞,但一般难以独立对外,而大多以专业群为单元建立系或二级学院,是对外合作的基本单元和重要平台,这样既利于开发、利用和整合外部资源,也可以防止专业间各自为政、重复和脱节,更有利于学校和系部整体形象的提升。

以专业群为单元组织社会实践活动。学校一般以专业群为单元组建院(系)党政管理机构,并建有学生会、团总支和各种社团。在实践教学活动中,以专业群为单元进行组织工作,便于分工协调,有利于综合发挥系党政工团的积极作用。

以专业群为单元开展实践育人考核评比奖惩工作。系部是二级行政组织体系,机构体系健全、经费安排到位。以此为单元来评比奖励教师、评比考核学生相对方便,有利于实践育人活动的正常和有效开展,将实践育人工作落到实处。

四、重视主体作用,着力在激发教师创造性和学生主动性上想办法

为保证实践育人落到实处,求得实效,必须在激发教师的创造性和学生的主动性上想办法。

1.坚持教师主导、调动教师积极性、激发教师创造性。教师在教书育人活动中起着不可缺少的组织、引导和指导作用，只有在教师正确指导下，实践育人活动才有可能变得规范，具有专业性、思想性乃至方向性。相反，离开了教师这一主体因素，实践育人活动可能会放任自流、流于形式，看似轰轰烈烈，但实际成效不佳，所以关键是激发教师的积极性和创造性，教师有了积极性，才会发挥想象力、形成创造力，从而更好地设计创新实践教学和社会活动载体，促进实践育人工作有效进行。为此，加强交流、加大考核、加强激励都是必需的。

2.坚持学生主体，调动学生的参与热情和实践活动欲望。学生是教学工作的受众，更是实践育人的对象，但是学生的作用不是被动的，从教育功能的实现来说，恰恰学生才是教书育人活动的主体，实践育人必须要在学生的主动参与和自觉行动中才能实现，否则就无从谈起。当前的情况是，由于独生子女和中小学教学的种种“缺少”，缺少劳动、缺乏锻炼、缺少走出去的经历等等正是需要我们努力加以教育、促进学生提高的方方面面。因此，我们要善于把学生组织起来，善于让学生自觉起来，有了学生的主动性和实践欲望，实践活动就有了希望。

3.教与学有机结合、相互促进，推进实践育人深化。有了教师的积极性、创造性和学生的主动性、参与欲，我们便可通过专业课程的实训环节、社会实践的小分队、学生社团实践活动等途径，以项目、课题等形式将教师和学生组合在一起，形成课题组、项目办和专业和课程式社团。在若干师生共在的组织活动中推进实践活动，产生实践育人的升华效应，结出实践育人的丰硕成果。

第十章

高等职业院校师资队伍建设

第一节　高职院校师资队伍建设机制设计

高职教育既是我国高等教育的重要组成部分，也是职业教育的组成部分，在既具高教性又具职教性的特殊的教育教学组织中，师资队伍建设不仅十分重要，而且必须做出特色的部分。从某种意义上说，特色的办学定位、特色的师资队伍、特色的文化环境，才能培育形成有特色乃至不可替代的人才，也才能确保高职教育具有恒久的生命力和可持续发展的能力①。

一、研究高等职业教育师资队伍建设的出发点

1. 职教性是高等职业教育的基点。高教性和职教性的统一是人们对高职教育的基本判断。然而，具体的理解则不尽相同，有姓“高”名“职”者，有姓“职”名“高”者，又有“高职”复姓者，或重在强调高教性或重在强调职教性者，但笔者始终认为高等职业教育就是高职复姓。具体而言，它是基础的职教性和发展的高教性的有机统一体。基础的职教性，就要求我们在建设师资队伍时必须考虑产业、行业、企业、职业对人才培养和师资队伍的要求，把了解实际，具有实践能力作为教师队伍建设的重要要求。

2. 高教性是高等职业教育的发展。职业教育也是一个完整有机的科学体系，包括了初级培训、中等职业教育、高等职业教育等等，即使是高等职业教育，也应该有更丰富的内容和多重的层次。高等职业教育作为职业教育的高等层次，它同时属于我国高等教育的重要组成部分。因此，人才培养工作也应该体现高等教育属性，因而，对师资队伍也应该有科学性、学术性的要求，也就是说，教师也应该有学术和科研能力。这是对教师的基本要求。

---

① 赵春雪：《职业教育师资队伍建设与发展》，云南大学出版社 2007 年版，第 4 页。

3.行业(区域)面向是高等职业教育的又一特点。这一特点表明,高等职业教育不同于一般的综合性高等学校,它往往是或一般应该是专属于行业或区域之下的,这就是说,高职院校一般由某个地区或某一个行业主办主管,主要为某一行业或某一区域服务,正因为这样,行业(区域)特点、行业(区域)文化应该是高职教育办学的特点和重点,也应该成为师资队伍建设的重要导向。

二、高等职业教育师资队伍建设的一般要求

从高等职业院校作为院校的共同特点看,其师资队伍建设应该有三个基本的要求:

1.数量适当。与学校办学规模相适应,专业门类相协调,高职院校应该使教师队伍在数量上保持充足适当,必须满足师生比的基本要求,比如现在一般认为1∶16是高职院校师生比的一个适当指标。当前的情况是,由于学校规模发展快,又考虑成本等因素,不少学校尤其是民办学校存在着教师数量不足乃至严重不足的矛盾,这应该引起我们的重视。

2.素质精良。素质精良是一个内涵丰富的概念,作为教师,其主要任务是育人。因此,教师首先必须具有良好的师德师风、良好的道德素质,从某种意义上说这是最为重要的;其次,不同类型的学校对教师也有不同的素质要求,作为高教性的高等职业教育,教师应该具有较高的文化层次,接受过高等教育是最基本的要求,接受过研究生教育乃至博士教育也应该是重要的导向,尤其是博士,应该是目标追求。除此之外,高等职业院校的教师应该有作为教师的基本素质,如语言表达能力、形象、品质、风度和人格影响力等。

3.结构合理。学校教育不同于培训机构,它要培养相应学历层次的人才,因此,必须实现知识、能力、素质的有机统一,而要达到这一目标和要求,其人才培养方案本身就有丰富的内容和合理的结构,马克思主义理论课程、思想道德修养课、法律法规教育课、军事体育艺术课,不同专业的专业课程,专业基础性课程等,共同构成了教师队伍建设不仅有总量要求、素质要求,而且应该有结构要求,并且要以合理的结构来支持和完善数量和素质的要求,与此同时,高等职业教育作为高教性、职教性和行业(区域)性三者统一的复合体,本身就是一个非常重视结构的机体,实际上是说,高等职业教育教师的结构问题更加重要,更有意义,更体现办学特色和发展需要。

三、高职院校师资队伍建设的特殊要求

如前所述，建设一支数量适当、素质精良、结构合理的教师队伍，这是对高等院校教师队伍的一般性要求，高职教育要办出特色，办出水平，就必须从高职教育的特点和要求出发，做出特殊性要求，包括：

1. 双师组合。高等职业教育高教性与职教性的统一，尤其是职教属性为基础的特征，这就决定了结构问题在高职院校师资队伍建设中的重要地位，同时，能够体现职教属性的师资结构特征就是双师组合①。从队伍配比看，既要有会上理论课、从事学理性教学的教师，也要有会上实践课教学、从事实践指导的教师；从教学能力看，教师既应该有较高学术和理论水准，也应该有较强实践能力；从职业准入看，教学人员既应该是取得教师资格证的教师，同时也应该有取得执业资格证的要求，或者说，高职教师应该是同时具备传统意义的高校教师资格证和行业执业资格证书的教学工作人员：这就是我们通常所说的双师组合的教学团队。

2. 专兼结合。如果说双师组合是高等职业教育师资队伍结构建设的重要要求，那么如何来实现双师组合就显得十分重要，就个体而言，某个教师有双师结构、双师素质、双师能力，这固然非常重要，但现实生活中，受体制机制和个人潜质等各方面影响，客观上比较困难，也难以恒久有效。相对科学有效的办法是通过校企合作、校行结合、校政协作的途径，建立起相对固定又动态优化的兼职教师队伍体系。同时，积极推进专任教师挂职锻炼机制的形成，以真正实现专兼结合的建设目标。专兼结合，能够较好地解决理论和实践结合，培养学生知识、能力和素质的统一。

3. 机制融合。专兼结合在理论上容易成立，但在实践上仍然比较难操作。近年来，不少高职院校以示范建设为动力，作了大量的探索和实践，也形成了可喜的成果，但较多地停留在以感情交流、相互支持等基础的协作关系，并建立在个人层面，因此，机制十分脆弱，要真正做到专兼结合，必须在机制融合上下工夫，具体方法可以是：国家（或）地方教育行政主管部门和劳动人事部门，面向社会公开选拔一批兼职教师，规定条件，经过选拔，确定资质，并实行年检制度，培训制度和薪酬制度，高职院校根据对口和需要决定聘任，这实质上是说：一是专兼结合教师队伍建设要从学校层面走向教育和人事部门；二是要突破人才部门（单位）所有制界限，实施优秀人才社会公共

① 王武林：《产学研结合与高职师资队伍的培养》，《黑龙江高教研究》2004年第10期。

所有制；三是由社会、教育、人事和学校，企业共同建立兼职教师融合教育的机制。

四、高职院校教师素养的个性要求

无论从哪个角度看，教师的个体素质，是教师队伍建设的基础。广大教师的良好素养和水平，决定了高水平教师队伍的形成①，教师个体素质至少包括以下方面：

1.强调三种经历。这是说，一个合格的尤其是优秀的教师必须具有三个方面的经历：一是高等教育的学历，如果能够有硕士乃至博士的学历则更好；二是企业经历，不仅要了解行业企业的情况，有在行业企业从事具体工作的经历，而且应该把了解行业企业，在行业企业挂职实践纳入制度层面；三是育人履历，这不仅是教师教书育人职责的要求，而且要求教师能够有丰富的育人工作的经验和经历。

2.注重三项能力。这是说，一个教师至少必须具备三个方面的能力：一是教学和指导实践的能力，不仅能教好一门或者两门课，而且要有指导学生具体做的实践能力；二是育人和指导职业生涯规划的能力，真正能做到教书育人，做学生的知心朋友，指导学生科学规划人生，实现人生科学和谐发展；三是科研和社会服务能力，教师必须充分利用自身优势，积极开展科学研究和社会工作，为行业谋计，为政府决策，为社会进步，为企业发展作贡献。

3.推进三方融入。要实现教师的成长和发展，必须积极创造条件，为教师成长和为社会贡献创造条件：一是融入政府部门，提高服务决策能力。高等职业教育办学过程中，必须以政府为主导，因此，了解政府的需求，研究政府的动向，必须为高职院校的教师所关注。二是融入行业企业，提高服务社会能力。高等职业教育发展必须以行业为依托，了解行业，服务企业，以行业发展为指导，应该成为高职教育发展的主旋律，作为学校干部和教师，应该切实把融入行业企业作为重点。三是融入科研院所，提高学术服务能力。高职教育是高等教育的重要组成部分，必须在加强职教性建设的同时，着力加强高教性建设，提升科研能力和水平，更好地为社会服务。

五、推进高职院校师资队伍建设的具体方法

当前，全国上下正在认真贯彻学习《国家中长期教育改革与发展规划纲

① 任伟宁：《高职教师的关键能力和师资队伍结构模式研究》，《教育与职业》2008年第23期。

要(2010—2020)》,大力推进职业教育发展,其中,提高师资队伍水平,提高教师的教学能力、育人能力、科研能力和服务能力是一个重点[①],具体方法和措施应当是:

1.政府重视。职业教育是唯一列入《规划纲要》需要“大力发展”的一个教育类型,职业教育要大力发展,必须要有强有力的政府举措。作为职业教育办学水平的核心标志,师资队伍建设必须纳入政府支持的重要环节。所谓政府支持,就是政府必须将建设一支高素质的高职教育教师队伍纳入到政府议事日程,并推出相应的措施予以支持,比如实施职业教育教师的实践能力(双师素质)提升计划、学历提升计划、国际化能力提升计划等。这类计划必须在学校重视的同时,得到政府部门的重视才得以有效进行,只有财政、教育、人事乃至党委组织部门将高职院校的教师培养纳入规划,并有积极行动,才有利于切实提高高职教师队伍的水平。

2.工程推动。政府重视的直接措施至少有三个方面,一是专项投入,二是专项考核,三是工程推动。实践证明,专项投入、专门考核和工程推动三者相互结合,成效显著。采用工程推动的办法,以××人才工程,××人才项目的办法,辅之以专门的财政投入和专项考核,一定会产生积极的效果,如浙江省委组织部、科技厅等七部委组织的151人才工程,教育部的百千万人才工程,实践证明是十分成功和有效的。高职教育队伍建设的关键是参照这些机制,开展有针对性的工程推动方法来解决高层次职业教育师资问题。

3.科学定编。解决高等职业教育的师资队伍,不仅有素质提升问题,还有结构优化问题、总量控制问题[②]。结构问题和总量问题的原因是各方面的,规模发展快,师资总量增加不够快、专兼结合机制结合难等都是重要原因,而对于高等职业院校来说,编制不足是一个普遍矛盾(当然编制不足的背后更有投入不足问题),而编制不足的原因,是我们对高职院校沿用了过去中专时期的基数管理办法。近年来,高等职业教育实现了大发展,但管理体制和机制没有相应跟上去,使得高职院校在职教师普遍编制不足,这在一定程度上制约了师资队伍建设的发展。与此同时,由于高职教育实践性的要求,又要求必须有一定数量的教师每年有一段时间或每几年有一段实践保证轮岗实习,这样,对高职院校教师的编制应该更宽松一些。

---

① 赵惠琳:《论高职院校“双师素质”师资队伍体系的构建》,《教育与职业》2010年第32期。

② 张铁岩:《高职高专师资队伍结构的研究》,《高等工程教育研究》2002年第4期。

六、当前高等职业教育师资队伍建设的着力点

经过三十多年尤其是这十几年的发展，高职教育规模发展的阶段已经基本结束，高职教育进入了内涵建设和提高质量的新阶段。在这一背景下，高职教育的师资队伍建设必须按照校企合作、工学结合和开放办学的要求积极推进，切实解决几个关键问题，主要是：

1. 专任教师的高教性与职教性相统一的考核、评价和晋升机制问题。无论从哪个角度看，专任教师是高职教育的主体，专任教师的素质、能力和水平，对高职教育提高质量、提升内涵至关重要。当前的问题是，对教师的评价考核和晋升机制不完善、不科学。其中主要的矛盾是使用过程中的职教性和考核指标上的高教性，这二者有矛盾。一方面，我们按职教性要求进行教师的培养和使用，另一方面，我们却必须按高教性要求来完成教师的专业评价和职称晋升。这一点，在有关专业技术评审、有关专项人才评定过程中尤为突出，如何从两者结合的角度来落实高职教师队伍建设问题需要认真解决，必须按照“职教性基础”和“高教性发展”的有机统一来解决高职院校教师的评价、晋升机制。

2. 兼职教师的动力机制和保障机制结合问题。高职教育的内涵建设需要一大批理念认同、素质精良、具有保障的兼职教师，这是毋庸置疑的，但当前的矛盾是，兼职教师的形成既无社会舆论的支持条件，也无财政投入的保障条件，也没有担当责任的体制条件，“不公开、靠人情”是基本状态，要大力发展高等职业教育，解决高等职业教育的水平和队伍问题，必须用机制保证的办法来解决这一问题，也就是说，要从社会舆论上使兼职教师感到光荣和坦然，要从体制机制上使兼职教师感到有前途和受保障，要在薪酬保证上对兼职教师具有吸引力，只有这样，才会真正形成高素质兼职教师队伍。

3. 专任教师企业挂职锻炼的保障机制问题。提高教师尤其是青年教师的实践能力和水平，并形成长效机制，这是建设一支高素质教师队伍的重点，也是高等职业教育办出特色和水平的需要保障条件。近年来，各个院校为提升教师实践能力和水平争取了大量措施，并投入了不少人力和财力，也收到了明显的效果，但坦率地看，这主要是出于示范建设等考核需要，真正的机制和氛围并未形成，而外部有效条件更无保障，如基地的规范性问题、挂职期间的管理机制问题、挂职期间的待遇问题、挂职后的回校保证问题、接受挂职的义务和权益问题等，政府部门应该有明确的规章和统一要求，现

在单一地依靠学校自觉、企业支持的方法并非长久之计，应该有更为完善的办法，并真正被纳入政府统一管理之中。

第二节　高职院校专业带头人培养

随着高等职业教育改革创新的不断深化，伴随着我国高等教育大众化进程的有序推进，我国的高等职业教育必将逐步走上规模相对稳定、内涵发展为主的轨道，提高质量必将成为今后一个阶段高职内涵建设和学校发展的主题。有鉴于此，作为高职院校工作的龙头——专业建设（即专业特色和特色专业）的问题必然要摆到更重要的位置。与此相适应，作为专业建设重要主体和师资队伍建设重要内容的专业带头人培养和建设问题，必然会显得更为重要。从某种意义上说，专业带头人的水平、影响力将成为高职院校水平和影响力的重要标志。

一、专业带头人队伍建设的重要性

经过几十年来的实践和探索，作为高等教育的一个类型，高职教育的一个最重要的特征是专业，专业成为高职院校的基本特征，专业的功能和作用主要表现在：

1. 专业是职业教育区别于普通教育的基本标志。长期以来，中国发展高等教育在招生中也以专业为基本标志，以后逐渐走向专业大类，而对高等学校的评价体系中，则更多的关心学科，尤其是学位授予过程中，教学内涵建设指标评定中，都是以重点学科、优势学科、特色学科、一级学科、二级学科来划分和评价。这既是历史的积淀和习惯，也符合普通高等教育以传授知识为主的要求。而高等职业教育不同，为了培养适应经济和社会第一线需要的高素质、高技能、应用型人才，它必须建筑在对产业、行业、企业、职业分析基础上，确定相应的专业，并据此组织教学和建设。正因为这样，我们可以这样认为，专业是职业教育的最基本标志，而本科教育的主要特征是学科。

2. 专业是高职院校教学管理和活动的基本单元。从高职院校内部运行和对外交流活动看，专业作为一个基本单元，招生从专业开始，教学组织以专业来划分，系（部）设置因专业群而成，教材以专业为单位进行系列编撰，学校以专业为单位设立教研室，组织专业教学指导委员，聘请兼职教师，建立校内实验室和校外实训基地，毕业生就业数和质量的考核和分析工作也以专业来划分。

3. 专业是高职院校资源配置的基本指向。从教育主管部门看，一般对高职院校组织评定重点专业、特色专业，评定优秀专业带头人、优秀专业教学团队；从学校内部看，一般以专业为单位分配办学经费，设立工作机构、编班教学、设置实验场地、配备教师干部和班主任等，这说明，高职院校资源配置一般以专业来划分和安排的。

4. 专业是高职院校内涵建设水平的首位体现。反映一个高校的水平指标很多，如国家政府部门的重大项目、重大实验室、教师发表的有重大影响力的论著，各类学术组织的地位等，这在高等职业院校也会被重视，会得到尊重。然而，高职院校以人才培养为主要职责，而人才培养以专业为单元展开，因此一般以专业带头人情况、专业教学团队水平、专业毕业生就业质量、本专业招生起分分数等，就成为高职院校的重要标志，有多少重点(特色)建设专业、有多少优秀专业带头人，就成为最重要的内涵指标。

5. 专业是高职院校办学特色和特色办学的基本标志。高职院校大多由行业主办主管，一般具有行业性特征，即使是地方政府主办主管的学校，也有一定的主要的专业领域，反过来，专业建设的架构也决定了学校活动的主要领域和范围，因而也显示出学校的特色和水平。如以金融类专业为龙头的浙江金融职业学院，以机电类专业为主体的浙江机电职业技术学院，以旅游类专业为主打的浙江旅游职业学院，这也反映了专业格局决定学校办学的基本特色。

6. 专业是高职院校走向市场的基本载体。高职教育实施校企合作的办学模式，践行工学结合的人才培养模式，坚持以服务为宗旨，以就业为导向，走产学研相结合发展道路。因此，开展校企合作、加强社会服务，这是高职院校的基本特征，也是重心工作。然而，在开展校企合作、社会服务等工作中，一般都以专业为单位，由专业教学团队来组织实施。正因为这样，专业成为学校走向市场、合作市场、赢得市场的重要平台和载体。

从上述专业在高职院校的基本定位分析，足见专业建设的重要性，因而也可以看到专业带头人队伍建设的重要性。

二、专业带头人应承担的基本职责

在高等职业院校，活跃着一支素质精良、敬业创新的高水平带头人，这是学校建设和发展的重要力量。教育行政部门在开展人才培养工作水平评估时，也把每个专业1～2位专业带头人作为基本要求，也说明专业带头人对人才培养工作起着重要的作用，一般而言，其职责主要为：

1.它是专业人才培养方案的主要设计者。高职院校以专业人才培养方案组织实施本专业教育教学活动中，而这个方案必须建立在对市场进行充分调研和有效分析基础之上，并进行具体论证和研究，既要在发挥校内教师、校外专家咨询作用的基础上，也要符合教育行政部门的规范要求，而这个方案主要是由专业带头人在学校校长和教学管理部门的领导下，带领整个团队完成的，专业带头人往往是主笔人或主要设计者。

2.它是专业教学核心课程的主要承担者。在专业人才培养中，一般都确定了培养目标、能力分析、岗位分解、学分学制等，但最后都要通过相应的课程和教育教学活动来体现，一般而言，专业带头人的地位、影响和产生形成机制，决定了其主要课程或核心课程一般都由专业带头人领衔组织。正因为这样，从直接教学角度看，专业带头人地位尤为重要。

3.它是专业教学团队的主要组织者。以专业为单位组建专兼结合的教学团队，这是高职院校的重要特征，也就是说，高职院校不仅要有一支结构合理、素质优异、数量充裕、水平适当的专任教师队伍，而且要根据人才培养工作的需要，聘请和使用一批兼职教师，做到专兼结合，不仅要做到专任教师具有双师素质，更要做到专任教师与行业(企业)兼职教师有机结合，实现互补、优化效能，而这一团队的组织筹划者则是本专业带头人。

4.它是专业科研和社会服务活动的主要带头者。人才培养、科学研究、社会服务是高职院校的三大职能，高职院校也具有科研和社会服务的职能，作为专业带头人，不仅在人才培养工作中起主导作用，也应该和必须在科研和社会服务工作中发挥带头作用，如领衔申报高层次纵向课题，牵头组织横向社会服务等。

5.它是专业学生职业生涯发展的主要引导者。教书育人是学校的基本功能，高职教育以就业为导向，正因为这样，一个专业教研室，不仅要教书还要育人，不仅要开展人才培养，还要做科研和社会服务。而十分重要的，则是要按照就业导向的要求，对学生进行职业生涯规划指导和就业创业辅导，而这项工作既有可能由公共基础课老师承担，也可以靠专业教师承担，从实践情况看，专业课老师具有实践经验，受到学生欢迎，有利于增强指导和辅导的有效性，而德高望重的专业带头人的效果更好。

6.它是专业教育教学资源的整合者。围绕专业建设，各高职院校都进行资源配置和建设，包括人才、物力、财力，包括教师、学生和市场，在这当中，起着设计、实施、运作、调度、指挥的核心人物是专业带头人。在向学校申请资源、向社会吸纳资源、向政府争取资源过程中，专业带头人也发挥着重要作用，在同样资源情况下，如何整合利用，提高效能，专业带头人也非常关键和重要。

通过以上分析，我们应该看到，专业带头人在学校工作中确实重要，它是专业建设的真正领头人，应该是高职院校的高人。

三、优秀专业带头人的努力目标

如前所述，专业建设在学校地位重要，专业带头人在学校举足轻重，而重要性大小则关键取决于专业带头人的真正水平和素质，从一个专业带头人情况看，无论是学校培养、本人努力、还是社会期待，其目标和方向应该是一致的，理想的目标应该是：

1. 师生员工拥戴你。专业带头人要成功，首先必须在人品、学识、能力诸方面得到校内师生员工的拥护和爱戴，在校内能产生行政尤其是非行政因素的领导力功能，让员工由衷地尊重、拥护、服从你。

2. 行业企业需要你。专业是学校接轨行业企业的重要载体。专业带头人是联系行业企业的重要线人，因此，专业带头人不仅要得到校内广泛认可，更要为行业企业广泛认同，行业企业发展过程中，需要乃至离不开你的帮助和指导。如果能做到不可或缺，这就大大有利于专业建设的开展。

3. 政府部门关注你。政府是决策的制定者，也是资源的分配者，专业带头人不仅要影响人才培养，也要影响行业企业活动，还要通过自己的学识、能力和社会声望影响和指导政府决策和国家法律法规的制定，这样，专业带头人和专业建设的水平才是高层次的。

4. 科研院所了解你。高职院校虽然学历层次不高，但属于高等教育重要组成部分，科学研究也是学校重要职责，尽管高职院校的科学研究主要是立地性研究，但也必须融入到地方或行业的科研体系中去，作为高职院校的专业带头人，也应该融入科研院所，并在融入中提升。

5. 新闻媒体追踪你。新闻媒体关注时事政府、关注社会热点，一般它都以追踪热点事件及其有话语能力的专家为经常性工作重点，每当重大政策调整，如利率、汇率、房地产政策等，新闻媒体都要选择一些要人进行采访。如果专业带头人能够入围新闻媒体的视野，那必然是成功的标志。

6. 同行专家认同你。在一个地区、一个行业、一个领域都会聚着一批专家，专家之间有学术观点之不同，乃至学术门派之争论，但对专家的学识、人品、水平都会有相对客观的评价和认同，作为高水平专业带头人，应该为同行所认同。

综上分析，一个优秀的专业带头人，应该做到学校事业发展离不开你，学校实现更好又快依靠你，经常为政府部门、行业企业、科研院所和学校党政所奖励。

四、认真落实专业带头人待遇

专业及专业带头人在高职院校的地位、影响和要求，决定了专业带头人应该有比较好的待遇，这些待遇应该从政治、经济、社会诸方面体现出来。

1.政治上最爱尊重。专业带头人应该成为校内外民主决策、参政议政的重要代表人物，在各类代表选举、先进评选活动中，应该有更多的机会和可能，政治上的尊重，使其受教师的拥护，学生的爱戴，领导的厚待。

2.社会上最受信任。专业带头人也是社会人，它也会面临许多矛盾，也有许多需求，学校和有关方面应该通过宣传、培育和给予条件保障等措施给予支持，一些学校把优秀专业带头安排为校务委员、校长助理等方式，在中国国情条件下，也不失为有效方法。

3.经济上最为丰厚。学校在制定收入分配制度、确定奖惩办法、设置岗位津贴、安排项目经费等环节，应该充分考虑专业的重要性和专业带头人任务的艰巨，适当集中资源向专业建设倾斜，适当创造条件让专业带头人多劳多得、优劳优得。如在当前事业单位岗位设置时，在同等条件下，应该把更高等级的名额让给专业带头人，使专业带头经济地位日益提高，经济收入日益可观。

4.党政部门最为重视。党委组织部门、政府人事部门、科技部门、教育部门、财政部门等在设立高等院校项目和名额时，应该首先把教育教学第一线的专业带头人放在重要位置，在评定教育教学、科学研究成果奖项时，应当把专业带头人放出较大比例，切实把专业带头人放到要处，如教育部百千万人才、浙江省“151”人才等。

5.物质条件最有保障。学校在分配住房、安排办公条件、配置交通条件等方面应该将专业带头人放在首选，让优秀的专业带头人有可靠的物质保障、优越的办公条件和生活待遇。

6.开展工作最有条件。根据高职院校特点，具有较高专业技术职务的专业带头人，应该为其配备工作助手、结对行业伙伴，既减轻其具体工作压力，也为其多出成果、出好成果创造条件。浙江金融职业学院实施“结对一位学术助手、结交一位业务伙伴”开始，逐步创造条件“结好一批工作助手，结识一批实践朋友”，推进综合立体发展的做法，实践证明，效果比较明显。

五、专业带头人培养的路径

培养专业带头人，各地区、各学校近年来都争取了有效的措施，但做法各有不同，成效也不尽一致。笔者认为，有效培养专业带头人至少应该具备如下条件。

1. 提高认识是前提。培养和造就一大批高素质有水平的专业带头人，不仅应该成为各高职院校的重要任务，同时应该成为教育行政主管部门、行业主管部门、财政科技部门的共同职责，把它纳入到一个地区人才工作的重要战略来加以实施，设立专项、安排专款，以专门工程加以推进。

2. 提高地位是关键。要真正把专业带头人培养好、使用好、成长好、稳定好，必须在提高专业带头在政治、社会、经济地位上下工夫，在不少学校，简单地把专业主任(带头人)当作一个科级(乃至副科级)来安排，既进入不了学校工作中心，更进入不了学校发展核心，连参加科技学术活动和行业企业活动都受到限制，那是绝对错误的，必须提升专业带头人在学校事务中的层次和地位。如能够在党政部门的人才工程的办法中提升其地位，则成效将会更加明显。

3. 加大培养是重点。人才要很好使用，更离不开培养，对于高职院校的专业带头人，可以通过遴选去科研院校、行业主管部门、企业经营部门乃至党政部门和国外高校等各种途径进行立体培养，如能实施专业带头人 AB 制，每 3～5 年为一个周期进行立体培养和使用，则一定更有意义、更为成功。

4. 加大奖励很重要。无论是学校还是党政部门应该采取有效措施，通过设立单项和综合性项目，对在人才培养、科学研究、社会服务方面卓有成效的专业带头人给予必要的乃至重大的奖励，在提高专业带头人影响力和水平上出实效。

5. 加大资助不可少。专业带头人既是一个个体，也是一个群体，既是一个具体的人，也是一种工作机制。因此，实施专业带头人预备人选资助培养方法，通过人才工程遴选培养的办法也是不可或缺的，从某种意义上说，它也属于培养后备人才的方法。

6. 合作机制很重要。高职院校专业带头人不同于一般意义上的学术带头人，它是一个专业建设为平台的人才培养、科学研究、社会服务的综合体，而高职院校的校企合作、工学结合为办学和人才培养基本载体、合作发展、合作办学、合作育人是最基本特征。正因为这样，建立政、行、企、校四方联动的专业带头人合作培养机制将是建设一支高素质有水平专业带头人中最为重要的机制建设之一。

综合所述，培养和造就高素质高水平专业带头人必须提高认识、提高层次、加大力度、并在机制建设上下工夫。

六、努力构建专业带头人推进专业建设的有效机制

培养和造就高素质、高水平专业带头人，目的不在于人才队伍本身，更在于专业建设和高职教育发展的需要，从某种意义上，如何培养和造就高素质有水平专业带头人，以此推动高水平有特色专业建设更为重要，这同样需要有效机制：

1.建立以重点专业带动专业群的机制。在高职院校专业建设非常重要，但如果专业过小，力量过于分散，也不利于人才培养工作的有效开展，不利于提高人财物使用效能。因此，更为有效的办法是，选择若干重点（重要、重大）专业，组建专业群，发挥专业带头群体的综合、协同作用，以专业群为单元构建开放合作育人平台，评定和重点发展一批特色专业群，则是非常切实可行的办法。

2.建立专业（群）指导委员会。聘请行业企业业务专家、业务能手共同组建专业指导委员会，将第一线行业企业和职业发展信息、人才需求情况充实到人才培养和科学研究、社会服务中来，必将增加有效性、提高针对性。专业指导委员会要努力做到六个一功能，即一个专业指导委员会，一批兼职教师，一批学生实习基地、一批教师调研基地、一批就业基地、一批文化育人基地。

3.建立专兼结合教学团队。专兼结合教学团队是提高高职院校人才培养质量的重要条件，应做到在校内专业带头人的带领和专家指导委员主任的带头支持下，素质优良，结构合理，功能互补，数量充裕，分工和谐，运行规范，专任教师了解实践，实践教师懂得教学，从而发挥整体效能。

4.建立校内真实性实训基地。校内真实性实训基地建设的目的是贯彻学思并进、脑手并用、德业并举的教学原则，让学生在真实或仿真教学环境下学习知识、练习技能、适应职场，从而提高学习成效。校内基地要提高技术含量，争取有教学、培训、生产、研发等功能，发挥更大功效。

5.建设一批校外实践基地。校外实践教学基地目的是为了增强学生学习的成效，增强学生职场的能力。因此，它应该既是生产经营实践的基地，也是文化育人的基地，它需要较多数量，如能形成真正具有教育教学功能的

示范性基地，具有一定教育教学效能的规范性基地，具有一定见习实践条件的联络性基地，构成一个有机的体系，则一定会事半功倍。

6. 全面推进教育教学改革与创新。高职教育以提高质量为核心，需要推进全方位立体式改革，从改革招生考试办法开始，到改革学校考试考核评价办法，打破学科性课程体系，重构以职业能力为主线的课程体系，改革压缩饼干式教学模式到案例式、项目化、环境化教学，都是必需的。浙江金融职业学院提出深化明理学院（素质养成）、巩固银领学院（订单培养）、发展合作学院（校企合作），打造校企合作综合体，培育校企合作有机体，建设校企合作共生体的理念，正在实施的"深化专业与专业群建设，美化课程与教学资源建设，强化教学条件与保障建设"的工作重点，在教师队伍中实施的融入政府部门、融入行业企业、融入科研院校的推进路径，应该是具有先进性的举措。

第三节　高职院校培育名师名家培养

高职教育已经三十多年的发展，逐渐从规模扩张为主转向以内涵建设为主，提高质量将成为高职教育今后一个阶段工作的主题。在这一背景下，如何适应高等职业教育履行人才培养、科学研究、社会服务三大职能的要求，突出重视和加强高素质师资队伍、管理队伍建设，尤其是实施名师名家培育战略，培养和造就一大批高素质学科（学术）和专业建设带头人意义重大，十分紧迫，而怎样从高职院校的特点和现实出发，采取切合实际和行之有效的方法则更加重要。本文对此作些思考，并结合浙江金融职业学院的实践作些介绍，以起到更好的效果。

一、高职院校培养和造就名师名家的意义

众所周知，高等职业教育是我国高等教育的重要组成部分，也是职业教育的重要组成部分。因此，在高等职业教育中，全面履行人才培养、科学研究、社会服务职能，应该是高职院校重要的使命和责任，正因为这样，从提高高等职业教育办学水平、提高人才培养质量等方面看，高职院校应该必须重视名师名家培育，以推动学校创新和发展。

1. 提高人才培养工作水平需要名师名家带领。人才培养，教书育人是高职院校的第一的和最基本的职责，这是毫无疑义的。在这一过程中，各院校认真贯彻中央和教育部一系列文件精神，坚持以生为本，努力做到德育为

先，育人为本，探索出了许多行之有效的措施和办法，尤其是在实施全员育人、全方位育人、全过程育人方面做了有益的探索。实践证明，这是行之有效，切实可行的。在这过程中，许多院校在探索建立辅导员队伍建设，班主任队伍建设等方面也花了大量人力和精力，在实施学生素质提升工程上也倾注了大量财力，如浙江金融职业学院多年来实施的“学生千日成长工程”作用和功效就非常好。在这一过程中，许多思想素质好、业务水平高的名师名家型人才作用的发挥也必不可少，这些教师的社会影响广，知识面宽，行业情况熟，深受学生尊敬和爱戴，从而收到事半功倍的效能，正因为这样，培养和造就一批名师名家，其意义非同一般。

2. 提高科学研究工作水平需要名师名家引领。科学研究是高职院校的重要职责之一，无论是帮助生产经营管理服务第一线解决实际的横向课题研究，还是接受(申请)中央、地方有关主管部门指引的纵向课题，还是发挥教师人力资源和品牌优势，延伸学校工作职能的重要内容，多年来的实践证明，高等院校已经成为国家科学研究的重要力量，占比越来越高。这项工作必须且应该加强，多年来的实践也表明，高等院校开展科学研究，有利于锻炼和培养教师，有利于改善和促进教学，有利于提升学校声誉和形象，从而有利于学校的创新和发展。而科学研究工作的开展，既需要广大教师尤其是骨干教师的广泛参与，也需要名师名家的引领，一批名师名家在指导形成课题、申请教改课题、主持研究课题等方面发挥着举一反三乃至杠杆作用，正是从这种意义上说，名师名家的培育和形成意义非常，必须重视。

3. 提高社会服务工作水平需要名师名家率领。高职教育以高教性、职教性、行业性(区域性)、实践性、开放性为重要特征，贯彻以服务为宗旨、就业为导向、走产学研相结合的发展道路，强调开放办学、校企合作、工学结合，这就确定了社会服务工作和社会服务能力建设在高职院校和在高职教育过程中的重要性，正因为这样，高职院校的教师不仅用真工夫做好人才培养工夫，同时也要用巧力去开展科学研究和社会服务工作，积极适应行业、区域经济社会发展和企业生产经营活动需要，帮助解决生产经营中的技术性难题，开展针对性的岗位培养。而社会是一个大课题，更是一个大广场，教师如何创造条件走出书斋、适应市场，需要发挥教师的主观性，需要组织层面的引荐，而培育和造就一批学术有专攻、业界有名望、服务有高招的名师名家，就可以从容地率领广大教师去生产经营第一线和行业企业主管部门、地区有关方面主动服务并取得成效。

二、高职院校培养和造就名师名家的困难

前面分析了高职院校培养和造就名师名家的重要意义，这无疑从一个侧面提出了问题的必要性所在，但问题的另一面在于，高职院校培养和形成一批名师名家客观上有一定难度，主要表现在：

1. 客观困难。在我国，高职教育从20世纪80年代初起步，真正大发展的高等职业院校是近十年最多略早几年的事，大部分高职院校从中职升格而来或者民办新起，一批老的高专学校历史稍长一些。正因为这样，总体而言，高职院校作为高等教育办学起步比较迟，作为高等教育办学条件底子比较薄；从员工队伍构成看，初期主要以本科生为主，后期以硕士研究生为主，队伍基础不是最厚实，而从事科学研究的其他条件更为薄弱，由于新建高校或升格高校，往往平均主义的人文思想影响比较深刻，因此，鼓励成名成家的环境和氛围相对较弱，由于是新建学校，青年教师数量大、人数多，尚难有脱颖而出的机会，成为影响广泛和深远的名师名家的基础和积淀。正因为这样，建设高素质师资队伍尤其是培育名师名家在高职院校依然是任重道远。

2. 现实困境。培育培养名师名家需要本人的素质和努力，也需要创造良好的外部条件。从现实情况看，由于高职院校总体高层次高水平人才缺乏，有一定能力和水平的教师往往双肩挑，业务和管理都要承担，更重要的还在于，本科及以上尤其是教学研究型和研究教学型大学的教师一般都指导硕士乃至博士研究生，既是他们的职责，也是他们的学术助手，一般而言，高水平的大学教师都有3名以上硕士或者3名以上博士生甚至更多，这就自然成了这些教授做科学研究和社会服务团队的成员和学术助手，这在很大程度上减轻了本科学校教师的体力和事务负担，在高职院校则没有这种条件，这就使高职院校富有潜能的教师成名成家带来困难，培育成名成家陷入困境。

3. 操作难点。高职教育带有高教性和职业性双重特点，教师所从事的是非常具体的浅层次的理论和操作性业务流程和技能，这与从事较高层次科学研究和较高水准社会服务之间存在一定的差距，长期陷于具体事务和业务教学之中，难以有机会、平台、时间和精力开展较高层次和较高水平的学术交流和课题研究活动，从而不利于高层次人才的培养和成长，不利于名师名家的培育，使高职院校存在操作性困难。

当然文化因素、政策因素、培养机会、成长环境都是影响因素。

三、用创新的思维和方法，着力培养高职院校名师名家

面对高职院校发展过程中对培育和造就一大批名师名家的需求，正视现实条件下高职院校培育形成名师名家的困难，我们必须面对实际，用创新的思维和方法去研究和应对。具体地说：

（一）总体思考

总体而言，高职院校在培育名师名家问题上要统一以下认识：一是提高对名师名家必要性和重要性的认识；二是用鼓励和激励的方法着力培育名师名家；三是要有一定的机制来保证。具体而言，浙江金融职业学院在实践过程中采用了如下方法，可借鉴：

(1)选准一批精选对象。在全校范围内设立一个基本门槛，采取公开报名和选拔的方法，确定一批个体自觉且有培养前途的教师作为名师名家培育对象，如40岁以下的博士学位的副教授教师，45岁以下的教授等。

(2)结对一位(批)学术助手(青年教师)。根据自愿结对和组织推荐相结合的方法，按照专业方向和兴趣爱好一致或知识结构互补的原则，鼓励高层次教师和青年教师结对，形成合伙关系(师徒关系)，保持经常联络联系，或者同在一个教研室或者同在一门课程或专业组。

(3)结交一位(批)业务行家(同行实践工作者)。根据自愿和组织协调相结合的方式，提供有较高层次和水平的教师主动结交联合一批专业和行业对口的从业人员，最好是业务行家和专业负责人，形成理论实践的相互交流，汲取最新的业务和政策信息。

(4)组建一个(批)团队。根据前面三个层次的推进，这就形成了全校范围内一个又一个校内外结合的专兼结合有机统一的团队，这个团队既有人才培养功能，又有科学研究合力，更有社会服务潜能，形成了1＋X＋X的名师名家联合体和支持群。

（二）鼓励措施

为推进这种吸纳本科院校优势，针对高职院校实际来培育名师名家的方法，需要从政策上采取一定的鼓励措施。具体来说：

(1)学校建立制度。即学校出台相关文件，明确支持鼓励培养专业和学术带头人，形成名师名家辈出的政策，并采取相对优惠和鼓励的措施。

(2)制定优惠措施。也就是说，学校对结对的学术带头人和青年教师采取政治上、物质上、经济上、条件保障上比较支持和优惠的方法，来促进和鼓

励，如减免常规工作量，设立科技立项，优先申报课题，设立专门研究平台等。

(3)明确考核办法。对已经缔结校内外专兼结合团队的组织，按照“优惠＋考核”的方法，每年或每学年组织一次考核，根据实际情况决定是奖励晋级、合格保持还是淘汰出局等。

(4)鼓励双向兼职(挂职锻炼)，对组建成团队的校内老师应鼓励其在行业(企业)兼职，或创造条件给予其挂职锻炼提供便利，鼓励组成团队的行业企业业务骨干，应聘任其为兼职老师，并给予相应的荣誉和报酬。

(三)长期思考

以上提出的是在现行条件下培养高职院名师名家的方法，从长期发展角度看，高职教育提升内涵和提高质量，延长学制乃至举办本职、研究生层次的高职教育，则会为培养高职院名师名家创造条件。从本科院校或科研院校高薪聘请一批具有硕导、博导资格的教师到学校来，通过行业企业挂职锻炼的方法，融入高等职业教育，形成以高等职业教育目标相一致的人才培养、科学研究、社会服务三位一体的名师名家和团队则具有一定可操作性。而在高职院校内部，调整收入分配结构和财务支出结构，在财力安排和收入分配上向名师名家和师资队伍建设倾斜，则也具有现实紧迫性。

第四节　高职院校青年教师队伍建设

一、青年教师成长目标：基于宏观的要求

青年是祖国的未来，也是高职教育的未来，在中国目前的人事管理体制下，科学设定人才的努力方向和培养目标，对于一个单位具有重要意义，这也是中国国情背景与西方国家国情背景的重要差别。国外体制的背景是，设定人才标准和规格，寻找人才；中国国情体制的背景是，努力培养适应标准和规格的人才。作为从事高等职业教育的师资队伍建设，尤其是青年教师培养，其宏观目标指向应该是：

1.高扬师德旗。教师是人类灵魂的工程师，应该有良好的师德风范和职业道德规范。敬业爱岗、忠诚学校、热爱学生应该是教师的基本师德。自觉地按照社会主义核心价值的要求，用马克思主义中国化成果武装自己，坚定中国特色社会主义理论信念，弘扬爱国主义、民族精神和时代精神，模范遵守社会公德和教师职业适德规范，应该是重要操守。

2.过好教学关。教学是教师最基本的工夫，熟练把握课程教学，熟悉课堂教学技巧，熟知课外活动，应该是青年教师认真研究的重点，从某种意义上说，能否担负起一两门主要课程的教学工作，并在课堂上发挥较强的作用，应该是一个青年教师开展上作的最基本要求。

3.炼就科研功。人才培养、科学研究、社会服务是学校的三大功能，也应当是教师的三大职责，具体到个人身上会有不同的侧重，但对于一个青年教师来说，科研工夫和能力会是其成才成功成名的重要因素，从某种意义上说，它会起重要和决定性作用，因此，科学研究的方法、技巧、功底应该修炼。

4.提升育人力。教书和育人是人才培养的基本工夫，在一线教学中深化育人，在机关工作中推进育人，则是教师的重要使命。教书育人虽是一个整体，但也具有不同技巧和方法，作为育人的要求，也有其规律性可探，更有具体上作可做。学习青年学、心理学、社会学，掌握工作技巧和方法，则会起到事半功倍的效果。对于青年教师而言，直接从事班主任、辅导员等一线工作，也许更能锻炼人，更有意义。

5.形成服务能。高职教育的特征是开放办学、校企合作，培养的人才是面向一线，联系实际，在这种情况下，青年教师既要在教学过程中与行业企业取得联系获得经验，也要在联系实际过程形成服务的能力和水平，尤其是如何了解行业企业的发展变化、发展信息、发展资源，充分利用自身的知识、能力和素养增强服务行业、企业的能力和水平，为行业、企业发展作贡献。

6.修得发展果。每一位青年教师应该努力从实际出发，结合自身优势和特色，充分利用执教课程、从事专业的有利条件，形成自己的特点，培育自己的特色，形成自己有特色的成果，在较快的时间内修得发展之果，作为自己职场成功的胜利之果、幸福之果、甜蜜之果。

二、青年教师成长指向：基于微观的思考

在学校，青年教师是最为活跃的样体，也是最富生命力的样体，青年教师往往也是承担最繁重、最艰巨任务的群体，在培养阶段挑大梁，在成长过程担重任是其基本特征，正因为这样，作为青年教师成长规律而言，是应该有以下特征：

1.基本轨迹。一年适应岗位，即利用一年左右的时间适应教书育人的岗位要求，做到适应环境，适应人文，适应教学。三年成为骨干，即利用三年左右的时间，能够在本校教书育人全部或某一方而发挥骨干教师的重要作用。五年成为尖子（五年顺利转岗）：利用五年左右的时间，成为本单位教书

育人的尖子，也即能够取得院、省乃至更高层次项目的主持人，或者顺利成为复合型岗位新上作的适应者。七年成为宝贝（七年担当重岗）：利用七年左右的时间，能修炼成为本单位教书育人、教学工作的中坚力量，在各项聘任中能成为各部门的首选，为师生所公认和爱戴。九年成就事业：利用大约九年左右的时间，成为本单位挑大梁的人才，从事教学工作工夫过硬，从事育人工作品格可靠，从事管理工作业绩过关，实现专业很精的发展或综合全面的成民。一生幸福平安：青年教师德、智、体、美全面锻炼，德才兼备、又红又专，为成为正品、争做佳品、力创极品打下良好基础，奠定一生良好发展、平安幸福的基石。

2. 基本要求。①讲好一门课程并力争成为优质精品课程，这是青年教师必须顺利达到的标准，合格必须，优秀争取。②带好一个班级并努力成为学风模范班级，这是青年教师育人工作水平的重要标志和体现，也是青年教师在教书育人岗位上立足的基点之一。③形成一批成果并争取成为优质成果，这是青年教师多出成果，出好成果，尽快显示个人才华和业绩的彰显之处，也是教师职场成功的主要标志之一。④融入一个专业并尽快成为中坚力量，这是适应高职教育特点和要求，充分发挥青年教师作用和才能的重要途径和平台，也是青年教师进一步发展的基础。⑤加入一个团队并努力成为骨干，这就要求青年教师融入集体，把握机会，并积极争取机遇，使自己在团队中发挥作用。⑥结对一个企业并努力成为紧密型合作伙伴。这是青年教师适应高职教育特点和要求，加快理论联系实际，推进校企合作、工学结合的重要途径，也是青年教师拓展渠道、全面发展的条件和路径。

三、青年教师培养理念：基于宏观的设计

青年教师是中国高职教育现有教育工作的承担者，也是未来发展重任的担任者，应该加大培养力度，增加锻炼机会，拓宽使用渠道，当然，更应该有具体路径和发展设计。笔者以为，从高职教育教师要求看，重三历强三化是最基本的。

1. 重“三历”。①企业经历。高职教育的要求，强调的是理论与实践相结合，培养的是高素质技能型专门人才，应用型、技能性、操作性是基本特征，因此，作为青年教师尤其是专业课教师，其从事行业企业上作的经历是非常重要的，因为有经历才会有感受，有感受才会有感悟，有感悟才会促进教育教学。②育人履历。育人是教师的基本功，也是教师的基本职责。育人的履历会增进教师对学生的了解、理解和热爱，从而改进、优化和提升教

学上作，促进教育教学水平的提高，从某种意义上说，也有利于解决教与育两张皮的矛后。③博士学历。博士学历既是一个要求，也是一个象征。它实际上要求教师具有扎实的理论修养和功能，具有较强的分析问题、解决问题的能力，较扎实的学术规范和基础，即深厚的基础积淀。只有这样，才能实现要给学生一杯水，教师必须有一桶水的要求。

2.强“三化”。①职业化意识。高等职业教育是高等教育，也是职业教育，必须遵循高等教育和职业教育共同的规范和规律，为此，教师必须有较强的适应专业特点的职业化意识，并有实践感知。②信息化能力。当今社会是知识化信息化时代，掌握信息化手段，学会信息化本领，既是教师从事教学的基本条件，也是教师与学生交流和获取知识信息的重要途径，从而成为教师的基本功。③国际化视野。教学要面向未来，面向世界，面向现代化，这是小平同志提出和倡导的方针，高等职业教育面向实际接轨国际，培养的学生具有处理中国具体工作的能力并具有国际视野，应该是基本目标，这就要求青年教师学在前列，走在前列。

四、青年教师培养方法：基于微观的方案

建设一支素质精良、数量充足、结构合理、适应发展的青年教师队伍，既是各学校的具体任务，也是整个战线的工作要求，既是教育发展的要求，也是人才上作的重要内容，必须通过科学的方法加以推进，具体思路是：

1.舆论引领。必须从舆论上加强对青年教师队伍建设重要性的认识，形成加快建设一支高素质青年教师队伍的舆论氛围，形成有利于青年教师挑大梁，快速成长，脱颖而出的人文环境，鼓励和引导青年教师勇立时代潮头，勇挑发展重担，敢做业务尖兵。

2.工程推动。对青年教师的培养，无论是人事部门、党政部门、科技部门还是教育部门都应该研究并争取有力有效措施加以推进，而对于各类学校而言，更应采取建设工程加以促进，如浙江金融职业学院的青蓝工程，用中老年教师结对培养青年教师的方法；青年教师国际化工程即鼓励青年教师强化外语了解国际，提升教师双语教学能力和国际文化交流能力的办法，又如在青年教师博士化上，资助青年教师攻读博士学历的方法等，实践证明是非常有效的。

3.组织培养。青年教师培养既需要本人自觉和主动作为，也需要工程来推动和促进，也离不开组织部门有计划、有步骤地加以培养，划拨专项经费，建立专门组织，采用专门方法培养和造就高素质青年教师队伍，既是组

织人事部门的职责，也是教学科研工作部门的使命，更应该成为各单位党政主要领导的重要工作，必须认真加以落实。

4. 自我修炼。从本身意义上讲，青年教师的提高和成长，也应该是教师自己的事，如果没有教师的自觉和修炼，没有自身的热情和能力，外部的力量可能也是有限的，外因只有通过内因才起作用。激发青年教师的事业心和进取精神，应该是共同的责任和追求。

5. 考评促进。实践证明，建立科学有效的经济和考核机制，既是培养青年教师的有效路径和方法，也是解决青年教师培养有效性的科学路径，在青年教师一线开展比、学、赶、帮、超活动，开展评比达标考核活动，一定会在很大程度上促进青年教师培养工作的有效开展。

6. 鼓励超越。从人文环境建设上说，我们应该打破论资排辈，按资历论贡献的传统做法，而应解放思想，开拓创新，积极创造条件，鼓励青年教师快速成长，出类拔萃。为此，既要为青年教师常规发展铺路，也要为青年教师超越发展搭桥，更要为青年教师特别发展设专线，形成比学赶帮、万马奔腾的繁荣局面。

第五节　高职院校兼职教师队伍建设

校企合作是高职教育办学模式的必然要求，工学结合是高职教育育人工作的必由之路，专兼结合是高职师资队伍建设的必要选择，对此，业已形成各界共识，并已写入高职教育的相关法律法规和重要文件。问题的要害在于，如何从体制机制上保证校企合作办学模式、工学结合人才培养模式、专兼结合教师队伍建设模式的实现①。浙江金融职业学院在探索兼职教师队伍建设的实践中，紧密结合学校实际，积极建立起以校友为主体的兼职教师队伍，走出了一条创新之路。

一、正确认识校友及其在学校发展中的作用

世界上大凡发展较好、办学成果显著、历史悠久的学校，其背后都是一群校友在起重要作用。因为校友是否认同并支持母校本身就表明了办学的质量和水平，而校友对母校的支持，则会大大促进学校的发展。古今中外，概不例外。从科学正确完整意义上认识校友，则是非常重要的。

---

① 温正胞：《高职院校兼职教师的管理困境：根源与对策》，《中国高等教育》，2011年第9期。

校友工作是浙江职业学院事业发展的重要组成部分，也是学院构建的诚信、金融、校友文化育人体系的重要组成部分，校友文化建设也是浙江金融职业学院文化建设的重要标志，它源于我们对校友作用的基本认识，我们认为：

第一，校友是力量。活跃在各条战线的校友，首先是祖国经济和社会建设的重要力量，也是母校建设和发展的重要支持。是力量就应该千方百计去汇集。

第二，校友是资源。走上工作岗位的校友，大凡都是学校重要的资源，如它可以是学校的兼职教师、学生实习就业指导调动，教师调研锻炼联络协调，学校办学拓展市场和领域，学校争取有关方面支持的渠道资源。是资源，就应该想尽办法去积聚。

第三，校友是人心。校友对母校的理解、认同、评价最直接地代表了学校培养人才的质量，校友人心之向背，是最直接的人心向背。是人心，就得用行动和措施去凝聚。

第四，校友是桥梁。学校联结政府部门、行业企业、社会各界的桥梁有很多，但是应该说，校友是其中最重要的桥梁，而在许多情况，校友本身就直接掌握和影响着某个具体的政府部门和行业企业，影响着社会团体，正因为这样，校友的桥梁作用，要积极架构和发挥。

第五，校友是平台。校友组织，校友活动本身就是联络感情、联结合作、增进友谊、加深理解、促进发展的平台。在这个平台上既可以传播文化、积聚资源、汇集力量，也可以形成更加开放和更宽广的平台，从而有利于学校发展资源的整合。正因为这样，这个平台，应当由学校去积极搭建，并创造条件搭建好。

第六，校友是渠道。学校的建设发展和人才培养工作，要通过多方渠道去推广和拓展，学校也在运行中不断地搭建平台，联结人脉，不断拓宽和开拓渠道，而校友应该是最直接、最重要的联系渠道，并通过它能够形成更多、更有效的渠道。是渠道，就应该努力有效地开发。

第七，校友是纽带。由于校友身份的特殊性、多重性，它既可以是师兄师弟、师姐师妹，也可以是学生，也可以是同事，既可以是部门主管、单位领导，也可以是洽谈一方，竞争对手，它就是学校联络各方面的重要的纽带，必须尽量把它联结起来，并不断加长纽带链，形成广泛的统一战线和支持力量。

第八，校友是品牌。校友在各单位、各部门各方面的表现及其社会评价，自身就是学校品质品牌的最终表现形式。一个优质的学校，一个有影响力的品牌，就是由一个又一个，一批又一批校友表现出来的，因此，必须把校友工作作为学校品牌建设工作来做，是品牌，就要去塑造。

第九，校友是财富。由于校友的特殊性、广泛性，传播的综合性，因此，校友力量就是一个学校发展和建设重要的财富。这种财富已可能是物质上的（如捐款与帮助），也可能是精神上的（如认同和支持），更可能是文化上的（如赞赏和好感），既然是财富，就应该让我们努力去打理，使其不断增值升值。

第十，校友是声誉。学校是一个公共化程度很高的组织，因此它的声誉建设是十分重要的，而声誉建设既不能靠哗众取宠，也不能靠虚张声势，而应该从具体的成绩和成果中表现出来。学校把一件件事办好了，把领导班子和师资队伍建设好了，就会产生较好的声誉，而把人才培养和文化建设抓好了，培育了一代又一代优秀校友，则学校的声誉就会不断提高。从某种意义上说，校友是最重要的声誉发生源，必须切实维护和建设好。

第十一，校友是文化。由于校友既有个性，更有群体性标志，众多个体化的校友，形成群体化的特征，这就形成了学校的文化特征。这既可能是先进的，也可能是落后的，先进的需要我们去巩固，落后的则需要我们去矫正，传承和创新先进健康文化，就成为我们校友工作的重点内容之一。

第十二，校友是事业。校友工作已经不再是孤立的人和事的关系，也不再是简单的学生和学校的关系，它超越了文化的范畴，而与经济、政治、社会、生态相联系。正因为这样，我们必须把校友工作当作一项事业去做。是事业，就要不断去加强建设。

二、基于校友工作重要性认识的校友文化建设安排

第一，建立合法化组织。申请批准成立校友会，早在 1995 年，学院在建校二十周年之际，就经过各方努力申请并经浙江省民政厅批准成立了校友总会，虽然按审批的条件而言，要具备历史悠久，国际影响，统战需要的条件，但考虑浙江银行学校（浙江金融职业学院的前身）其贡献的特殊性，校友会正式获批，使校友会工作具有合法性。

第二，推进规范化运作。学院实施校友会会员、理事、常务理事制度，并进行规范的组织选管制度。学校设有专门的校友会秘书处和校友工作办公室，坚持在合法前提下，有计划、有步骤、规范化的活动，从而保证了工作的有效开展，整个组织体系，有总会，有分会，有联谊会，有会长办公会，常务理

事会，理事会，还有会员代表大会，秘书处工作会，并实施换届制度，理事会和常务理事会也有广泛代表性。经过努力，在2010年浙江省民政厅组织的社团验收评比中，被评为4A级社团。

第三，明确工作目标。校友会以关注母校发展，助推校友成长为宗旨，以关心每一位校友为理念，以重视成就校友，关心弱势校友，巩固老校友，开拓新校友为方针，努力使校友周会成为成就校友的名园，成长校友的乐园，全体校友的家园。

第四，科学设计抓手。校友会以“2300”作为校友文化育人的重要抓手，积极有效地开展工作“2300”文化育人活动，即“千名学子访校友，千名校友回课堂，百名校友话人生，百名校友上讲坛，百名教师进企业”。通过这一抓手，密切了学校、教师、学生与校友之间的关系。对在校学生来说，受到了业务能力、素质修养等方面的教育。对学校来说，增加了校外兼职教师的来源，对教师来说，增加了实践调研的平台。对校友来说，可以展示自己才华，或继续进行知识更新或提高培训，形成了良好的文化品牌效应，受到了热烈的反响，对传承文化更有好处。

第五，明确建立相关制度。学校明确，每年11月的第1个双休日为集中开展校友文化育人的日子，每年5月份的最后一个双休日，为校友回母校日。这种制度性的安排，为学校和校友都提供了方便。与此同时，校友会每年3月第1个双休日为校友登高节，集中校友进行户外健身和交流活动，又如学校规定，凡校领导去各地调研开会，必须走访校友等，都有力地促进了校友工作的开展和校风文化氛围的形成。

第六，建设齐抓共做机制。学校党政班子高度重视校友会工作，学校建设建有校友工作领导小组，明确有分管领导，同时设有校友工作办公室，负责具体工作，学校也安排有校友工作专项基金(事实上基本不用开支)，学校全体领导都参与校友工作；学校定期召开校友工作推进会，统一思想，达成共识，全体教职员工都以主人翁身份参与校友工作。

三、以校友为主体的兼职教师师资队伍的具体做法

总体而言，学院以“2300”为载体，推进校友文化育人活动，“2300”作为一个理念、平台和机制，在推进校友文化育人工作上花力气、出成效。具体到以此推进兼职教师队伍建设的角度而言，我们的具体做法如下。

1. 坚持三结合：

一是固定与非固定相结合。浙江金融职业学院大约毕业了50000余名

校友,分布在全国各地,不可能全部或大部分成为兼职教师,兼职教师又有具体要求,在实践中,我们贯彻相对固定与非固定相结合的办法,所谓相对固定,就是根据专业和课程或德育工作的要求,适量聘请特定授课,所谓非固定,根据时间和机会,可能和条件,临时性聘请或邀请校友做讲座。

二是常规与集中性相结合。根据专业课程教学的需要,必然要根据课表安排,进入具体的有形课堂,按照专业建设和课堂的安排,就某个或部分教学内容进行讲授,或在学生顶岗实习时进行指导。所谓集中性安排,在每学年的某一特定时间,学校进行集中性安排,如建校三十五周年校庆活动前,我们邀请35位优秀校友做35场励志报告,又如,在学生毕业就业前,我们邀请一大批基层校友会会长,集中开展校友会会长话就业等。

三是专业与综合性相结合。作为兼职教师,大部分需要专门化、针对性,就某个具体课程、某些具体内容、某个工作环节、某个工作岗位进行专门培养和教育,这是一般意义上的兼职教师。而除此之外,我们还采取综合性方法来进行安排,如学生在订单培养或顶岗实习时,由一名优秀校友负责若干名学生的综合指导,包括专业、岗位、职业、人生观、世界观等等方面。

2.综合三途径:

一是直接担任兼职教师。采用广泛汇集、综合考察、按需挑选、双方认同的原则,根据各专业和课程教育教学工作和学生顶岗实习的管理需要,聘请一部分优秀校友为兼职教师,直接担任兼职教师的工作,作为专业和课程教师,他们要与学校专任教师共同备课,确定分工,有效实施教育教学工作。作为顶岗实习指导教师,要与学校共同研究培养和实习计划,综合进行实习指导和培养。

二是应约承担专题讲座。我们认为,兼职教师可以是就某个教学内容尤其是发展变化比较快、实践含量高的内容进行讲授,更应该是教、学、做一体,如果能够系统地讲授一门课或系列课,则一定会取得更佳的效果。但除此之外,适应经济社会发展形势需要,就某个专业课程相关问题进行专题讲座,如就业形势与就业观,职业生涯发展与择业观等,则更有成效。又如,今年上半年,温州金融改革影响全球,我们请温州校友做专题讲座,义乌国际贸易综合改革试点,浙江海洋经济试验区建设和舟山海洋经济新区建设,我们请自己校友做专题讲座,既亲切又真切。

三是担任专指委会工作。按照教育部有关文件精神和高等职业教育的规律,高等职业院校以专业建设为龙头,各专业建立专业建设指导委员会,在专业建设指导委员会建设工作中,我们注意选择和聘请一部分有代表性的校友参加，既对学校专业建设进行了有效指导，也有利于协调各种专业建设资源，从而促进专业建设的顺利进行。

3.实现六个一：

通过以上途径，学校以专业为龙头的教学建设实现了六个一的统一，即组建一个专业委员会，形成一批兼职教师，形成一批学生实习调研和基地，形成一批专职教师挂职锻炼基地，开拓一批学生就业基地，创造一些科学和服务的社会和平台。

四、构建以校友为主体的兼职教师队伍的综合发展效应

近年来，我们通过构建以校友为主体的兼职教师队伍，构建了一张庞大的校友网络，投入不大，但成效明显，主要表现在：

第一，行业、校友、集团共生态合作办学模式成为品牌。紧密依托行业，广泛团结校友，推动集团发展，既适应了高等职业教育发展的要求，也适合管理体制调整学校的情况，更扩大了学校的办学力量，促进了学校特色发展。

第二，校企合作有效开展。以校友为纽带，联合联络校友负责管理的单位，校友所在的单位，校友创办创建的单位以及与校友合作的单位，形成广泛的校企合作网络，推进了工学结合、校企合作、顶岗实习人才培养模式的深化和有效。

第三，专兼结合教学团队形成。学校以优秀校友为主体，聘请专业课、素质课、职业指导课兼职教师，安排专职教师去校友企业实践锻炼，这就促进了以母校为纽带，校友为重要组成部分的专兼结合教学团队的形成，也有利于专任教师双师素质的提高。

第四，毕业生就业工作有效进行。高职教育以就业为导向，人才培养工作以就业作为重要指挥棒。在行业、校友、集团共生态模式中，学校教书育人培养人才，校友兼职授课，人生指导（百名校友兼职授课，千名校友实践指导，万名校友文化引领）更重要的，在校友的牵线和帮助下，学校就业工作不仅订单培养面广量大，而且就业质量和起薪率比较高，学生在岗位上发展也比较顺、比较好。近年来，毕业生就业率一直保持在98%左右，录取考分连年居全省高职前列。

第五，校友事业蓬勃兴旺。在母校和校友会的帮助下，在校友文化熏陶下，校友们在经济金融第一线人文关怀多、业务信息多、自我约束严，促进了校友人生的发展、事业的顺利和创业的成功。据统计，从我院毕业出去的学

生，担任支行（支公司、营业部），行长（总经理）及相当职级的校友远远超过5000人，其中更有全国劳模之类的杰出人才。

第六，学校品牌影响力不断彰显。由于母校事业的良好发展，校友事业的成功，不断支持和支撑并丰富了学校品牌的内涵和水准，浙江金融职业学院尽管办学规模不大，但社会影响很大，学历层次不高，但投入产出极高，学院被赞誉为浙江金融界的黄埔军校。

总之，以校友为主体构建兼职教师队伍，推进专兼结合教学团队建设，对高职院校全面履行人才培养、科学研究、社会服务和文化传承创新意义重大，尤其是从文化传承与创新意义上讲，它力量无比，作用无限，生命力无穷。

第十一章

高等职业院校管理干部队伍建设

第一节　高职院校管理队伍建设和总结思考

提高质量，重在管理。早在一个世纪前，社会学家涂尔干就认为："在高等社会里，我们的责任不在于扩大我们的活动范围，而在于使他们不断集中，使他们朝着专业化的方向发展。"随着高等教育大众化的推进，我国的高等职业教育有了长足发展，从总体上看，院校数量已超过 1200 多所，在校生已达 900 万；从具体的院校看，校均规模已近 8000 人，"千亩校园、万名学子"已成为许多学校的真实写照。在规模扩张的背景下，高职院校管理的科学化走向，必然要求管理人员在管理方式上依靠专业知识，走专业化发展之路。

一、提升高职院校教育质量，管理队伍专业化是关键

高职院校管理人员专业化主要是指管理者在管理过程中，通过教育管理的专业训练，习得高职院校教育管理专业知识、技能，实施专业自主，表现专业道德，逐步提高高职院校的管理专业素质，成为一个良好的高职院校管理专业工作者的成长过程。[①] 这个过程既不是简单地等同于知识化，也不是简单地等同于管理的文凭化，而是高职院校管理者管理行为的专业化。一所学校，没有科学、高效的管理做支撑，提高质量就成为空谈。

（一）高等职业教育具有双重特征

在教育层次上看，高等职业教育是高等教育的重要组成部分；而从教育类型上看，高等职业教育又属于职业教育。与普通高等教育相比，职业高等

① 邓雪琳：《对高校管理队伍专业化涵义和特征的探讨》，《高等教育研究》2005 年第 1 期。

教育更强调较强的实践技术和专门的技能，具有高教性和职教性双重特征。高等职业教育的这种双重特征，对其管理也提出了更高的要求，无论是人才培养目标、课程体系，还是教育模式、办学形式等，都要求产与学的深度结合。能否构建与普通高校不同的人才培养模式，是高职院校能否生存和发展的关键。研究高等职业教育的特点，突出高等职业教育的特色，提高管理水平，是提高高等职业教育质量的核心问题。

同时，高等职业院校又是一个学术组织，还具有学术和行政双重特征。很多行政管理人员同时也是教师，管理工作具有"双肩挑"的特性。从管理效率看，它有利于提高人才的综合使用效率。但这些管理人员多数没有经过专门的训练，行政管理专业知识储备不足，大多还是凭个体的经验和感觉在管理，缺乏运用管理学的理论管理高等职业教育的能力，不能适应高等职业教育的管理需求。

因此，使管理队伍专业化以适应高等职业教育的双重特征是提高高等职业教育质量的有效途径。

（二）高等职业院校规模的急剧扩张引发了管理领域的紧张和冲突

我国高等职业教育经过 20 多年的发展，无论是学校数量还是学生规模都获得了空前的发展，这也给高等职业教育的内部管理带来了前所未有的冲击和挑战。大部分高等职业院校都是近几年新升格或新建院校，发展历史比较短，规模扩张与管理升级的矛盾也比较突出。如何抓住机遇，深化改革，提高质量，克服传统教育管理中的弊端和缺陷，已经成为高等职业教育管理中急需破解的难题。管理队伍专业化有助于理顺高等职业院校在高等教育大众化乃至精英化进程中日益形成的复杂关系，从而提高管理效率，促进高等职业教育质量的提高。

（三）高等职业院校的行政管理已经成为一种高度专业化的活动

知识经济时代的到来，新知识的分类越来越专业化，教育管理的内容也随之发生了变化。高等职业院校的管理者已经不只是单纯的任务执行者，还是教育管理的思想者、研究者、实践者和创新者[①]。这些变化使得以往简单的管理方式已经不能适应时代的发展，它呼唤高等职业教育管理人员掌握现代管理理论、管理方法、管理手段以及管理技巧，从而实现从经验管理到科学管理的过渡。

---

① 戴显红：《地方高校行政管理人员专业化研究》，华东师范大学出版社 2008 年版，第 35 页。

(四)管理队伍的专业化是高职院校在激烈的竞争中得以生存的保障

从未来发展来看,由于人口结构的变化,未来5～10年高等教育适龄人口高峰呈现下降趋势,高等教育扩张的高峰也随之过去,即将到来的是发展速度和规模的停滞乃至衰退时期。部分高校将面临发展的困境,高等职业学校的发展也会凸显出各种问题,这对学校如何维持生源是个严峻的挑战。高等职业院校要想在激烈的竞争中取胜,必须依靠自身的特色与质量。而这种特色与质量是在特定的战略指导下逐渐形成的,是特色化的资源配置结构,是资源配置与运营的结果。而一支素质优良、结构合理、遵循教育规律的专业化管理队伍在同样的投入之下,可以为学校产生直接的效益,是高职院校构建特色和提高质量的保障。

二、高职院校管理队伍专业化的特征

1.执著的专业精神。专业精神是指高校管理者对所从事的管理职业所持有的理想、信念、态度、人生观、价值观和道德情操等倾向性系统,是指导管理者从事专业工作的精神动力①。专业精神是专业化发展的动力,是专业化发展的基点。从高等职业教育管理专业化的角度看,专业精神主要体现在三个方面:一是遵纪守法的职业道德;二是甘于服务、乐于奉献的工作作风;三是勇于创新的精神风貌。管理人员专业化过程中,能否理顺高等职业院校内部的管理事务的关系,防止行政权力扩大化倾向,有效行使管理责任,在很大程度上取决于其专业精神。

2.丰富的管理知识。高等职业院校在其行政管理的实际运行中,已经形成了自己特有的规律和管理方法,这就要求从事管理的人员掌握丰富的相关理论知识。除了与高等职业院校特征相匹配的专业知识外,管理人员还要掌握基本的高等教育和管理科学基础知识,如高等教育学、教育经济学、学校管理学、组织行为学以及国家法律及教育行政法规、政策等。在从事高等职业教育管理实践时,将理论知识和管理实践相结合。

3.较强的创新能力。著名经济学家熊彼特曾说:"创新活动是推动经济发展的力量。"同样,较强的创新能力也是推动高等职业教育发展的力量。近些年,高等职业教育发生了极大的变化,高等职业院校管理者所面对的背景也与过去有所不同。我们所倡导的创新高等职业院校管理机制,必须建

① 李凤艳:《高校管理人员专业化建设研究》,兰州大学出版社2010年版,第12页。

立在具有创新观念和创新能力的专业化管理队伍基础之上。否则，如果管理队伍的创新能力落后于管理机制的变革，就会使管理活动丧失创新的优越性，而发生运作过程中观念与行为的分离，必然导致管理改革在实践环节上难以获得卓越的成效。①

三、高职院校管理队伍专业化范围

构建全方位、整体化高职教育管理队伍，可以从不同角度进行分类建设，并以此作为高职院校管理队伍建设的主要价值取向。

1. 从管理队伍层次看，高职院校需要决策领导型、管理协调型、执行操作型三层次管理者。

决策领导型管理者，主要是指高职院校的校级领导班子。这支队伍应该具有较强的法律法规和方针政策意识，具有较强的市场意识和民主意识，懂政治、懂教育、懂市场、懂人才、懂学生，能够抓住机遇、能够整合资源、善于谋局用人、善于创新发展。这支队伍应该做到素质优异、数量适当、智能互补、结构合理。

管理协调型管理者，主要是指中层管理干部队伍。他们在学校建设和发展中起着承上启下的中流砥柱作用，对他们的基本要求是，能创造性地开展工作，具有较强的学习力和执行力，能够把文件学清楚，把市场搞清楚，把环境建清楚，把思路理清楚，把事情做清楚，把话语(总结)说清楚。

执行操作型管理者，主要是指高职院校管理队伍的基层干部。对他们的基本要求是，忠诚、专业、负责，能够领会领导意图，严格规范办事，认真履行岗位职责，在分管职责内充分行使职权，承担责任，做好工作，成为行家。

2. 从管理工作内容看，高职院校管理队伍建设需要重点培养六类人员。

(1)教学管理队伍。这是高职院校管理队伍的基础性人才。学校工作以教学为中心，人才培养工作为重心，建设一支熟悉高职教育规律，懂市场、懂专业，会管理的教学管理队伍十分重要，它既包括教务处等职能部门，也包括实训等辅助教学管理部门，当然，更包括系(部)和专业(教研室)主任。

(2)育人管理队伍。这是高职院校管理队伍的重要组成部分。学校工作必须坚持以育人为本、德育为先，育人工作是学校工作的核心。因此，建设一支高素质育人管理队伍至为重要，他们必须懂学生、懂青年、掌握育人规律，具有教育学、心理学等方面知识，爱学生、负责任、会教育、愿服务。

---

① 程勉中:《现代大学管理机制》，人民出版社 2000 年版，第 43 页。

(3)市场营销队伍。从某种意义上说,市场营销队伍是职业教育的特殊组成部分,也是有机组成部分。高职教育以就业为导向,以服务为宗旨,走产学研相结合发展道路,因此,正确定位、研究市场、开发市场、巩固市场是一所学校得以生存和发展的必要条件,正因为这样,高职院校必须培养一批市场意识强、营销水平高的人才队伍,促进高职教育的可持续发展。

(4)安全管理队伍。发展是第一要务,稳定是第一责任。一个学校要创新发展、提高质量,其前提是安全和稳定,因此,建设一支忠于职守、纪律严明、责任心强、具有牺牲和奉献精神的安全管理队伍十分重要。

(5)后勤保障队伍。学校是一个综合体,高职院校学生都远离家长,以住校学生为主,因此,建设和完善后勤生活设施是中国现阶段高校运行模式的常态,也正因如此,学校同样需要建设一支服务意识强,具有较好服务技术和能力,脚踏实地、勤奋实干的后勤保障式队伍。

(6)辅导员队伍。辅导员是中国高等学校队伍建设的特色,其主要任务是学生思想政治教育、学生发展指导和学生事务管理。按照中央有关要求,辅导员队伍要按照双重身份、双重待遇、双线晋升的要求,既要作为师资队伍来抓,也要作为管理队伍来抓,并切实增加投入,加强建设。

四、现阶段加强高职院校管理队伍建设的建议

高职院校管理队伍建设是一项系统工程,必须进行制度上的顶层设计,并争取有力措施加以推进。

1. 积极构建"双阶梯"式管理和激励模式。这就是说,高职院校必须建立起专门的师资队伍和管理队伍,两支队伍允许有交叉,但对"双肩挑"的范围和条件应有严格限制。师资队伍与管理队伍承担的岗位职责不同,遵循的工作逻辑不同,所需的能力要求和知识素质也不同,因此两支队伍建设具有同等的重要性,不可偏颇。[1] 就个体而言,应根据自身特长、条件等因素正确定位、科学规划,坚持岗位稳定与转岗慎重;就学校而言,应该明确教师和管理人员的二元序列与双重进阶,使两者在不同的序列下履行职能、在不同的进阶上实现成长发展,特别在管理制度和办法设计上,要采用不同的考核指标,分别采用有效的激励措施,鼓励员工在不同岗位上勤奋创新、做出贡献、争创佳绩。

2. 科学设计管理队伍岗位设置和管理办法。当前,全国范围内正在进

① 程勉中:《现代大学管理机制》,人民出版社 2000 年版,第 43 页。

行事业单位岗位设置管理和改革。应当说，它对规范事业单位岗位设置和人员管理具有较大的推动作用，对实现事业单位内部管理由经验模式向科学模式发展具有积极的促进作用。但是现行的办法还不够精细具体，在推进思路上仍然沿袭了行政机构改革的相关制度模式，问题是，如果再按行政相关的办法建立薪酬考核，那就未必能得到应有的效果，弄不好还会违背决策的初衷。事业单位的存在理由主要是实现各级政府的公共服务责任、落实社会公平与福利的价值追求，不同于行政机构的公共管理职能与社会安全与秩序追求[①]。因此，应该鼓励高职院校从学校特点出发，引入企业化管理机制和绩效考核办法，以真正体现高职院校校企融合的办学追求，比如在教职工的工资结构设计上应当减少固定的基本工资部分，增加灵活的绩效考核内容和办法。

3.着力搭建一套专门针对管理队伍的综合培养体系。培训和教育是加强高职院校管理队伍建设，提高管理队伍水平的必要条件，为此，应建立综合化、立体式培养体系，尤其是在培养理念与培养内容上要与师资队伍培训有所区别，各有侧重。具体而言可包括以下几个方面：一是岗前培训，坚持做到先培训后上岗；二是岗位轮训，及时传达和领会新形势、新政策、新理念；三是转岗培训，凡轮岗、转岗者都必须经过培训。要做到这些，就必须由教育行政主管部门会同有关方面设计系统的岗培从业资格标准，提供岗位培训条件和渠道，在培养内容上应当强化双语会话、计算机网络应用、公共管理学等方面的能力与水平，从而有利于管理队伍建设的有效开展。

第二节　高职院校中层干部队伍建设

毛泽东同志曾经说过，“政治路线确定之后，干部就是决定的因素”。高等职业教育作为我国高等教育的重要组成部分，承担着为社会主义现代化事业培养生产、建设、管理、服务第一线高素质、高技能应用型人才的重任，规模已近千万，号称中国高等教育的半壁江山，而且其发展已进入内涵建设和质量提升阶段。在这一背景下，加强对承担着领导组织管理高职院校主体运行任务的干部队伍的建设和培养具有特殊的意义和要求。事实上，这也是近年来高职教育改革与建设过程中每每被忽视和欠缺的部分，因此，本文着重就内涵建设阶段高职院校的中层干部队伍建设进行思考，并提出建议。

---

① 赵建中：《论和谐视野下的高职院校动态管理体系的建构》，《中国成人教育》2010 年第 1 期。

一、内涵建设阶段中层干部队伍建设亟须摆上议事日程

伴随着高职教育内涵建设的有序展开，队伍建设（包括干部队伍建设和人才队伍建设）应该摆上相应的议事日程。事实上，在国家和省示范性高职院校建设计划中，领导能力提升和院校长能力建设已经被摆到重要位置，以专业建设为龙头的示范性建设计划对专业带头人的培养和锻炼也有目共睹，尤其是教育部实施的院校长海外培训计划和正在实施的全国1200名高职院校长、高职引领职业教育科学发展研修班，对提高院校长能力和水平，推动院校长理念更新，发挥了重要作用。然而，院校长理念和能力固然重要，但内涵建设是一项系统工程，特别在高职院校办学规模不断扩大，“千亩校园、万名学子”成为一种普遍现象，一个专业系部或二级学院人数在两三千人甚至规模更大的背景下，高职院校面临的改革建设和管理任务艰巨而复杂，职能部门的组织指挥和评价考核工作任重而道远，队伍建设同样不可忽视。更何况，国家教育行政主管部门的政策导向和院校长的理念思路要能够得到深入具体的贯彻，必须依靠广大中层干部的传递和落实才能见效，也就是说，学校规模扩大以后，院校长指挥协调的组织基础十分重要，中层干部在其中发挥着中流砥柱的作用，因此，内涵建设要抓在实处和要处，中层干部能够“各显神通”地表现是关键。

中层干部在学校各项工作中起着承上启下的作用，既包括行使某一职能的处室部门负责人，也包括具体承担专业群（系、院）建设的院系管理者，随着内涵建设的不断推进，其重要性愈发突显。而实际情况是，近年来无论是教育主管部门还是其他有关方面，对这一层次干部的培养提高显得相对薄弱，至少还没有明确具体的引导政策；同时，管理学专家实验得出的结论表明，由于传递过程中理解和领悟力的差异，政策本意到政策执行过程中的偏差会很大。因此，我们认为，中层干部队伍建设必须摆上日程，刻不容缓，其中中层干部的学习力、创新力、理解力、执行力至关重要，综合素质的提升也相当迫切①。

二、努力建设好六方面中层干部队伍建设

中层干部是一个广泛的称谓，一般是指一个相对独立的单位中的中层部门（单位）负责人。就一个县而言，局部（委、办、局）负责人、乡（镇）负责人

① 胡少平：《加强高校中层干部队伍建设的路径选择》，《学校党建与思想教育》，2010年第2期。

均属之；就一个学校而言，中层干部则是指系（院、处、室、部）负责人和直属单位负责人。学校的管理虽不同于政府部门，但是也将中层干部纳入同一层级进行管理，只是在具体内容和要求上与之不同。具体而言，高等职业院校的中层干部队伍建设一般要抓好以下几个方面：

1. 系主任（专业学院院长）队伍建设。高等学校一般实行院、系两级管理体制，即使规模不是十分大的高职院校也都采取这种管理模式，所不同的只是在两级管理的深度和广度上有所差别（有的学校实行完全的切块包干式的两级管理，有的学校则是在教学和学生工作上实行两级管理，而在人、财、物管理实施学校统筹），其中，系主任这一层次的中层干部在高职院校的管理体制中地位十分重要。他们往往具有较强乃至极强的专业性，首先要求是专业领域的专家教授和学者，他们一般也应该是专业带头人，具有专业建设的担当指导能力。与此同时，以系或院为单位要相对独立地面向市场，解决专业适应性、就业适需性、合作深入性等问题，因此，学术水准、专业水平是成为系主任队伍的前置性条件，而管理水平和市场能力也是担任中层干部本身的必然要求。总之，系主任（专业学院院长）既要能使校旗高高飘扬，也要能让彩旗精彩纷呈。

2. 职能处室负责人队伍建设。在高职院校，根据工作分工，都设有若干职能处室，一般有办公室、人事处、教务处、学生处、科研处、财务处、设备处、后勤处、保卫处等。近年来，又增加了招生就业处、校企合作处等，它们都按照职责和职能承担某一方面的工作，对内对外均代表学校。对内，他们是学院党委和院校长决策指挥的参谋和助手，是分管校领导在负责领域的秘书长；对外，他们必须在职能领域内代表学校参加活动、了解政策、争取资源。因此，专业水平、服务意识、沟通能力、参谋质量就成为职能处室负责人的建设重点和选配依据，职能处室负责人必须要能在“职内成家、业内成名、内外成功”。

3. 党群干部队伍建设。在中国，共产党是法定的执政党，公办高职院校都实行党委领导下的校长负责制，其主要任务是贯彻执行党的方针政策，把握办学的社会主义方向和建设有中国特色社会主义的舆论导向，巩固培养社会主义现代化建设者和接班人的思想阵地。据此，学校设有系（院）党总支，配有党委职能部门（如党委办公室、组织部、宣传部、纪委、人民武装部、学生工作部），还有团委、工会、妇联等群众组织，统称党群工作部门。这些部门承担着贯彻落实党的路线、方针、政策，加强党的建设的具体任务，因此，政治立场坚定、党性觉悟高、综合素质强、群众影响好成为选配党群中层干部的重点要求，尤其是，这些干部中的大多数还承担着培养教育学生和在青年学生中开展党建工作的重要任务，因此，其个人品行及其在师生中的诚信是相当重要的，党的历史、理论以及相关工作专门知识也必不可缺。

4.市场化管理队伍建设。高等职业教育的特点是校企合作、工学结合，根植产业、依托行业（地方）、融入企业、强化职业是基本要求，因此，在高职院校中，既需要有面向市场、调研市场、开发市场、巩固市场的专业部门（如校企合作办、校友工作办、基金会办公室、招生就业办等），也需要在相关部门和系（院）有重要从事市场工作的负责同志，他们不一定占多数，但是要有一定数量，市场适应性、交际能力、沟通能力、协调能力就成为选配这一部分中层干部的重点要求。

5.经营性管理队伍建设。按照校企合作、工学结合的人才培养模式，高职院校根据其自身特点，发展需要，并充分利用人力资源优势，建设有若干产学研相结合的企业组织（或称产业，一般采取公司制的形式），它们既是学生实习的重要场所，也是教师调研的主要基地，是学校服务社会的综合窗口，也是学校创造社会效益和经济效益的重要途径。这些企业（中心）市场化程度高，经营管理任务重，因此，专业能力、管理能力、经营能力、风险能力就成为这部分中层干部选配重点，而且这部分同志往往也要亦学亦商，商以致用，商以助学，正因为这样，奉献精神，大局意识，角色转换本领更显特殊。

6.服务型管理队伍建设。学校是一个小社会，更是一个综合体，在高职院校除了常规的系（院）、职能处室和党群部门，特设的市场部门和经营单位外，一般会设有相关服务部门，如图书馆、实训中心、电教中心、教育技术中心、信息中心、后勤服务中心等等，这些部门工作内容虽不同，但共同的要求是提供优质服务。表面上看，这些部门不显山水，但在运转中都十分重要，而且也有极强的专业性要求，正因为这样，专业素养、服务意识、奉献精神、牺牲精神就成为这一领域干部队伍建设的基本要求。

三、着力内涵、共同打造高素质中层干部队伍

前面从六个领域就相关方面的中层干部队伍建设要求作了分析，但中层干部也是一个整体，处于同一层级，也会实施交流和岗位轮换，因此，既要考虑各岗位中层干部的不同特点，也要考虑中层干部队伍建设的共同要求，我们认为，“六性”、“六力”建设应该成为共同的追求。

（一）“六性”修养及其内容

1.政策性修养。中层干部处在学校建设发展的重要环节，应该有政治

上的信仰和追求:忠诚于社会主义事业、热爱中国共产党、热爱祖国和人民,有较好的党性修养,有较好的学习理解执行政策的意识和能力,这应该是认识和培养中层干部的前提条件之一。

2.事业性追求。教师是一个职业,教育是一项事业,而高职教育更具挑战性,因此,中层干部的事业性至关重要。一个人只有把自己的工作当成一个事业去做,而不仅仅是作为谋生的手段,才会精益求精,不厌其烦,才能在平凡的岗位上创造出不平凡的业绩。

3.责任性修炼。责任性是做好工作的重要条件和保障,从某种意义上说,责任性大小和强弱比工作能力水平高低更加重要。有道是:责任重于泰山,态度决定一切,就是说,作为一个干部,为官一任,守土有责,造福一方很重要;作为一名学校中层干部,应该有一种"决心要做好,并且不断做得更好"的责任性。

4.奉献性精神。中层干部由于其工作的特殊性,做得好,会两头给光;做得不好,就会两头受气(包括外头和里头受气,上头和下头受气)。正因为这样,不仅要求中层干部会吃苦、有能耐,更要有奉献精神:为了执行和服从上级的决定,需要奉献;为了示范给基层同志看,做出榜样,需要奉献;为了配合和适应外头,需要奉献;为了圆满和推进本部门工作,做好里头,需要奉献。

5.专业性水准。高等教育是一门专业,有其发展规律和工作规则,每一个中层职位也都有履职要求。因此,每一个中层干部应该按照"干一行、懂一行、学一行、钻一行"的要求,注意提升自己所从事专业的管理工作的专业性水平,如果一个专业部门的管理者不懂得专业和政策,就一定会削弱其管理绩效和水平。

6.适应性水平。这是对一个中层干部从事多岗位能力的要求,它要求中层干部具备一专多职的素质,从而适应一类多岗或多类工作的能力,以更好地支持和推进全局工作。

(二)"六力"提升及其内容

1.学习力的提升。学习能力是所有能力中最为重要的因素,在知识经济日新月异,经济社会发展和转型升级不断深入的背景下,只有具备较强的学习力,才能适应发展变化着的管理对象和管理事物,也只有努力地学习,才能不断更新知识,更新观念,发现新情况,提出新问题,形成新对策,切实提高工作能力和水平,因此愿学、会学、善学是每一个中层管理干部的重要品格和修养。

2.理解力的提升。一个人的理解力与其知识、智慧、经历、情商、智商紧密相连，也与其是否认真用心、谦虚好学直接相关。中层干部必须提高理解能力，除了正确理解党的路线方针和政策外，很重要的是要理解校党委和校长的工作布置和工作意图，然后加以吸收消化并认真贯彻落实。古话说，“听话听音”、“敲锣听声”、“听懂半句话”，这讲的都是理解力的问题，中层干部必须学会理解，善于理解上级和领导的意图。

3.执行力的提升。中层干部担任上传下达、下情上传的中介职责，其重要职责是贯彻落实校党委、校长的工作布置和安排，并认真落到实处，中层干部履职是否到位，不仅在于汇报得好，说得好，而在于做得好，落实得好。正因为这样，执行力从某种意义上说，是中层干部体现学习力、理解力的重要表现，必须有这样的态度，更有这样的行动。

4.创新力的提升。中层干部不是简单的传声筒，也不是简单地机械地执行，必须创造性地开展，尤其是一个学校规模不断增大，专业门类也十分复杂，学校领导层不可能考虑方方面面，事无巨细，而总是做一些总体部署和原则性要求，这就要求中层干部必须创造性工作，从某种意义上看，学习理解基础上的创造性执行，才是高素质、高水平的体现。

5.战斗力的提升。这主要是指在非常规常态条件下一个中层干部加班加点、拼命工作、创新工作、连续工作、破解难题的能力，学校工作多数是常态，但也有非常态的时候，作为一个中层干部，必须把关键时候特别能战斗，特别能吃苦，特别能创新作为培养和修炼的重点。

6.开拓力的培养。无论是哪一种类型的中层干部，都有面对上级领导和政府部门、行业企业和科研院所的问题，要实现职内成家，需要开拓，要推进业内成名，更需要开拓，要内外成功，必须营造良好的外部环境。正因此，开拓市场、联系外部是作为一个中层干部非常重要的能力。

四、统筹管理、培养高素质中层干部队伍的六条途径

要建设一支素质精良、结构合理、总量适当的高素质的中层干部队伍，必须按照《党政干部使用工作条件》和学校具体情况加以培养和造就，具体来说：

1.公开选拔的方法。这是解决变中层干部“要我干”为“我要干”的重要途径，也是对中层干部理论水平、表达能力、学习能力的前提性条件考核，通过这种办法，有利于造出自身优秀、组织认同、群众公认的中层干部。

2.提高培训的方法。学校和上级有关方面，应制订科学的中层干部学

习培训计划，按批次、分步骤地进行系统培训，或根据工作特点和需要，根据“查漏补缺”的原则进行培训，以提高其工作适应性。

3.考察交流的方法。提倡鼓励并创造条件，安排中层干部到对口单位、对口部门或先进部门进行调研复习和工作考察，学习间接经验、避免走弯路，从而尽快提高干部队伍水平，其中包括了出国考察。

4.岗位轮换的方法。干部轮岗交流，既是互换工作的需要，也是提高工作的需要，通过轮岗工作，既利于相互理解，从而谋求相互支持，与此同时，坚持多岗位锻炼的办法，有利于增强干部全面意识和工作适应性。

5.挂职锻炼的方法。对于一部分需要针对性提高和培养的优秀干部和后勤干部，采用到兄弟院校、党政部门、经济实体乃至国外单位挂职锻炼的方法，从而拓宽其视野，提高其水平。

6.鼓励拔尖的方法。中层干部队伍建设需要有条例，立规矩，讲资历、讲年龄，但如果条条框框过多过死，就容易产生按部就班的情况，形成一潭死水的局面。因此，对于高学历、高职称，特别能吃苦、特别能奉献、特别有才干的一些干部，可以破格选拔，这样，才有利于干部队伍形成活水，创造成绩。

第三节　高职院校辅导员队伍建设

在中国高校，辅导员是一个特殊的职业群体，他们具有教师和管理者的双重身份，既是高校教师队伍的重要组织部分，也是高等学校从事德育工作、开展大学生思想政治教育的骨干力量，是大学生日常思想政治教育和管理工作的担任者、组织者和实施者，是大学生健康成长的指导者和引路人。从主观上看，其地位身份之特殊、责任使命之崇高，足以说明建设好这支队伍的重要性，但客观地看，现阶段高等学校辅导员队伍面临着许多矛盾和挑战，与其理想模式差距甚远，必须直面挑战、科学研究、精心设计、系统解决。作为兼具职业教育和高等教育双重属性的高职教育的辅导员队伍，其矛盾冲突更为明显，有效解决的难度压力更大，更需要我们认真研究和统筹解决。

一、高校辅导员队伍的职业特性

(一)辅导员工作的主要内容及其相互关系

辅导员是开展大学生思想政治教育的骨干力量，是高校学生日常思想政治教育和管理工作的担任者、实施者和组织者。从中央和各级党组织赋予辅导员队伍的工作要求看，主要应包括以下三个方面[①]：

一是大学生思想政治教育，包括思想道德教育与行为养成、形势政策教育、党团教育与活动、日常思想政治工作、安全稳定工作等。

二是大学生发展指导，包括大学生涯规划与成长指导、学涯规划与学业指导、职业规划与就业指导、心理咨询与辅导、素质拓展与社会实践指导、校园文化活动指导、创新创业活动指导等。

三是大学生事务管理，包括班级建设与管理、奖、贷、勤、助、免、补等日常事务管理，也包括宿舍文化建设与管理等。

在这三层次的工作内容中，大学生思想政治教育是辅导员的核心工作，大学生发展指导是主体性工作，大学生事务管理是基础性工作。

（二）辅导员工作的主要特征及其关系

从上述三个方面的内容可以看出，辅导员工作的对象是大学生，因而决定了其工作性质具有以下三个特点：

一是对象的善变性。即辅导员面对的是一个个不同的具有特定价值倾向且处在不断变化和发展之中的大学生，后者的善变性和可塑性决定了辅导员职业的挑战性和创造性，同时也对辅导员的思想境界、教育理念、教育能力、工作艺术提出了更高的要求。

二是内容的复杂性。辅导员工作千头万绪、纷繁复杂且没有时空边界，辅导员不仅是大学教育的重要力量，而且是各种教育要素的协调者，既要把握校内教育资源，又要整合社会与家庭教育资源。

三是影响的长效性。辅导员的工作方法是多种多样的，对大学生成长的影响也是多方面的，既需要丰富的学识智慧濡染，又需以自身的人格感召，辅导员与大学生的交往也是相互的或者是双方乃至多方互动的，其工作机理在于潜移默化、长效促进。

（三）由工作内容和性质提出的辅导员素能要求

由上述辅导员的工作内容和性质分析可知，辅导员确需具备教师和管理者的双重素质和能力。具体来说，主要应做到：

一是高学历。这是其具备渊博知识和丰富智慧的一般前提条件，也是赢得大学生信任的主要前置内涵，自然也是做好辅导员工作的重要因素。

---

① 方宏建等：《论高校辅导员的工作内容和实现方式》，《中国高等教育》2009 年第 10 期。

同时，这里所说的高学历乃是相对于辅导员的工作对象而言的较高学历，不应理解为片面追求高学历甚至最高学历。

二是高素质。辅导员工作主要是做人的工作，其行为规范、道德品行、言语能力、奉献精神等等都是十分重要的，缺少了高素质，辅导员工作一定做不好。

三是高水平。它需要有经验和知识的积淀，也需要有处理复杂问题的技巧和艺术，辅导员要善于发现问题、分析问题、解决问题，有能力推进系部、专业学生面貌既健康向上、生机勃勃，又保持平衡有序。

二、当前高等学校辅导员队伍面临的挑战

从理论上说，辅导员具有教师和管理者双重身份，它应该具有双线晋升和双位发展的条件和机制。在军队中有一支特殊的队伍，就是“两栖部队”，这是经过择优挑选并经过专门的艰苦训练的质量高、战斗力极强的精干队伍，辅导员队伍就应该是中国高校的这样一支队伍。新中国成立以来，尤其是改革开放以来，党中央和各级党委都十分重视这支队伍的建设，并采取了一系列措施，也取得了一定的成效，但当前存在的问题仍不容乐观[①]，主要表现在：

1.“一大二低”现象比较普遍。所谓“一大”就是高校辅导员队伍流动性偏大，短则1～2年，长则3～4年，流动现象明显，有的从进校入职开始就把它作为过渡，再加上青年教师婚恋及辅导员生育、家庭等因素，辅导员较少超过五年工龄的，如没有强制措施和强杠杆激励，流动性矛盾会更加突出。

所谓“二低”就是高校辅导员普遍学历偏低、职称偏低。一般而言，在普遍需要硕士化学历起点的高职院校，辅导员可以是本科；而需要博士起点的本科院校，辅导员可以是硕士，如果有相同学历者，往往不首选辅导员工作。与此同时，辅导员如果具有副教授及以上专业技术职务，一般都不再继续在岗，而是千方百计转岗升岗，脱离辅导员“苦海”，除非被提升到系党支副书记（相当于副处级干部）或者学工办主任职位。

2.职责关系难以理清。一是与班主任工作职责划不清，是组织和领导班主任还是替班主任补台垫背，抑或立体交叉进行，现实运行中矛盾很多，形成相互扯皮现象。二是思想政治教育、职业发展指导、日常事务管理三大职能与党建团建、招生就业与思想政治类课程教育、职业生涯和心理健康等

① 胡建新：《切实解决辅导员队伍建设的四个问题》，《中国高等教育》2009年第8期。

人文素质类课程教学及社团活动之间交叉不清，担任社团指导老师有工作量，担任课程教育教学另有课酬，辅导员则没有相关待遇，相互关系及效果难以检验。

3. 职业发展前途难以确定。辅导员工作内容涵盖三大方面，但平时用时最多的是学生事务管理，十分烦琐且难以考核形成实绩，由此造成的结果是：①转向专任教师，由于起步迟、中途干扰多（毕竟没有足够时间专门化做专业）而落后于他人；②转向其他行政工作，也受到专业知识和水准的限制，往往不受到专业管理部门欢迎；③继续留做辅导员工作则受到家庭等多方面因素的牵连和影响。

由于上述三个方面的影响，当前我国辅导员队伍具有明显的行为短期化和过渡化特征，为保证辅导员队伍稳定，各学校都采取一些临时性、应急性倾斜措施来解决问题，比如规定做够几年继续做辅导员可给予相应待遇等，在重点学校，承诺以攻读硕、博学位作为奖励条件等等，但是没有从根本上解决存在的突出问题。

三、高职院校辅导员队伍面临的特殊矛盾

高等职业教育是我国高等教育的一个新类型，它兼具高教性和职教性双重属性，但它属于专科层次，目前正由大规模扩张阶段转入内涵建设阶段。由此，使高职院校辅导员队伍建设产生了新的特殊矛盾。

1. 高职院校辅导员队伍的职业发展尤难。在大学尤其是一些重点大学，学校可以承诺做够 3～4 年的辅导员可以深造或优惠推荐博士等渠道为辅导员提供出路，而高职院校自身没有这样的条件。前几年，由于高职教育正在经历由小到大的规模扩张时期，做了一定年限的辅导员可以分流发展到学校党政管理部门。近年来，高职教育总体进入内涵建设和质量提升阶段，规模相对稳定，专业门类保持均衡，大规模增加教师和行政人员也不再是主要途径，在这种情况下，经过多年辅导员岗位的同志的职业出路又成了一个难题。

2. 高职院校辅导员面临“双师”素质考验。高职教育教师的要求是：应当具有从事行业企业工作经验和经历，具有教师的职业从业经历和能力，即双师素质，这对于各学校办出特色和水平至关重要，但对辅导员队伍建设却是非常严峻的考验，因为它对辅导员取得教师资格和身份，在教师岗位上发展形成了更大压力，提出了更高要求，也在一定程度上对高职院校辅导员队伍建设提出了新的课题。

3.与学生同住宿舍的直接压力和实际矛盾。据我们调查和了解，辅导员压力大、工作繁是问题表面，而经常值班和住学生宿舍是最直接的压力和矛盾，这不仅对于结婚成家或者已经生育的女辅导员有压力，甚至对进入恋爱期的男女辅导员都有压力。过去辅导员是每天住学生公寓，现在有些学校放宽到5天乃至3天，但仍然是矛盾重重。还有女辅导员的哺乳期等问题，都给辅导员队伍建设中的约定与认同、职责与道义之间造成新的矛盾，难以合法、合情、合理地解决，对于女生较多因而配置了较多女辅导员的学校来说，其矛盾更加直接和突出。

四、对加强高职院校辅导员队伍的整体思考

应该说，高校的辅导员队伍建设是一项系统工程，是一个中央政治局战略，政治上意义重大、实践上影响深远，历来得到各级党组织和学校党委的高度重视。如何体现优惠重视原则，符合整体平衡思路，既着眼于长远，又有利于现实运行，这需要我们认真领会精神，系统进行设计和把握，具体思路是：

1.确立一个理念：重视和加强。辅导员队伍是中国特色的高校队伍，它具有教师和管理者双重角色和身份，这是从中国高等学校的特点出发，从培养社会主义现代化建设者和接班人的角度设计的一支重要队伍。它对高等学校学生思想政治教育、党建团建工作、维护校园安全稳定工作，对于有效开展大学生职业生涯规划和引导、科学布置并做好大学生事务管理意义重大。它既是中国共产党思想政治工作优势的实践的使者，也是中国共产党组织工作优势的组织使者，是维护高校乃至区域社会稳定的责任使者。基层不稳则地动山摇，基础筑牢则整体和谐稳定，我们必须重视和加强辅导员队伍建设问题，学会用发展和创新的理念来解决运行中的矛盾和问题。

2.坚持二项原则：优惠和兼顾。所谓优惠，就是根据中央关于重视和加强的要求，从人力、财力、物力等方面对辅导员队伍建设给予优惠性安排，其中包括认真落实双重身份、双重待遇、双线晋升等政策，也包括对辅导员岗位在培训提高、职位安排和晋级通道等方面给予相应优惠性措施，并成为明确的政策导向。

所谓兼顾，就是要统筹学校各类人才队伍之间的相互关系，包括政策方面的相对平衡、队伍之间的相互流动关系，晋升晋级方面的统筹兼顾等，绝不能让学生一线工作同志失落和吃亏。同时，明确提出每个教师必须有学生工作履历。

3.实施多元战略:适应特点、多元发展、立体建设。辅导员队伍是一个特殊群体,每一个辅导员又有不同的特点和背景,中央和教育部提出了职业化和专业化,也是说,首先把辅导员作为一个职业岗位,从制度上设计为一个可以成为终身职业的工作,然而实现和推进专业发展[①],其理念和思路是正确的,但操作过程中应采用多元化思路,适应不同个人特点、整体设计、多样选择、立体建设。具体地说:

(1)配足数量。严格按照1∶200的要求建立数量适当并充足的辅导员队伍,确保工作落到实处。

(2)合理结构。从学校特点出发,合理确定男、女辅导员比例,老、中、青辅导员比例,各类专业辅导员比例;思想政治专业、教育心理、管理类专业可有一定数量、文艺体育类专业也应有一定比例,与本校专业相匹配的专业(如财经类院校的财政、金融、会计类专业)也可有一定比例,总体形成合理结构、实行智能互补。

(3)形式多样。也就是对辅导员争取多样化的工作定位和安排。一是整体职业化模式。可以建立晋级通道,激发其长期从事该项工作。二是"先专后兼"模式。先做一定时间专职辅导员,后从事教师或管理工作,兼做辅导员。三是"先专后分"模式。先专职从事辅导员3年或以上,以后根据适需岗位进行分流。四是长期兼职模式,鼓励教师和管理者尤其是优秀的中青年骨干教师兼职从事辅导员工作。

(4)出路多元。也就是说,对担任过辅导员工作的同志应该进行科学的职业生涯规划,以优化结构。一是鼓励终身发展,成为职业化岗位;二是适时分流,在全校范围内统筹考虑,以优化结构,不断吸收新鲜血液。

总之,各高职院校应该根据"重视和加强"的要求,采取多样化和实效化措施,切实有效地把辅导员队伍建设好。

第四节　高职院校班主任队伍建设

中国的高等学校不同于欧美国家以及中国香港特别行政区的高校,它们实行的是书院制,而我们则实行院一系一班级三级体制,同时,中国的高校特别强调学校的教书育人职责,因此,一般而言,各高等学校都按照中央的规定配备有足量的思想政治教育辅导员(简称辅导员)。与此同时,各学

① 周元武:《论辅导员队伍的职业化、专业化建设》,《学校党建与思想教育》2010年第12期。

校都根据学生工作的需要，建立以班级为基本单元，以专业、年级、系部（或二级学院）为主要归口的管理组织形式。几十年来，作为班级具体管理者的班主任这个概念，无论在小学、中学还是大学都是十分牢固的。有趣的是，当人们对辅导员队伍建设异常重视，乃至中央政治局对此要做出规定时，相对的班主任队伍建设，则既没有受到重视，更缺乏理念与政策研究①。因此，本人结合现阶段高职院校的实际，就高职院校的班主任队伍建设作简要分析和思考。

一、班主任队伍是高职院校十分重要的一支队伍

在我国的高等职业院校，一般都按院（系）、专业、班级划分学生的单位，每一个班级或同专业的几个班级，一般都配备有班主任。人们在列举学生情况时，往往都说是哪个班的，甚至是哪个人（指班主任）的。毕业后回校或遇见校友，都会问或答我是哪个人（指班主任）班上的，或者称班主任是谁。一般地说，在专科、本科阶段，只有当过班主任的老师才会理直气壮地说“某某是我的学生”，相当于硕士和博士阶段的导师和研究生之间的关系，可见班主任之重要。细分起来，班主任之重要，主要表现在：

1. 班主任与学生联系最直接、最紧密。班主任是一班之主任，它从新生入学到毕业都在带班，可谓是，与学生千日相连、朝夕相处，毕业后会保持十分密切的联系。学校有什么任务乃至通知都通过班主任传达或安排；党组织要吸收学生入党，不管班主任是否是党员都要听听班主任的意见；至于评选考核，推优评奖，与班主任更有直接的关联。可见，学校学生管理的直接联系和管理者就是班主任。

2. 班主任言行直接影响班风班貌。由于班主任与班级学生联系的广泛性、密切性、频繁性和长期性（高职一般三年连贯），使得班主任对学生的影响非常直接、非常广泛乃至非常深刻。我们一般的体会是，班主任责任心强一些，班级风气就好一些，反之，班风就会差一些；班主任主观上与学校理念高度认同者，学生执行情况好一些，班主任负责沟通多一些，学生的任务就完成好一些，如学费收缴等。

3. 班主任影响学生世界观和人生观。从理论上看，高等职业院校的学生都已过18岁，属于成人，但坦率地讲，他们的世界观和人生观还未定型，尤其是那些从山区和农村考入城市的同学，由于远离父母亲人，环境反差比

① 刘君：《适应素质教育加强高校队伍建设》，《中国高等教育研究》2000年第4期。

较大，因而会对社会、对世界、对生活，乃至对择业、择偶的看法发生急剧的变化，容易产生偏激观点。在这种情况和这个时候，班主任与学生的沟通、引导和帮助就显得至关重要，班主任的言行模式、是非判断往往潜移默化于学生，大到对其整体世界观、人生观、价值观，小到对其个人兴趣、特长和爱好都会产生直接而深刻的影响。因此可以说，班主任不仅影响了学生的今天和现在，还影响了他们的明天和未来，班主任在培养高等职业教育高素质技能型人才的道路上，在培养社会主义现代化建设的接班人和建设者问题上作用重大、影响深远。

二、当前高职院校班主任队伍的情况不容乐观

前面分析了班主任队伍建设对于学校当前和长远发展的重要性，但据笔者不完全观察，当前班主任工作的实际情况与其地位和重要性很不相称。这主要表现在：

第一，新人当班主任。许多学校都是依靠刚参加工作的新教师当班主任，因为新教师刚入校比较听话，而且对其班主任经历可以纳入考核要求，一般不会拒绝，殊不知新教师从学生到教师或者从企业到学校需要熟悉适应的事情特别多，熟悉城市、熟悉环境、熟悉人文、熟悉学校、熟悉制度、熟悉专业、熟悉课程，更何况大部分新教师都要承担较重的上课任务，因此，精力不够、政策不熟、力度不到是必然的。与此同时，新教师往往会面临恋爱、婚姻、住房、育儿等问题，很难有足够心思来做好班主任工作，新教师人生经历和社会阅历相对简单也难以在班级学风建设和学生价值观、人生观方面有积极作为，尽管他们有热情也有水平，主观上也很努力。

第二，带着任务当班主任。由于班主任工作比较繁琐，一般而言，教师愿意主动，多届带班的不多，因此，无论是教育行政主管部门还是学校都对当班主任作了一些硬性规定，比较典型的规定是要求教师在晋评高一级专业技术职务时必须有担任过一届班主任的经历，否则不能晋升高一级专业技术职务，由此产生了大量带有明显功利色彩和任务观念的班主任情形，进而在精力投入、责任心到位等方面产生动力不足问题。

那么，究竟为什么会出现老师不乐于当班主任的情况呢？原因恐怕有五：一是班主任工作事无巨细，工作繁杂，影响教师教学和研究工作；二是部分学校班主任待遇落实不到位，不利于也不能够调动教师当班主任的积极性或者说不能产生激励效应；三是部分老师对育人工作重要性认识不到位；四是辅导员与班主任制度存在职责不清、管理交叉的问题，容易造成辅导员

领导班主任的感官印象;五是不少学校教师工作量大,教学任务重,科研压力大且离学校路途又远,教师真没有精力来担任班主任工作,更何况班主任工作好坏,没有明确有效的考核办法来评定和激励措施。

三、怎样认真重视和切实加强班主任队伍建设

应该说,纵然有许多原因影响教师担任班主任工作,但班主任工作的重要性是非常明显的,加强班主任队伍建设更是一项紧迫而系统的工程,必须予以加强。我们的思考:

1.从指导思想上重视班主任队伍建设。相对而言,对辅导员队伍建设,中央有明确要求,也有明确考核机制,而班主任工作主要靠学校自觉,相对难以引起主要党政领导和全校上下的重视。正因为这样,我们认为,各校党委必须从加强和改进大学生思想政治工作,从切实推进全程、全方位、全育人的高度认识问题,从培养社会主义现代化建设优秀接班人和合格接班人角度认识问题,从学校校友队伍建设、品牌建设和可持续发展高度认识问题。

从教师角度来看,应该认识到,教师育人是人民教师的崇高职责,承担班主任工作是教师应尽的义务,做班主任工作也是一种锻炼,一种经历,是人生的宝贵财富,也是教师特有的人生体验,意义重大,他人还无法替代,有机会带班做班主任工作,也是人生一大本事,更是能力和水平的展示,培养一批优秀的学生,终身受益,一生荣耀。

2.倡导和选择高层次人员担任班主任工作。从职业道德与职业技能相结合,专业知识与能力培养相结合的角度认识班主任工作,我们认为必须倡导和要求下列人员担任班主任工作。

一是专业主任承担班主任工作。专业主任是本专业教学培养的主要设计者,也是联结人才培养与行业企业的主要活动者,教学方案的主要实施者,如果能够本人担任班主任工作,不仅能起到业务和素质双重功效,校内和校外双重效能,而且也有利于带领更多的老师参与教书育人的工作,从而提高整体育人水平和质量。

二是高职称专业教师承担班主任工作。学识渊博,基础扎实,容易受到人们的尊重,也容易影响和教育学生。最近浙江大学出现的院士当班主任效应就能很好地说明问题,如能发挥高职称学术带头作用,则班主任工作也会得到事半功倍的成效。

三是高学历教师承担班主任工作。高学历教师受教育丰富,见多识广,

师长资源丰富，往往也受学生崇拜和尊重，让这些教师担任班主任工作，既会得到学生的喜爱，也有利于引导学生走上爱学习、爱钻研、爱知识的好轨道，必然有利于学风建设。

3.要建立一个良好的激励机制。班主任工作辛苦繁琐，成效也不一定立竿见影，弄不好还会出力不讨好。正因为这样，除了要提高认识，启发觉悟以外，还必须建立健全有效的激励机制。

一是计入教育教学工作量。建议把教师工作量统称为教育教学工作量，担任班主任就是直接的育人，应该占据一个教师1/4左右的工作量，据此作为考核依据。

二是提高报酬和待遇。按照一个班主任带两个平行班相当于1/4工作量的标准，建立相应的报酬和补贴制度，使其达到应有的报酬水平。

三是建立奖励机制。除了每年开展优秀班主任评比，并对优秀班主任进行奖励以外，还要采取更加优厚的措施，如提高奖励标准、提高奖励政策含量，必要时可尝试学术或调休制度，即带好三年一届班主任后，可以让教师享受半年学术假或实践假，以鼓励班主任工作。

四是完善提拔晋级机制。对班主任工作做得好的教师可以在晋升专业技术职务，提升行政级别等方面予以倾斜，对长期担任班主任工作并有所成效的教师可特设岗位给予倾斜。

四、认真梳理与班主任工作相适应的体制

既要形成一个齐抓共管的育人局面，同时，也要防止具体分工上的重复脱节。我们认为，班主任工作要在学校党委和行政统一领导下进行，学校学工部负责业务指导，二级学院总支部直接领导，班级工作实行班主任责任制，辅导员和学工秘书的任务是收集学生思想工作信息，负责实施日常秩序管理与校园文化活动，同时作为二级学院党支书记的参谋和助手，汇总整理有关情况供党总支总支书记或分管学生工作副书记负责布置检查和考核，辅导员不指挥班主任工作。

总之，我们要在政策上崇尚班主任的光荣，在物质上要给班主任尝甜头，在机制上要让班主任有盼头。

第十二章

高等职业院校领导班子建设

第一节　基于党委领导制度的高职院校领导班子建设

加强和改进领导班子建设是高职院校牢牢把握办学的社会主义方向、深化教育教学改革、完善校企合作体制机制、加强学校内涵建设、提升人才培养质量和办学水平的重点和关键①。因此，必须把班子建设摆上十分重要的高度。高等职业教育是我国实施高等教育的重要组织形式，院校数量已超过高等学校总数的50%，在校生规模也大致占高等学校在校生人数的50%左右，高职教育号称高等教育的半壁江山。但是由于相当一部分高职院校是在合并组建、升格办学的基础上产生的，刚刚走完依靠基本建设和规模扩张的基础阶段，加之高职院校具有不同于本科学校的体制多样性和多变性，缺乏基本统一性和协同性，因此，高职院校的领导班子建设常常被忽视，更缺少统一的指导意见可供依循。在高职院校办学规模不断扩大，办学重心进入内涵建设和提高质量阶段以后，必然也必须要将它摆上重要议事日程，本文拟就此问题作些探讨。

一、高职院校领导班子建设面临的具体背景

高等职业教育是改革开放后出现的新的高等教育形式，期间也经历了补充办学身份（民办地位）的高职、中专戴帽的高职、成人学校和电视大学承办的高职等阶段，其教育行政管理体制也经历了从职业教育与成人教育司到高等教育司再到职业教育与成人教育司的转变，其办学组织不仅有很多的民办和社会力量办学，也有不少本科的二级学院，其统筹主体则以省级政

---

①　伍处文：《加强高校领导班子建设 推动高等教育事业科学发展》，《学校党建与思想教育》2011第29期。

府为主。正因为这样，高职院校的领导班子建设很难找到一个明确的参照体系，且遭遇不少挑战和矛盾困扰，至少表现为：

一是中专（职）升格高职面临领导体制转换。在我国，中等及以下学校实行校长负责制，而高等学校实行党委领导下的校长负责制，中专学校升格办学后必须依法按照高等学校的管理体制运行，需要重新构建与高等学校要求相适应的领导体制，而这类高职院校一般由一所中专（职）独立或几所联合升格而来，这就有一个领导体制调整和转换问题。决策体制、领导制度、书记和校长角色都将发生变化，弄不好，适应和调整期会比较长。

二是高职院校很多行政上由厅局或集团公司管理。在我国的大部分省份，相当一部分高职院校仍参照原中专学校的管理体制由厅（局）或企业集团管理。厅局机关一般都实行厅局长负责的体制，且多数上由厅局长与党组（委）书记一人兼任，企业集团则一般为董事长兼党委书记，且为法人代表，两者管辖下的高职院校则统一实行党委领导下的校长负责，以校长为法人代表，这就形成了主管部门体制和学校体制的不一致性。

三是高职院校管理主体的多样性和不同性。在我国，有人曾说是“六路大军办高职”，除了高等专科学校，独立设置的高职院校，本科院校举办的高职学院，社会力量（民办）以外，还有成人高等学校（干部管理学院）和广播电视大学，即使是公办的独立设置的高职院校，也有教育厅管理（如浙江金融职业学院），业务厅局管理（如浙江旅游职业学院由浙江省旅游局管理），企业集团管理（如山东商业职业技术学院由山东商业集团管理），地市人民政府管理（如杭州职业技术学院）乃至市属经济园区管理（如中山火炬职业技术学院、无锡科技职业技术学院等），同时还有行业主管的（如哈尔滨铁道职业技术学院由铁道部下属企业集团主管），由于主管部门的多样性，各个部门出于自己的理解，往往对如何建设领导班子的做法很不一致，从而影响高职院校领导班子建设的总体进度和质量。

四是一个班子还是几个班子的认识问题。在我国，党委、人大、政府、政协、纪委号称“五套班子”，又有不包括纪委统称“四套班子”，在公办高等院校，由于实行党委领导下的校长负责制，于是在认识上也有不同认识。有人认为，学校也有两个班子即党委班子和行政班子，有些认为，学校就是一个班子即党政班子，这同样体现各个学校在实际运行过程中建立工作领导小组时是设一个组长还是双组长的问题上，由于存在上述认识差异，这在一定程度上影响了高职院校的班子建设。

五是班子的分散管理还是整体管理问题。在我国目前的体制下，无论是省厅属高职院校，还是地市属高职院校，一般都按照副厅职级确立学校的总体职级，于是就形成了党政正职由省委、省政府统一管理，而党政副职由办学主管部门管理的体制，这造成了班子管理的脱节和不协调，尤其是作为高等教育业务主管部门的省教育厅没有高职院校副职管理和任免的权力，由此形成了一个班子分散管理的状况和矛盾。

二、加强高职院校领导班子建设的重要意义

前面分析了高职院校领导班子建设面临的具体背景情况，这些情况是客观的，且一下子很难马上改变，但是，高等职业教育发展到现在这个阶段和水平，必须把班子建设放到十分突出和重要的地位加以建设，并将之作为搞好学校内涵建设的重中之重任务。

第一，加强领导班子建设是高职院校发展规模所要求的。经过三十年尤其是21世纪以来十余年的发展，我国的高职教育已经走向正轨，并逐步进入良性循环机制，高等职业教育的社会吸引力正在不断提升。我国高职教育的办学总规模快速增加，已经占据中国高等教育半壁江山，与此相对应，我国的高职院校的校均规模也不断扩大，全国平均在7000～8000人左右，"千亩校园、万名学子"已成为不少高职院校的真实写照，甚至出现了办学规模突破2万人的大型高职院校，因此，高职院校的领导和管理问题成为关乎学院稳定发展的重大问题，越是规模巨大，领导班子建设和管理机制建设就显得越加重要。

第二，加强领导班子建设是高职院校发展阶段所要求的。经过多年的发展，高职教育已经从征地建房、新设专业招生、扩大规模、多进教师等为主要内容的规模扩张发展阶段转入以提高质量为重点的内涵建设阶段，专业与专业群建设，课程与教学资源建设，校企合作机制建设，专任教师队伍素质提升与专兼结合教学团队建设等成为核心内容。在这样的条件和背景下，高职院校领导班子的知识、能力、素质等也要发生重大变化和转换，应当从过去的外向主场型适度向内涵质量型转变，旨在培养和造就一支有能力、有素质的领导班子，带领学校不断提高育人水平和人才培养质量。因此，基于能力和结构转换的高职院校领导班子建设十分重要。

第三，加强领导班子建设是现阶段党中央对各级各类党组织的共同任务要求。加强和改进各级各类组织和机构领导班子建设，这是我党的一贯要求。改革开放以来，我们在领导班子和领导干部队伍建设上采取了许多措施，也取得了可喜的成绩，但不容乐观的是，包括学校在内的领导班子也

出现了这样那样的问题:除了领导能力低下,革命意志衰退,不能很好地团结带领师生员工创先争优,狠抓内涵和提高质量以外,甚至出现了部分领导干部贪污受贿等违法犯罪事件,严重损害了教育系统在人民群众心目中的形象和声誉,给我国的教育事业带来了重大的不可估量的损失。事实上,由于市场经济的发展和市场大潮的冲击,我国的高等学府已不再是一片净土,不再是清水衙门,如何要求和教育领导班子成员和领导干部经受住市场经济不良风气的冲击和考验,做到拒腐蚀、永不沾,常在河边走、就是不湿鞋,已是摆在各级各类学校面前的共同问题。正是出于这样的背景,包括高职院校在内的各级各类组织和机构都应该十分重视领导班子建设,常抓不懈,努力取得成效。

三、基于党委领导的高职院校领导班子建设的基本理念

诚如以上分析,加强高职院校领导班子建设无论从哪个角度看都十分重要,非常迫切,而如何加强领导班子建设也有一个基本的政治理念和处理艺术问题,其中核心的理念是基于党委领导下的校长负责制的"一个班子"概念。为什么必须树立一个班子的理念呢?这里有几个逻辑前提:第一,根据《中华人民共和国高等教育法》和《中国共产党高等学校基层工作条例》的规定,高等学校实行党委领导的校长负责制,这不仅是指中华人民共和国实行中国共产党领导,而且是指高等学校的各方面工作也在学校党委统一领导之下。第二,根据党委领导下的校长负责制的运行要求,确立一个班子理念即学校党政班子。这里说的一个班子既非"党委和行政是两个班子"中的一个,也非"就只有党委一个班子",而是指党委行政一体,统称党政一个班子,只有这样,才会科学正确地把握"党委书记是班长"这一概念,也才有利于学校工作整体有序、统一推进。

明确了"党政一个班子"的理念,就有利于领导班子进行整体构划和建设,我们认为,理想的高职院校领导班子其理念应当是:

1.构建同心圆。一个领导班子在整体上首先是一个同心圆,以班长为核心,在班长的带领下同心同德干事业,一心一意谋发展,真心诚意爱学生,齐心协力谋幸福。

2.紧握同把箭。一个领导班子除了构建一个同心圆以外,要善于抓关键,关键时能抓住机遇,促进学校上水平上台阶,因此,遇有重大机遇,班子成员要形成合力,全心全力同把事业之箭、发展之箭、特色之箭乃至一流之箭,把学校带到新的高点。

3.打好同柄伞。在学校改革发展过程中，既会有机遇，也会有挑战，在挑战和困难面前，领导班子一定要同心同德，打好同柄伞，遮阳避雨、趋利避害、克服困难、战胜危机、促进学校稳定和谐运行，健康持续发展。

4.栽培同心树。教书育人、培养人才是高等院校的重要职责，一个优异的高职院校不仅要为祖国、为社会培养人才，而且要培育和传承文化，学生就是学校栽培的一棵棵树，在校园文化的熏陶下不断成长，既把每一个学生长成撑天大树，同时，在不同的岗位上生根开花，结出硕果。

5.培育同根林。全面完成学校人才培养、科学研究、社会服务、文化传承的任务，需要一个结构合理、素质精良、数量充足的教师队伍，因此，作为一个班子必须同时把教师队伍建设放在要位，关心教师、爱护教师、培养教师，使全体师生员工成为学校旗帜下的同根之树、同根之林，既有个体战斗力，又有团队向心力。

6.形成同进力。优先发展、育人为本、改革创新、促进公平、提高质量是高职院校内涵建设的重要任务，学校的发展必须形成合力，形成共同向前进取的力量，无论是分管党建、学生，还是分管后勤、教学的负责同志都应该是以育人为核心，教学为中心，形成共同推进学校事业发展的团结力量。

四、推进高职院校领导班子建设的具体方法

前面分析了基于党委领导的"党政一个班子"的理念及其运行过程中的"六同"目标，这是基本认识问题，认识统一后，我们就可以具体来研究方法问题。对此，我们的思考是：

1.组织部门的统筹指导。无论采取什么样的管理模式，无论由哪个部门具体领导和管理，只要是经过教育行政主管部门批准成立的实施高等学历教育的公办教育机构，就必须按照《高教法》和《条例》的要求，实行党委领导下的校长负责制领导体制，并由省级党委组织部门和省委教育工委(或类似机构)，省教育厅共同研究高职院校领导班子建设和管理办法，包括职数配备、人员格局、运作机制、选拔程序、任职条件、管理办法、考评机制等，具体由省委组织部统筹指导和具体领导协调，以避免目前存在的事实上的各自为政、相互分割状态。

2.科学合理的考核办法。对领导班子的考核，既是班子建设和管理的重要程序，也是促进领导班子提高水平的重要手段，因此，应当根据分类指导的原则，从高等职业院校的各自特点和具体情况出发，科学设计高职院校的考核办法，包括考核指标、考核内容、考核路径等，然后进行综合打分和排

名，形成考核结果。考核结果形成后，应该由一个考核结果的使用问题，结果使用除了存档供后续使用外，应该有明确的激励措施，包括物质奖励，如明确规定连续几年优秀者可享受什么样的待遇，连续几年倒数应降级或转任非领导职务等，并与其干部经济收入挂钩。在这一点上，现在学校与学校之间由于政出多门，事出一门，但结果都有明显不同，极不公平，应予调整和优化。

3. 切实有效的培养路径。领导班子的建设中，应该有一个切实有效的培养、培训机制和路径，这至少应该有：党校和行政学院、教育学院的集中性、系统性学习培训培养；二是由组织人事或教育行政主管部门的专题学习培养，包括出国培养、赴本科院校挂职培训、赴同类高职院校挂职培训等；三是挂职锻炼，为更好地推动高职院校的领导干部了解行业、了解企业、了解社会、了解实践，增长其处理具体问题、实践问题和复杂问题的能力，建立高职院校领导班子和后备干部挂职锻炼机制非常必要和重要。

4. 领导带头的提高方法。一个领导班子的能力水平，在很大程度上取决于班长的能力和水平。纵观几十年来高等学校尤其是高职院校的发展，配好了的“班长”和党政一把手，就很有希望把学校办好。对于那些管理机制尚不很健全，有效管理文化没有很好形成，管理制度也不尽完备，管理政策尚多变不全的学校，主要领导的视野、理念、思维、事业心、责任心是至关重要的。正因为这样，近年来，组织人事部门都强调配好配强一把手，这是很有见地的，如果说学校整体是一列火车，那么领导班子是一个火车头，而在一个班子当中，主要领导就是火车头的发动机。有了好的班长，班子就容易变好，有了好的班子，整个事业容易兴旺发达。

5. 结构合理的班子团队。结构问题在班子整体建设中十分重要，有了好的班长，还必须有好的结构。具体包括以下几个方面：一是职位结构，如一个班子五人、七人或六人，职位和职数如何确定，党、政、纪、工如何设置等；二是年龄结构，一般要有合理的年龄梯队，体现老中青结合和适当平衡；三是性别结构，男女成员要有一定比例；四是专业结构，必须根据学校特点来具体确定；五是学历结构，要根据学校具体情况有所考虑；六是智能结构，要考虑不同性格特点，不同工作经历，不同兴趣爱好，不同地缘等因素。

6. 互补共赢的团队艺术。一个领导班子中，必然会有年龄大小，阅历多样，更有不同分工，对同一问题也会有不同的看法和不同视角。正因为这样，不一致是经常的，正常的。但不一致不等于矛盾，只要大家看问题、想事情，按照民主集中制原则，经过反复比较，酝酿和讨论，就一定能够形成相对的统一，形成办事合力。无数事实也证明，只有班子团结，互补合作，才能实现团队共赢、发展成事，只有班子齐心，才能出政绩、出干部。因此，班子成员的互补和合作，是理念，是艺术，也是成功之道。

总之，班子必须做到班长强，班子结构合理，整体同心协力。至于班子的每个成员，则应该牢记宗旨，加强修养，勤勉创新，团结协作，廉洁干净，一身正气，真正做到"学习明事、创新谋事、和谐共事、干净干事，大气处事、发展成事"。

第二节　高等职业院校党建工作理念与机制的创新

高等学校实行党委领导下的校长负责制。对于每个高校的日常管理运行而言，正确处理好党委书记与校长之间、协调好党建工作与学校中心工作之间的关系，不仅是一门高深的管理学问，更是一种精妙的艺术[①]。其中，党委书记和校长的理念与素养十分重要，班子成员间的分工与协调亦是基础，但是最为关键是要立足于贯彻落实国家法律和党的方针政策，建立起科学有效的运行机制和工作方法。只要机制顺畅、方法得当，就能使党建工作收到事半功倍的效果，实现书记挂帅和校长负责的统一、党的领导和民主管理的协调，推动党的事业和学校各项事业共同发展。

一、现状：当前制约高职院校党委工作的若干问题

高等职业教育作为我国推进高等教育大众化进程中发展起来的新的高等教育类型，具有高教性和职教性的双重属性。高职院校大多办学时间不长，党建工作起步较晚，且大部分高职院校系由中等专科学校升格而成，客观上需要建立更符合高等教育理念，顺应开放办学要求的党委工作新机制，推进党委工作科学化[②]。当前，高职院校正在大力推进内涵建设，促进高等教育质量提升，在此过程中，以往党建工作中长期积累的问题逐渐突显出来，需要引起我们的高度重视，研究推进高职党委工作科学化的有效机制。概括而言，主要表现为：

1. 学校党委职能不清晰。《中华人民共和国高等教育法》、《中国共产党高校基层党组织工作条例》等法律法规将高等职业院校纳入高等教育范畴，

① 齐舒：《高校党委领导下的校长负责制发展过程及创新途径》，《现代教育管理》2012 年第 6 期。
② 王金星：《对新时期高校党建工作的若干思考》，《高校理论战线》2012 年第 8 期。

对其实行党委领导下的校长负责制，但是在具体的工作实践中，由于学校组织、历史体制及个人智能等方面的原因，各个学校对于党委应当履行哪些职能存在不尽一致的理解和做法，有的认为高职党委的主要职能就是抓党的自身建设（包括中央要求的五项工作以及文化、群团工作），有的认为党委员会必须统一领导学校工作，党委领导行政具体决策，有的认为党委职能是决策“三重一大”事项，思想认识上的不统一容易导致高职党建实践的不协调、不系统。

2.党总支地位不明确。党总支是高职基层党组织架构中的中间环节，本应承担承上启下的协调沟通职能，然而在现实实践中，由于党总支的地位不明确，其组织设置和工作机制相对较为粗放，远远不能适应党建工作科学化的新要求。一般而言，教工总支一般与教学系部平行设置，研究布置工作往往采用党政联席会议的形式，其核心工作往往被确定为负责学生党建、学生管理和思想政治教育且人员配置较少，导致其工作主动性和积极性得不到有效发挥，而行政总支一般采取多个行政部门联合组成，其主要职能在教师党建和开展日常党员活动，实践中工作开展较不系统且组织形式经常变动，客观上不容易形成稳定而常态的党建工作机制。

3.党支部设置不科学。党支部作为基层党组织开展党建工作的主要载体，承担着贯彻落实上级党组织和学校党委决策部署，引导和组织党员开展学习实践活动，加强教工和学生党员思想政治教育等重要职能，然而在现实实践中，人们对于如何科学合理地设置党支部缺乏成熟深入的思考，党支部设置较为随意，不同党支部成员规模差异性很大，工作方法千篇一律，客观上影响了高职院校基层党组织党建工作生机活力的展露。

4.教师党建机制不健全。知识分子是工人阶级的重要组成部分，高等学校又是知识分子最为集中的地方，教师党建工作理应成为高校党建工作的重心和要务，然而在高职党建实践中，不仅教师党员发展工作远远落后于学生党员发展，需要进一步加强组织和动员以外，教师党员参与党组织活动的积极性和主动性还有待于提高，教师党员的先锋模范作用发挥还有待提升，特别是通过进一步健全教师党建工作机制，发挥教师党员的专业特长和实践能力，从而更好地推动党建工作的科学化需要摆上高职院校党委工作的议事日程。

5.学生党员作用发挥不明显。在校大学生积极要求入党已成为一个引人关注的热点现象，这充分说明了青年学生认同党的理念，关注党的事业，热心党的工作，决心为共产主义而奋斗的美好愿望，同时也表明多年来我们所坚持的高校基层党组织工作的基本思路是正确的，学生党建工作开展是富有成效的。同时，我们也必须高度注意到少数大学生党员身上存在的入党动机不纯、入党功利化，党员关系庸俗化等问题，采取切实有效的措施推动学生党员先锋模范作用的发挥。

二、关键：明确党建工作目标和机制

高等职业学校的党建工作如何从党的方针政策和运行要求出发，提高工作针对性和有效性，关键要从目标和机制上考量，以避免党建工作和中心工作不是“一条心”而是“两张皮”，保证党委、校长和群众是一体化，首先必须在党的先进性上下工夫，以先进性为导向，建立党委和党建工作基本目标和运行机制。具体可概括为“五个一”：

1.一个党委就是一个科学发展的决策集体。党委是学校工作的领导机构，是一个集体，这个集体成为什么样的集体不仅是党的先进性的集中体现，也是党的事业和学校事业成败的关键。党委要充分发挥好领导作用，必须努力成为科学发展的有效决策集体，并在科学决策有效决策的基础统揽全局，协调各方。党委要成为科学发展的决策集体，一是说，决策在学校发展中地位非常重要，是领导的中心环节；二是说，党委要管大事，主要是重大决策，而非具体指挥；三是说，党委决策应有一个科学的机制、集体决策、民主决策、民主集中制、少数服从多数，充分发挥专家学者和智囊团作用等非常重要。强调党委是一个科学发展的决策集体的另一层重要意义在于，要切实提高决策者的素质，要加强学习、加强调研、加强创新这是前提，正是从这种意义上说，中央反复强调，要建设学习型党组织，首先是要建设学习型党委，其核心就在此。

2.一个系(部)党总支就是一个开放育人的领导集体。高等院校随着办学规模的扩大和内部管理的需要，一般实行两级管理，而高等职院校一般以专业群为单元建立系(部)，并按系为基点推进两级管理，在系上实行党政共同负责制体制，这就要很好地发挥系党总支的作用。因为我们都知道，以专业群为单元建立起来的系(部)，其重要工作是教学和学生管理，也即教书育人，正因为这样，学生党建和组织发展、思想政治工作、社会主义核心价值体系教育和引导工作等(包括综合治理和安全稳定工作)，就成为系党支的重要工作。与此同时，高职院校实行校企合作、工学结合，以专业群(系部)为单元建立开放办学校企合作体制和机制，这实际上是说，一个系(部)，实际上就是一个开放办学的育人体，一个党总支就是要在开放办学的育人体中正确发挥领导作用。

3. 一个支部就是一个创业创新的战斗集体。在中国共产党的党建工作机制中，基层党组织（尤其是党支部）的战斗堡垒作用是非常重要的。在高等职业院校，党支部的设立分为两种形式，一种是以机关（职能）处室为单位而建立，另一种是各系总支下设的党支部，一般以专业为单元而建立，应该说，无论哪类支部，在学校改革发展和建设中都是至关重要的。

机关（职能）处室而建立起来的党支部，由于机关（职能）处室代表学校处理和协调内外事务，既是学校领导在某一领域的参谋和助手，也行使相对独立的工作，这些以处室为单元而建立支部，而且党员处长一般兼任支部书记，既有利于确保中心工作的完成，确保党建工作融入中心工作之中，也确保中心工作完成时发挥党员和支部的先锋模范作用。

以专业为单元而建立起来的党支部，是一个学生党员和教师党员联合建立的总支部，专业是高职院校最基本的教学组织，学生分布在相应专业，教师编排在相应专业教研室。专业建设是高职院校各项工作的龙头，因此，以专业为单元设立支部，有利于有力推进专业建设，发挥教师党员在专业、课程和教学建设中的重要作用，同时，也有利于教学相长，推进教师与学生的联系和沟通，更有利于学生党建和党员发展工作的顺利进行。

4. 一个教师党员就是一面教书育人的旗帜。教书育人是学校的崇高使命和基本职责，更是教师工作的本质要求。高等学校强调专业学科带头人以党员为主体，中青年骨干教师中党员占较大比例，因此发挥好党员教师在教书育人中的作用非常关键和必要。高校党员教师要发挥先锋模范作用，就是要发挥党员教师在教书育人中的作用，努力使广大党员教师成为教书育人中旗帜性人物，使每一位党员教师在专业建设、课程建设、担任班主任工作、兼任辅导员工作和参与学生党建、参与学校教学和管理改革中发挥带头带动和领先领跑作用，既是学生的楷模，也是教师的榜样。

5. 一个学生党员就是一个成才成长的典范。在高等学校加强大学生党建工作，是中央的一贯方针和要求，也是改善和优化中国共产党党员结构，确保党的事业后继有人的重要途径，因此，必须花大力气，加强对大学生的教育和引导，培养学生对中国共产党的感情，并积极向党组织靠拢，形成大批入党积极分子。与此同时，共产党要敞开大门，积极把大学生当中的先进分子吸收到党内来，并发挥学生党员的带动作用。学生党员的发展，既要积极，也要掌握标准。浙江金融职业学院的做法是“一年级有学生党员、二年级班级有学生党员、三年级确保一定比例”。在学生党员发展过程中，则要强调以学为主，这样发展起来的学生党员才符合学校的特点，得到同学的认同和拥护，从而有利于发挥学生党员的先锋模范作用。同时，要充分考虑学生的综合素质，包括对党的信念和忠诚，一句话，德才兼备，知识、能力、素质协调、工作活动能力强等，从而真正使学生党员能够成为成才成长的典范。

三、路径：加强高职院校党建工作的路径和方法

高职院校一般规模上不及本科院校，师生比也比较高，因此，不可能按照“大而全、小而全”的要求设置众多的专职党务部门，配备大量的党务工作人员，但必须切实提高党建工作的科学性和有效性，从而确保党委很好地领导学校的工作，因此，必须采取科学有效的方法[①]。具体路径是：

1. 充分发挥党委工作纵览全局、协调各方、管好大政方针的作用。按照《中国共产党基层工作条例》要求，高校党委发挥领导核心作用，主要是宣传和执行党的路线和方针政策，坚持办学社会主义方向，审议学校基本管理制度，讨论决定学校改革发展稳定以及教学、科研、行政管理中的重大事项；讨论决定校内机构设置和负责人人选。重视领导班子，干部队伍建设和人才队伍建设，领导工会、共青团、学生会和教代会工作，组织统一战略工作，推进和谐校园建设。正因为这样，党委工作必须把方向管准、大事管牢、稳定管好作为重点，把党、政、工、团、教各方统筹协调好，抓住大的和根本的，防止过多介入小的具体的，放手让处长和部门去做。

2. 充分发挥党建工作优势，坚持党要管党，推进五大建设，把党组织建设好、党员作用发挥好。《中国共产党高等学校基层组织条例》也明确，按照党要管党，从严党的方针，具体明确为五大建设，加强学校党组织的思想建设、组织建设、作风建设、制度建设和反腐倡廉建设。我们认为党建工作或者自身建设，其核心要点应该是“一一五”：

（1）明确一个目标。建设学习型组织，自觉用马列主义、毛泽东思想、邓小平理论、“三个代表”重要思想以及科学发展观和中国特色社会主义理论体系武装党员头脑，努力使广大党员坚定走中国特色社会主义道路的信念，学习并掌握党的基本知识，学习并掌握科学、文化、法律和业务知识。

（2）落实一个制度，即党建工作责任制。即按照党要管党的要求，从党委书记开始层层分解党建工作责任制，做到党委书记亲自抓，分管副书记和纪检书记具体抓，党委委员结合工作分工协同抓，总支（支部）书记层层具

① 臧树良：《浅议党委领导下的校长负责制若干关系的处理》，《中国高等教育》2011年Z1期。

体抓。

(3)推进五项建设。即努力推进党的思想建设、组织建设、作风建设、制度建设和反腐倡廉建设;健全党委工作职能部门,其对应的职能部门是组织部、宣传部、纪委、党办和党委及行政集体。

3.充分发挥工会、教代会在和谐校园和民主管理中的作用。高校工作既要确保党委对学校工作的统一领导,也要注意发扬民主、集思广益、发挥教职员工在民主管理和当家做主中的作用。党委决策十分重要,但党委成员毕竟为数不多,知识、能力经验和见解也受到较多限制。因此,必须建立和完善科学的领导体制和决策机制,决策要坚持民主集中制,防止个别人和少数人说了算,决策要有民主程序,充分听取各方意见,充分了解和表达民意。与此同时,党委决策需要层层分解、协调执行,在这种情况下充分发挥工会和教职工代表大会的作用意义非比寻常。通过教代会,努力把领导班子的理念和意志转化为全体教职工意志,就有利于沟通和理解,更有利于落实和执行,正因为这样,建立起规范的教职工代表大会制度,并切实重视教代会代表提案的落实,充分发挥教代会代表在民主管理中的作用非常重要。

4.充分发挥教授和教授委员会在学风建设和民主管理中的作用。高等学校是知识分子最集中的地方,教授是知识分子的典型的高层代表。随着学校办学规模扩大,办学历史积淀,内涵建设深入和对人才队伍建设的重视,高职院校的教授数量也不断增多。如浙江金融职业学院已达39位,在这样的条件下,发挥教授和教授委员会的作用,对确保"党委领导、校长负责、教授治学、民主管理"机制的实现,非常有意义。这就有几个问题值得重视:

(1)尊重教授。教授是专家,一般都有专长,同时也有个性,正因为这样,必须尊重个性,发挥专长。

(2)建立教授委员会。通过教授委员会这个组织,使教授发挥作用渠道规范化、合法化,也有利于集思广益。

(3)规范教授委员会工作机制。浙江金融职业学院率先把党政领导和职能处室负责人从教授委员会和学术委员会中退出,而让基层教学一线的教授组成教授委员会(学术委员会),并选出基层一线的教授担任主任、副主任,其意义是学术管理和学校管理更为民主,更有利于集中民智,了解民意。

5.充分发挥共青团和学生会的作用,调动学生的积极性。学校不同于一般的机关,不同于企业,也不同于一般的事业单位,学生是学校工作的主体,人才培养和教书育人是学校工作的主要职责,以生为本是学校工作应有的理念。因此,高校党组织必须注意发挥共青团和学生会的作用,把学风建设、学生管理、学生会和共青团工作作为党委工作的重要内容。

一是尊重和重视学生。坚持以学生需求为第一起点，一切为了学生、为了一切学生、为了学生一切，关爱学生进步、关注学生困难、关心学生就业。高职院校以就业为导向，党委必须切实重视学生就业工作。

二是重视学生会、共青团等组织建设。认真贯彻落实上级党组织和共青团组织和教育部关于共青团建设、学生会建设的要求。在机构设置、干部职级、人员职数、工作机制、工作经费等方面给予保证，浙江金融职业学院党委新近出台了辅导员素质培养提升计划，《加强和改进共青团工作若干意见》等文件，对推进相关工作起了十分重要的作用。

三是重视学生党建工作。切实把吸收和发展学生党员，当作党委的政治责任来抓，通过发挥学生党员的带头作用和示范作用，切实改进高职院校的学风，不断提高学生自我管理、自我教育、自我提高的能力和水平。

总之，高职院校党建工作必须在法律和政策确立的范围内，切实履行党委的领导核心职能，积极发挥校内群团组织的协调促进作用，真正把高等职业教育这一重要阵地巩固好、建设好，为加强党的领导和社会主义现代化事业培养合格的建设者和接班人。

第三节　现代高等职业院校党委书记的理念与修养

按照《中华人民共和国高等教育法》和《中国共产党基层组织工作条例》的规定，中国的公办高等学校实行党委领导下的院（校）长负责制，并且，一般而言，都实施党委书记和院（校）长分设为主的人事安排，这就形成了独具中国特色的高校组织领导体制和人事格局，即党政一把手及党政班子。由于中国的高等学校正在研究创建一流和国际接轨，因而对院（校）长的理念和作用等问题研究较多，对党委书记的素质、作用则研究较少。这一问题在高职教育管理实践中同样存在，在一定程度上引出了管理运作矛盾与建立有效运行体制机制的要求①。当前，党中央根据中国共产党执政党地位强化和巩固的新形势，对各级党委提出了引领创新发展和维护和谐稳定的新任务，这就要求高等院校必须进一步强化党委的集体领导地位，加强党委班子建设，提升党委书记素养。据此，这里从高等职业教育的特点出发，对党委书记的理念和素养问题作了探索和思考。

---

① 李因：《高校党委书记应注意处理好的八个关系》，《中国党政干部论坛》2009 年第 3 期。

一、高职院校党委书记的发展定位

经过几十年的实践，人们对党委书记和院（校）长之间的不同角色特征和工作分工的认识有了长足的进步。一般认为，院（校）长应当懂教育、专业强、会指挥，而党委书记则懂政治、党性强、能把握局面[①]。这样的认识和提法总体上很符合人们的常理判断，但也未必科学和准确。笔者认为，从发展的角度而言，党委书记更应成为：

1. 党建工作专家。党委书记是党建工作的第一责任人，其主要职责是抓好党的建设，这既是党中央对高校党建工作的一贯要求，同时也是当前贯彻落实教育规划纲要的重要举措。党建工作是一门科学、也是一门艺术，党委书记必须按照党的建设专家的要求，全面学习马克思主义的党建理论和学说，深入学习中国共产党的党史党章，自觉学习理解党建工作的各项规章制度，并就党的作风建设、思想建设、组织建设、制度建设和反腐倡廉建设等专项工作进行有深入而全面的把握，这是保证办学社会主义方向和牢牢把握宣传舆论阵地的必然要求。

2. 教育工作行家。党委书记已是一个广泛的职业，因而少有其相关科学性的要求，它与具体的单位和性质又联系在一起。作为高职院校的党委书记，它必须了解教育政策、研究教育动态、把握教育规律，具体而言，它要了解高等教育大势、研究职业教育规律、知晓基础教育情况、关注教育发展动态。一般而言，许多大学党委书记都分管学校发展规划工作，与高教研究中心（所室）联在一起，因此，为正确把握办学规律，引导学校科学决策，党委书记对教育发展应该有所研究，并有较深体会。

3. 群众工作大家。民主集中制是党委集体领导的一个基本制度和原则，从群众中来到群众中去，是党的光荣传统和优良作风，全心全意依靠教师办学是我们一贯倡导的办学理念。党委书记作为学校党委集体的班长，其群众工作的水平和能力，尤其是思想政治工作的能力和水平，凝聚校内人心和力量的能力和水平，积聚外部资源和人脉的能力和水平，是非常重要的，这实际上是说，党委书记应该具有亲和力、凝聚力和吸引力。当然，在新的历史发展时期和新的历史条件下，党委书记作为党委班长、党政班子主要领导的格局配备，除了上述要求外，最好能是专门领域的理论专家，内部管理的行家，这也应该是需要提倡和鼓励的，也应该是要坚持和发扬的。

---

① 林挺进、储妍：《我国大学校长和书记角色差异的实证分析》，《复旦教育论坛》2011 年第 3 期。

二、高职院校党委书记的角色意识

中国共产党是中国的执政党，在高等学校设立党组织，并明确实施党委领导下的校长负责制的体制，明确规定学校重大事项必须经党委集体讨论，这也赋予了作为班长的党委书记在思想上必须最基本的意识，主要应该包括：

1.阵地意识。高等职业院校是培养全面生产、建设、管理、服务第一线的高素质、高技能人才，是中国社会主义现代化建设接班人和建设者的重要基地。一所高等学校无论规模大小，都是一个阵地，这个阵地，必须坚定正确的政治方向，自觉用马克思主义武装和统领学校，用社会主义核心价值培养教育学生。在学校，如何弘扬正气、唱响主旋律，防止和打击歪风邪气，克服和防止消极层面和不良风气，事关重要，一个高校就是一个阵地，这个阵地的第一责任人就是党委书记。

2.育人意识。高等学校全面履行人才培养、科学研究、社会服务、文化传承与创新四大职能，其中以人才培养工作为核心，而人才培养工作的主要任务是培养社会主义现代化建设者和接班人。因此，人才培养工作必须坚持育人为本，育人工作必须做到德育为先、能力为重、全面发展，学校不同于其他单位，首先的和根本的任务是育人，全程育人、全员育人、全方位育人应该形成体系，教书育人、管理育人、服务育人应该贯穿于各个方面，这就要求党委书记自觉地按照中央的要求，在建立健全三全育人机制上下工夫。浙江金融职业学院近年来针对高职学制等特点，创造性地的关爱学生进步、关注学生困难、关心学生就业为机制，以千日成长工程为抓手，积极构建发展服务型学生工作体系，就是在党委书记亲自设计下党政齐管的一种制度安排，得到了较好效果。

3.质量意识。《国家中长期教育改革与发展纲要》，明确提高质量作为各级各类学校的共同任务，胡锦涛总书记在清华大学百年校庆时，又明确要求全面提高高等教育教学质量，国家也正在实施高等教学质量工程。因此，作为中国的高等学校，应该抓住提高质量这个中心和根本，不断注重内涵建设和办学条件建设，切实把质量工作提高到一个新水平，高等学校的重要决策、重大项目和重大资金安排都必须围绕提高质量来进行，党委书记必须有这样的意识。

三、高职院校党委书记的角色地位

《中华人民共和国高等教育法》和《中国共产党基层组织工作条例》规定，高等学校实行党委领导下的校长负责制，高等学校实际上有两位主要负责人，书记是体现党委领导的重要岗位，而校长则被明确规定为高校事业单位的法定代表人，由此构成了领导和负责的特殊体制关系，班长和法人之间的特殊党政个体关系。在这种情况下，党委书记的角色定位就显得至关重要。笔者认为，党委书记的角色应该是：

1. 事前当好参谋。党委的领导是集体领导，党委的决策是集体决策，校长的负责是法人负责，是校长主持下的行政负责。因此，在学校重大工作乃至省市中心工作开始前，必先缜密谋划，而在这过程中，党委书记应该当好参谋，奉献金玉良言，积极建言献策，指导(乃至引导)校长客观分析内外政策和形势、研究内外资源和条件，进而做出科学正确的决策。

2. 事中加强监控。重大事项一经党委决策和决定，就应放手让校长为首的行政班子去制订具体实施方案并全力支持其贯彻落实。由于决策的执行有一个过程，执行过程中也会碰到这样那样的矛盾和问题，因此，党委书记在这过程中既不便冲到一线指挥，也不能撒手不管不问不闻，而是要观其行、见其果，既不越位也不失位，发现需要调整优化的决策或者院校长认为需要补充或更新决策，就应当主动或配合进行方案调整和组织优化。

3. 事后总结分析。学校工作或重大项目运行一个阶段，应及时进行工作或项目回顾和分析，分析利害和成效，尤其是结合贯彻上级有关政策要求，综合行业企业情况变化，汲取兄弟院校或国内外有益经验进行对比分析和总结评价，以利更新决策、提高水平，进一步做好工作，发现不足及时更正，发现机会及时捕捉。

四、高职院校党委书记的社会形象

党委书记是党委班子的班长，它发挥着团结带领领导班子在上级党组织的领导下，贯彻落实党的教育方针政策，确保学校科学发展、正确发展，培养好社会主义现代化事业建设者和接班人的光荣使命。因此，党委书记的形象在某种意义上关系和影响着党的社会形象，必须加以重视和塑造。笔者认为，党委书记应着力彰显以下社会形象：

1. 勤勉做事的形象。党委书记必须以身作则，努力做到勤奋工作、创新工作、发展在先、理念在先、善于学习、善于研究，使学习决策和各项工作尽力做到先人一步、快人一拍、高人一筹,要求班子成员做到的,自己率先做到并努力做到更好,要求党员教师做到的,自己模范做到并努力做到出色。忠诚事业、热爱学校、热爱学生、关心教师、心系发展、乐于奉献,应该是党委书记干事的群众形象。

2.和谐共事的形象。团结就是力量,团结有利于发展,团结有利于促进发展,出政绩、育人才。党委领导下的校长负责制是一个集体工作模式,班子成员之间有分工,更有合作。分工不分家、分工不分心、发展一条心、事业靠齐心,应该是班子建设的基本点。党委书记不仅整合好班子力量,扬长避短、科学分工,更要按照把握制度合理分工,创造条件最佳分工,而且要做科学共事的模范和带头人。

3.干净干事的形象。党委书记作为领导班子的重要一员,在班子建设中起着重要的作用,它不仅是事业发展的第一责任人,更是党风廉政建设的第一责任人。当前一个时期,学校不再是清水衙门,大量的基本建设、众多的设备、教材、图书和物资采购等,都使学校存在着大量经济交易活动,腐败曾经在局部地区和个别学校滋生和发展到十分严重的程度,大大损害了党的威信和学校形象。因此,反腐倡廉和党风廉政建设也成为学校的一项重要工作。作为党委书记,应在党风廉政建设方面作出榜样和示范,树立良好的社会形象。

五、高职院校党委书记的人品修养

关于高等学校领导体制可能存在的矛盾,经常有人调侃其为"领导不负责、负责不领导",这些话虽说有点偏颇,但也从一定侧面反映了高校体制运行过程中可能出现的矛盾和问题。党委书记要做好学校一班之长,就应该用个人的修养和水平去克服因体制而可能存在的运行矛盾,力求完美和谐。具体来说:

1.为发展谋招。发展是第一要素。实践证明,解决矛盾的最有效的方法就是发展,正所谓的"大发展小困难、小发展大困难、不发展全困难"。当然,每个阶段的发展要求和发展重心不同,过去是规模扩大、校舍建设,现在是丰富内涵、提高质量,但无论如何,党委书记都必须把相当的时间、精心和智慧投入到发展中去,重视发展、科学发展,积极努力地为学校事业发展而凝心尽力、整合资源、创造条件、营造环境、科学决策,调动各方力量为事业发展服务。

2.为校长解难。校长是行政班子主要负责人,是学校的法定代表人,它对内对外都要有特定的形象要求。有事找校长是一般的社会理念，因此，就大多情况而言，校长必然处在各种难事、烦事、平凡事的第一线，而高教法和有关条例则规定，一些重大事项，难题事件都必须党委集体领导、集体决策；校长有时是有难以启口的难事，这就要按照“校长尊重书记、书记关爱校长”的理念来加以落实。党委书记必须推功揽过、解难当头，尽力使好事校长做，好人校长当，难事书记抓，难题书记破。

3.为班子排忧。学校在发展和运行过程中，一定会碰到这样那样的矛盾和困难。如项目立不上、经费紧张、或员工福利上不去，乃至贷款有困难等，使领导班子、中层干部尤其是行政领导班子成员感到困惑和忧虑。在这种情况下，党委书记作为一班之长，必须站在建设和发展的全局，善于分析政策、善于把握机遇、善于创造条件、善于整合资源，为班子成员和中层干部分担忧虑、化解忧虑，专心致志地推进学校建设，尤其是争取外部支持，谋求外部帮助的情况，党委书记应该善于带头主动作为。

六、高职院校党委书记的才能修养

中国共产党是中国特色社会主义事业的领导核心，也是党的路线方针政策在各领域得以切实贯彻落实的重要保障，这就要求党委书记不仅要有良好的党性修养、良好的社会形象、优秀的人格品质，也应该有较强适应的能力，其能力至少应包括以下方面：

1.学习研究能力。中国共产党是一个学习型组织，当前全国范围内正在创建学习型党组织并带动学习型社会的建设，《国家中长期教育改革与发展规划纲要(2010—2020)》也明确指出到2020年要基本建设学习型社会。因此，在众多能力中，学习的能力、学习的方法，在学习基础上的研究决策能力是非常重要的能力。党委书记作为学习型组织的第一责任人，应该有优良的学习习惯、卓越的学习态度，掌握科学的学习方法、养成良好的学习方法，努力做到想学、会学、善学、乐学、多学，学得更深、更好。

2.凝聚人心的能力。一个学校是一个集体，由各种不同群体组成。不同的年龄结构、不同的智能结构、不同的性别结构乃至有不同的党派和组织，都分布在不同岗位上工作，但全校工作是一盘棋，发展是一个目标，必须要一条心。因此，党委书记不仅要关心重视党员队伍建设，抓好党建工作，还要重视群众工作、重视工会、共青团、教代会、妇委会乃至离退休老同志工作，在这方面，党委书记应该能力超群、技高一筹，善于把不同思想、不同价值观、不同目标值的同志都凝聚起来，为学校改革发展和创先争优服务。

3.资源整合能力。高职教育是中国高等教育的特殊类型，其特征是以就业为导向、以服务为宗旨，坚持校企合作、开放办学，走产学研结合的发展道路。正因为这样，“开放合作共生态、校企融合共育人、团结协作共发展”是必须坚持的理念。党委书记、校长及党政班子和全体教工的共同任务是以开放合作的理念和胸怀，以育人为轴心、以企业为圆心、以教学为中心做好各项工作，善于整合行业企业和校友个人等各种资源为学校发展服务，在这过程中，党委书记应当成为主心骨。浙江金融职业学院在国家示范性高职院校建设过程中，党委齐心协力，带领全院师生团结协作，形成了“依靠全行业合作支持，动员全中国校友力量，汲取全世界有益经验，整合全社会有利资源，调动全方位积极因素，创新全要素形成机制”的“六全”建设模式，得到了行业和社会各界的广泛认可。

第四节　现代高等职业院校院(校)长的管理理念与素养

经过多年的发展，我国的高等职业教育已有了长足的发展，其地位和作用常被形容为占据高等教育的半壁江山。在近年的改革发展过程中，也涌现出不少办学理念先进、产学合作紧密、教育质量优异、社会声誉优良的高职院校，也有不少学校达到甚至超过了“千岗校园，万名学子”的规模。应该说，这既是国家大力发展职业教育正确决策的结果，也与各部门、各方面的支持密不可分。当然，这与包括高职院校长在内的战线同志们的辛苦努力关系重大，正因为这样，研究高职院校长这个群体，探索在中国国情下、高等职业教育类型特点中，具有当今时代特征条件下的院校长知识、能力、素质及其水平提升机制，当具有重要意义。

一、高等职业院校长的概念界定

在中国民间，经常流传这样的话：一个学校校长的理念就是学校发展的理念，又经常听领导在讲话中要求，校长应该怎么样？怎么样？这些话，放在中小学这个范畴看，当是毫无异议的，但放到高等教育领域，这就必须具体研究，依笔者观察，现在社会上所说的校长概念实际上有三个理解层面：

一是党政领导班子整体上说。这个意义的校长实际上包含了整个领导班子，具体包括党委书记、校长、副书记、副校长甚至纪委书记在内，泛指整个校级领导集体，在中国，公办高等学校实行党委领导下的校长负责制，“三重一大”等重大决策和决定由党委集体作出，实行少数服从多数原则，因此，与其说是院校长重要，不如说党委书记作为班长更重要，整个党政班子集体尤其重要，这是泛概念。

二是校长、副校长行政班子群体说。这个意义的校长实际上是指包括校长、副校长等在内的行政班子全体成员和领导集体，在中国，除了部队具有比较严格的称谓区别外，地方、部门等方面对称谓一般都不很严格，校长、副校长作为大类概念，往往作为统称来对待，因此，人们所说的校长也就包括若干副校长在内，这是中概念。

三是校长就是指校长本人。它是指学校行政的主要负责人，也乃学校事业法人代表。作为法人代表，它具有特别的职责，自然也应当有相应的权力，特别是履行职责之权力，比如对外签署合作文件，对内履行财务审批、机构编制设定，聘任部门负责人和二级学院（系）负责人，负责教师专业技术职务评聘等，自然也包括在广泛调研基础上提出院校一个阶段的目标任务和工作计划等，正是从这种意义上说，校长这一职位是重要的，这是窄概念。

本人提出和要探讨的校长概念，就是指窄概念，也即作为事业法人代表的行政主要负责人，根据法律法规和有关规定，它承担一个学校改革、建设、发展的最高职责，对这一特殊岗位的研究，自然也是有意义的。

二、高职院校长的角色定位

高等职业教育作为高等教育的重要组成部分，对于绝大部分地区而言，它按照高等教育实施管理，根据《中国共产党基层组织条例》和《中华人民共和国高等教育法》的有关规定，高等学校实行党委领导下的校长负责制，高等学校有党政两位主要负责人，党委书记俗称“班子”，社会上把党委书记和校长通称为党政一把手；在这特定的政治体制、文化氛围和社会习俗下，高职院校的院校长如何扮演角色，如何实现事业发展与内部和谐的高度统一、实现体制创新和常规运作的协调平衡，实现对上负责和对下负责的有机结合，它既是难题，也需艺术。笔者的思考和体验是：

1.承担第一责任。校长作为事业法人代表，既为《中华人民共和国高等教育法》所规定，符合国家行政管理部门的管理惯例，也符合人们的习俗，这就是：高职院校的院校长们应该主动承担起学校事业发展和组织运行的第一责任，无论是招生就业、教育教学、对内合作，还是财务保障、资产管理、学校建设、综合管理等，作为法定代表人身份，校长不一定要去具体分管这些部门，具体介入这些运作，但必须对此承担统一责任，分管领导和部门负责人也有报告的责任和义务。关于这一点，无论体制和条例如何变化，校长的第一责任人是不可推卸的,也既是管理规定,也是基本觉悟。

2.行使二后权力。从理论上说,责任和权力,利益应该是完全对应的,然而,作为高职院校的校长,一定要忠诚国家宪法,遵守国家法律,遵守党的纪律,自觉把自己放到党政集体之下。这里所谓的二,是指党委是一个集体领导,履行"三重一大"等最高决策,校长是执行系统的主要负责人,应该不在一位。这里所谓的二后,是指无论在重大决策、重大活动、重大场合,党委书记是班长,校长应甘愿在其后,当好配角。

3.服务三个方面。作为校长,从本职责而言,它应该是一个服务员,所谓领导就是服务首先应该体现在校长身上,如果说,党委是领导集体,那么,校长就是首席服务员。具体而言,其服务领域可概括为三个层面:一当属服务学校事业发展。校长当尽心尽力,开拓创新,在上级有关部门和学校党委的领导下,带领全员师生员工,努力办好人民满意、特色鲜明、师生幸福的高职教育,校长乃学校之长。二当属服务学生成才成长。学校以育人为本,以人才培养工作为中心工作,培养和造就一代又一代优质毕业生,使其实现从普通中学生向和谐职业人的顺利转换,推动其充分就业,顺利上岗,良好发展至关重要,从这个意义上说,校长应当是学生的校长。三当属服务教师成名成家,学校工作必须以人为本,把工作重点和兴奋点也要放在教师身上,全心全意为教师教书育人、事业发展服务,积极创造条件有助于教师成名成家,为其构建更大平台和舞台,从这个意义上说,校长也当属教师的校长。

三、高职院校长的发展定位

作为高职院校的院校长,无论从内部关系还是外部管理角度讲,它都具有特定的分量。对党政部门而言,希望校长是一个政治家;从社会关系而言,希望校长成为教育家;从企业(行业)而言,希望校长成为业务专家。按照近年共同的说法,党委书记应该是懂教育的政治家,校长应该是懂政治的教育家,在学习贯彻《国家中长期教育改革和发展纲要》和全国教育工作会议精神层面看,党中央、国务院和全社会则提倡高校去行政化,提倡教育家办教育,教育家治理和管理学校。对此,笔者的思考是,校长应该成为:

1.懂政治的教育行家。校长应该熟悉教育教学工作,一般应该有从事教育教学一线和基层管理工作的经历,了解教育教学的规律和学校运作机理,并在教育教学管理和人才培养工作中有相应的造诣,高等院校的校长本身应该毕业于高等学府,然后在岗位上成为教授,接受过教育教学管理的培训和研修,具备教育专家的知识、能力和素养,与此同时,作为校长,应该熟悉党的方针政策和国家的法律法规，有较强的政治意识和政治敏锐性，并在教育教学和学校管理中贯彻落实好，坚持并把握好办学的方向和人才培养的定位。

2. 懂市场的内部管家。校长是一个管理者，是一个内部管家，然而，高等教育尤其是高等职业教育也是市场经济机体内的一个单元和细胞，必须适应政府运作和市场运行的规律，尤其是高等职业教育，必须坚持经济性和社会性的统一，必须在市场条件下谋求和整合更充分的办学资源，真正搭建起校企合作的平台和工学结合的舞台，必须使教师能走得出去，请得进来，必须使学生能招得进来，分得出去，必须吸引更多的行业（企业）参与教育教学工作，并支持学校人才培养乃至订单培养，捐资助学，这就要求校长必须有牢固的市场理念，并懂得市场运作的机理，并不断提高参与市场的能力，真正成为懂市场的内部管家。

3. 懂实务的理论专家。校长一般都是学专业和理论出身，理想的状态是经历过行业企业的锻炼，懂得实务和实际工作，但总体而言，它应该是主要从事理论工作，我们认为，校长应该是某个专项领域的理论专家，对于高等职业教育而言，它应该是相对应领域的业务专家，并在理论和业务上有所建树，如机电、交通、旅游、建设、纺织、服装、商业、外贸、财税、金融等等，如果校长是业内专家，容易与行业企业对话衔接，也有利于开展校企合作和组织社会服务。当然，校长的专业不应该是脱离实际的，而应该紧密联系行业企业实践，理论联系实际，并努力做到与时俱进，从这个意义上说，校长是懂实务的理论专家，而不是脱离实际的书生或知识分子。

懂政治的教育行家，懂市场的内部管家，懂实务的理论专家应该是高职院校长共同努力的综合目标。

四、高职院校长的工作布局

校长是学校的法定代表人，按照上级有关规定，它必须对人财物负全面责任，正因为这样，从工作重心和工作分工而言，许多学校的校长都把其主要精力分配在人事、财务及办公运转上，这也许是对的，也是常理，然据笔者思考和实践，似乎以调整为宜，人财物事能整合、合规、可控就行，不必过多地将时间花在审批、核签一张张单据上，调整和更新的思维可以是：

1. 重视育人和招生就业工作，成为合格的校长。《国家中长期教育改革与发展纲要》和《中共中央关于加强和改进大学生思想政治工作的若干意见》和教育部有关文件都明确指出，各级各类学校必须坚持育人为本的发展方针，把育人工作作为学校各项工作的核心，努力做好人才培养工作，与此同时，校长应该把第一精力放在学生教育管理和招生就业工作上，尤其是高等职业教育以就业为导向，因此，就业工作应该纳入校长重要工作日程，切实履行起就业工作第一责任人职责，首先做一个合格的校长。

2.重视教学和校企合作工作，成为称职的校长。学校工作以教学为中心，校企合作，工学结合是高等职业院校办学体制机制和人才培养工作的重要特征，正因为这样，作为高职院校的校长，应该围绕教学工作的开展，组织好开展教学工作的校企合作平台，建设好校企合作的体制机制，创设工学结合的育人条件，从而推动教育教学工作的有效开展，包括重视教师队伍建设、教学条件建设、教学方案设计、教学资金投入等，加强教学管理，使教学中心工作在学校得到充分体现，从而使自己成为称职的校长。

3.重视科研和社会服务工作，成为成熟的校长。人才培养、科学研究、社会服务是高等学校的三大主要任务，高等职业教育以服务为宗旨，以就业为导向，正因为这样，充分利用学校品牌和教师人力资源 优势，在做好人才培养工作的同时，积极开展对社会和行业企业的科技服务，加强和重视学校科研工作，这应该是校长思考的重要命题，这对于一个由中专升格不久的高职院校显得尤为重要，加强科研基础能力建设，加强科研队伍建设，建立科研激励机制，建设社会服务奖励办法等都是重要的，一定意义上说，校长本身的率先示范和模范带头作用也极为重要的，做好了这一点，校长就成为成熟的校长。

以上分析的是校长工作三重心：育人、教学和科研。其中包含了招生就业、校企合作、社会服务。它充分履职，使学生从合格走向称职，走向成熟。

五、高职院校长的能力培养

校长是一个公共称呼，在中国，高等职业教育刚经过大发展阶段，内涵建设和体制机制建设尚在进行之中，因此，大家普遍地认为，校长能力建设尤其重要，在众多能力当中，笔者以为，校长的以下三项能力显得尤为重要：

1.学习研究能力。从众多能力当中，学习研究能力当是最为重要的，只有具有较强学习研究能力的人，才能坚持实事求是，解放思想，与时俱进的思想路线，并在实践中开拓创新，也准备不断加强学习，才能不断了解新情况，形成新理念，实施新举措，才能跟上不断变化和改革创新的社会经济情况和高等职业教育形势，才能真正做到先人一步，快人一拍，高人一筹，创新一招，成就一业。

2.资源整合能力。校长应该具有敏锐的市场眼光,辛辣的市场战略,根据市场需求精心设计和科学规划事业发展规划,并按照规划实施的要求悉心整合和利用社会资源,既能走得出去,更能请得进来,整合政企产学各方面资源为我所用,为学校发展和人才培养服务。形成小学校大市场资源,小机构大合作平台,小单位大发展舞台。

3.管理掌控能力。一个学校就是一个独立的人财物的有机体,内外关系多种多样,纵横关系错综复杂,在众多复杂的关系面前,如何妥善处理、科学应对各个环节,如何科学安排、合理调控,容易出现偏差的环节如何控制和纠正,这既靠体制机制,也靠教育防范,当然,也离不开校长掌控和管理能力,因此,这也是学校事业和谐发展的重要能力。

六、高职院校长的个人修养

校长是一个领导者,管理者,是一个公共人物,人们从品格、能力、素质上对院校长提出了更多的几乎完美的要求,它鞭策和鼓舞、激励着院校长不断提升和完善自己,加强个人的修养,其中最重要的是:

1.坚持三做好。在具体工作中,有以下三个方面,作为校长是必须做好的。这就是,第一,党的路线、方针、政策(国家法律法规)要求做好的,必须不折不扣做好;第二,上级党组织和学校党委集体决策决定要求做好的,必须坚定不移做好;第三,属于法人代表职责范围内的责任事项,必须积极努力做好,不失职守。

2.坚决三不为。在工作实践中,有以下三个方面的事,作为校长应当予以防范。这就是,第一,凡是党纪国法明令禁止的事,坚决不为;第二,有损于学校外部声誉的事,一定不为;第三,无益学校工作开展的事,一般不为。

3.提高三修养。高职院校内部是个集体,同行是一个群体。在群体合作中共同发展,在集体中行使管理,在这个过程中,作为高职院校长,必须努力提高三个方面的修养:一是人格修养,通过提升和完善个人人格,增加个人魅力,真正形成人格感召力和影响力,实现管理和领导;二是和谐共事,与党政班子成员分工不分家,合作靠大家,加强班子整体战斗力和领导能力建设,提高整体领导水平;三是合作发展,不断增强校长与行业企业、政府部门、同类院校、相关单位之间联系、交流、谋求支持、合作发展的能力和水平,谋求合作发展,互动双赢的机会和水准,共同促进高职事业又红又专发展。

第五节 高等职业院校党委书记和校长的搭配分工与协同合力

《中国共产党高等学校基层组织工作条例》颁布施行后，加强学校党委工作，加强基层党组织建设，健全学校党政工作协同机制，推进民主管理和教授治学，促进现代大学治理机制的规范化等问题进一步得到了各级各类学校的重视，尤其是《教育部关于全面提高高等教育质量的若干意见》(简称高教 30 条)发布后，围绕如何提高高等教育人才培养质量，全面履行高等学校职能，推进党委、行政协同创新等问题再度引发热议[①]。在新的历史时期，高校党委的职责是什么？校长的责任在哪里？党委书记和校长应该如何合理搭配、科学分工并形成协同合力机制等问题尤其需要深入研究，本节结合笔者担任党委书记、校长多年工作的体会，试图从理论和实践的结合上解答这一命题，并提出一些思考和建议。

一、正确把握党委领导下的校长负责制的科学涵义

党委书记和校长应该怎样进行搭配分工并形成协同合力，这不仅是干部管理部门需要认真研究的问题，更是党委书记和校长自身必须提高认识和重视的问题，应当引起学校全体班子成员乃至中层干部和教授的共同关注。根据目前我国的政治领导体制，国家行政机关一般实行行政首长负责制，行政首长一般兼任党组(委)书记，企业实行董事会领导下的总经理负责制，董事长一般兼党委书记且为法定代表人。政府和企业领导体制中虽有协调协同问题，但职权和职责界分相对比较清晰，而高等学校实行党委领导下的校长负责制，党委书记和校长一般分设并以校长为法定代表人，这就给党委书记和校长的履职、担责、分工、协同带来一定的不确定性[②]。如何科学地把握这个问题，既需要领导者具备较高的党性意识和理论修养，能够准确地理解体制和制度安排的真实用意，更需要在日常工作实践中讲究科学和艺术，而关键在于明确和厘清几个前提。

1. 党委领导下的校长负责制是一个整体(总体)领导体制和制度。按照我国目前的规定，公办高等学校实行党委领导下的校长负责制，具体界定为

① 曹娟:《党委领导下的校长负责制运行模式之探究》,《黑龙江高教研究》2005 年第 5 期。

② 齐舒:《高校党委领导下的校长负责制发展过程及创新途径》,《现代教育管理》2012 年第 6 期。

党委领导、校长负责、教授治学、民主管理，这是党委领导下校长负责制的总体内涵。“四位一体”是一个有机整体，并非党委领导是一个完全的独立概念，校长负责又是一个完全独立的概念，党委领导是校长负责为基础的党委领导，校长负责是党委领导为前提的校长负责，相互之间是一个有机统一的领导体制。

2.确立党委领导下的校长负责制的目的是为了更好把高等学校办好，更好地发挥领导班子整体合力，建立健全实现党委集体领导与校长个人负责有机结合的工作机制。正确把握高等学校办学的社会主义方向，正确把握高等学校思想舆论和文化阵地，全面履行高等学校人才培养、科学研究、社会服务、文化传承与创新等职能，提高人才培养质量和学校管理水平。

3.党委领导和校长负责之间有一定的制约和制衡关系。之所以确立这样一种领导制度，是为了更好地发挥党委的领导作用，发挥校长的主人翁责任意识和聪明才智，同时，也起一个制约和制衡的作用。校长要服从党委领导，在党委领导下负责，党委要尊重校长，支持和保障校长独立行使职权。党委领导是集体领导，但不能无人负责，党委领导不是书记领导校长，而是书记要发挥班长的作用，与校长一起，共同带领学校科学发展，党委书记和校长之间具有整体协同和工作制衡关系。

二、党委书记与校长之间分工搭配的一般原则

尽管我们要强调党委领导下的校长负责制是一个有机整体，而不是两张皮，但在实践中，哪些事该由党委讨论决策，哪些事该由校长办公会讨论决定，校长办公会与党委会之间又是什么关系？面对日常工作中经常发生的大量琐事、小事、突发事、急切事，又有谁来牵头和落实，则显然是要有第一人出现在第一现场或安排第一人到第一现场。这就必然形成了党委书记和校长的分工搭配问题，我们的观点是：

1.重大问题共同牵头把关。学校发展和运行过程中，总有一些常规性和阶段性的重大工作，如年度工作思路、阶段性工作安排、五年计划制订、重大节庆庆典等，学校负责的年度工作会议、重大专题会议等，应该由党委书记和校长共同牵头支持讨论方针政策和工作安排，然后确定由一人或两人分工部署安排。

2.常规问题按类分工负责。学校工作虽然相互联系，具有整体性和关联性，但一般常规性的工作仍应当并且也可以在党委和行政之间作出界分。一般而言，有关党建、组织、宣传、统战、党风廉政建设等事项应由党委书记

或副书记牵头、教学、科研、行政、后勤等事项则由校长或副校长牵头，有关人才队伍建设、人才培养工作事项，可由书记校长协商后协同负责。

3.即时问题相互支持工作。事实上，党委书记和校长，往往也被理解为学校主要领导，党委副书记、纪委书记，副校长则被理解为班子成员。在日常运行过程中，当班子成员有出现出国、出差、外出开会、教学研究活动等情况时，可由班子其他成员相互代位，牵头处理一些相应工作，并非井水不犯河水，应该是分工不分家，协同共当家。事实上，近年来，上级党政部门在布置安排时，有时也邀请党委书记和校长共同参加，或请党委书记或校长一人参加，这说明确提出了两者一定情况下工作的替代性和角色互换性。

三、党委书记和校长之间分工搭配的基本框架

党委书记和校长之间既应当有整体性考虑也应该研究分工搭配规律。根据我们的工作体会和社会对书记校长角色的认同状况，在党委书记和校长之间也可以建立起一个大致的工作分工框架和逻辑，那就是：

1.校长管"两头"、书记管"中间"。这主要是从高等学校从培养人才角度看，人才培养是高等学校的主要职责，高等学校要推进教书育人、管理育人、服务育人，构建全员、全面、全程育人体系，必须发挥党委和校长的综合力量，正是从这个意义上说，校长的主要任务是抓好招生就业工作（统称两头），包括招生专业设计、专业格局布局、招生政策制定、招生市场开拓、就业机制建立、就业工作指导。而党委书记则主要牵头做好学生在校期间的日常性思想政治教育和安全稳定工作，教育学生树立正确的人生观、世界观、价值观、就业观等。

2.校长管"点火"、书记管"加油"。这主要从学校日常工作运行和阶段（重点）工作推进而言的，一般认为，一个学校的理念就是校长的理念，校长提出一个阶段或一项专题工作的理念和思路，经与党委书记商量后提交党委会取得认同和支持，重大且涉及全面乃至民生性工作，则可以提交教职工代表大会讨论决定。在具体过程中，校长则主要阐述要做什么，要达到什么目的，而党委书记则阐述为什么要这样做，怎样做工作的思路、方法和途径，形成既轰轰烈烈又扎扎实实的良好氛围。

3.校长管"吃饭"，书记管"穿衣"。这主要是从学校发展和运行保障角度而言的，这就是说，校长要负责学校人才培养、科学研究、社会服务等环节的财力保障，确保"钱筹得进来、用得规范"，形成良好的经济效益和社会效益，为学校发展提供财力支持和保障。而党委书记的主要任务是通过开展

有针对性的思想政治工作，通过党员先锋模范作用的发挥，通过工会、共青团、学生会、妇委会包括老龄组织的推动，使全校师生员工保持良好的精神风貌，形成团结向上、创先争优的精气神。

四、党委书记和校长之间分工搭配的内在逻辑

许多专家学者认为，党委书记和校长之间的分工搭配有一定常例可循，那就是：老少配、男女配、强弱配。所谓老少配，一般是指党委书记年长些，校长年轻些；男女配则是一男一女，形成异性结构；强弱配则是指形成一强一弱结构。这些安排，既是实践经验的生动写照，同时也比较好地解决了运行中可能出现矛盾的问题。但从发挥党委书记和校长整体合力，提升党委书记和校长共同战斗力角度着眼，从体制和机制上相互制约和制衡的角度分析，则未必科学合理，我们认为：应该根据学校发展的实际需要来正确配置，或者尊重已有配置、把握基本、发挥特长、优化分工，实际分工搭配安排可在一定条件下自主约定形成。

1. 把握基本，科学分工定位。这是指党委书记和校长之间应该按照党委领导下校长负责制制度设计，按照《中国共产党高等学校基层党组织工作条例》的要求，学校党委统一领导学校的工作，并规定了八款具体内容。党委书记作为党委的主要负责人，必须认真履行党建工作第一责任人职责，按照党要管党的要求，在方针政策、办学方向、学习型党组织创建、思想教育和德育工作、领导、工会、共青团、学生会工作，做好统一战线工作等方面必须主动积极作为，认真扎实履职，这也成为党委书记在分工中必须承担的事项。而校长则在教学、科研、行政、后勤的具体管理工作中认真履职和积极作为。

2. “三重一大”，必须党委集体讨论。在正确处理党委领导下校长负责制的具体运作过程中，上级有关部门创造性地提出了“三重一大”必须经党委集体讨论的原则，即重大决策事项、重要人事任免事项、重大项目安排、大额度资金运作事项，关于这一点，必须事先进行认真调查研究，反复进行沟通，集体进行研究，党委书记乃主要负责人，校长在酝酿过程中发挥主观能动作用。

3. 根据智能，适度协商分工。在具体的工作实践中，由于党委书记和校长具有不同的学习和工作经历，具有不同的性格特征和智能结构，也具有不同的兴趣爱好和工作特长，乃至具有不同的生活和工作习惯，正因为这样，在许多工作上，两者是可以自我协商、自我约定大致分工的，并无百分之百

角色定论的。有些时候，还可随遇而变、适当优化、持续改进。在基本原则下，把两个人各自的特长发挥到极致，使两个人的才能施展到最佳，使两个人的组合效能实现到最好，真正起到“1+1>2”的功效。

五、党委书记和校长之间必须合力协同

党委领导下的校长负责制这一领导体制，由党委书记和校长两个人分别作为党政主要负责人(或称党政一把手)，必然有分工搭配和角色定位问题。对此，我们必须依据党性、根据规律、科学定位、合理定位，分别认真履行好党委书记和校长各自的工作职责，推动学校各项工作科学发展、内涵发展、有序发展、特色发展、规范发展、创新发展，但是，我们在讲究分工的同时，必须讲协同，讲究搭配时，必须讲合力。从某种意义上说，党委书记和校长之间还应更多讲究分工艺术，讲究搭配策略，讲究协同互补，讲究合理集成。具体来说：

1.学校工作是一个整体，必须合力才能做好。高等学校是从事教育工作的专门机构和基层组织，其主要任务是培养适应社会主义现代化建设的合格建设者和可靠接班人。高职教育的主要任务是培养生产、建设、管理、服务第一线的高素质技能型人才，这是最基本和最整体的工作。学校各类组织，全体教师包括社会组织、主管部门、合作企业等，都在为这一目标而努力。认真解决好培养什么样的人，怎样培养人的问题，正因为这样，党委书记和校长合力协同的目标就是培养人，把学生培养好，使学生具有良好的职业道德、职业素质和职业能力，据此提升教师的师德教风、综合素质和职教能力，把学校办好，这是党委书记和校长的基本协同点。

2.党委工作领导下的校长负责制是一个总体制度，应该合力协同。公办高等学校确立党委领导下的校长负责制，其出发点是发挥党委和校长的总体功能，发挥党政班子每一位成员的作用，积极推进科学决策、民主决策，从而有利于学校各项事业健康持续发展，这就不仅涉及党委书记、校长，还涉及全体班子成员，涉及全体师生员工，涉及教授委员会、教职工代表大会、各类专门委员会，必须按照学校组织使命，根据各个阶段工作，围绕中心，服务大局，才有利于工作任务的完成，创造出崭新的业绩。如果履职不好，事业发展不好，则是班子、党委书记和校长共同的责任。整体的事业与总体的制度是连接在一起的，一荣俱荣、一损俱损，必须善为之。

3.实践证明，只有合力协同，才能真正有所作为。事实上，一个人的能量再强都是有局限的。当党委书记和校长不能形成合力的时候，两个人的

作用都会大打折扣，甚至无法前行。所谓斗则两败俱伤，合则两者俱荣，合则共同发展，团结出业绩、团结聚人才、团结聚财气、团结出干部就是这一道理。这也就是说，我们可以讲分工界定、讲职责边界，但在事实上，党委书记和校长之间不存在楚河汉界，只有相互学习、相互理解，共同磋商、共同协商、共同奋斗，心往一处想、劲往一处使，才能干成事、成大事。

六、党委书记和校长间合力协同的共同素养要求

党委领导下的校长负责制是一个总体性领导制度，但党委书记和校长都是面向社会的鲜活个体。正因为这样，要把这一制度贯彻好、落实好，并取得成效，党委书记和校长必须具有良好的素养和才能，对此，笔者已经分别做过一些阐述和思考，就提高党委书记和校长合力协同力而言，笔者以为，我们必须做到：

1. 增强事业心，淡化名利观。无论是党委书记还是校长，都应该懂得，担任党委书记和校长都是组织的重托、教师的信任、事业的需要，我们有幸担任这一职务，都是为了事业，为了培养人才。我们的所作所为，应该有利学校事业的发展，而不是个人的名为何处？影响力有多大？应该把全部心思，主要精力放在学校事业的发展上，以事业发展和进取论英雄、讲本事，而不是谁是一把手，谁就能说了算。

2. 增强责任心，淡化权力观。无论是党委书记还是校长，都要切记，担任这一职务，是一份职责和责任，不是待遇和享受，承担管理工作是一种责任，作为主要领导，更应承担主要责任，这既包括了事业发展的责任，培养人才的责任，和谐幸福的责任，作为主要领导，应该先做事，多担责。

3. 增强和谐度，淡化个人观。党委书记和校长既是独立个人，更是一个整体，个人有特长、特点，但必须有利于丰富和完善整体，其基本点在于有利于发挥个人基础上的整体和谐，而整体和谐的标志则是事业的发展。党委书记和校长讲究分工的同时，更要讲究集体共同、集体和谐、合力协同，这才既有真正意义。凡事应多强化班子的集体意识，少一些个人色彩：当成绩来临之际，应更多的说明集体和班子的协同作用，全体员工的积极奉献，社会各界的合作支持；当碰到矛盾和困难的时候，书记和校长要多一点个人担当、个人检讨、个人解剖，以此促进整体和谐。当然，做好党委书记，应该有更高的境界和觉悟，要善于推功揽过，树立校长的权威和影响力，这非常有意义。同时，我们倡导关键时候校长服从党委，日常时候校长尊重书记，书记关爱校长，则无疑是十分有益的。

附　录

坚持类型特色　引领高职发展

周建松

《国家中长期教育改革与发展规划纲要(2010－2020年)》颁布实施后，国家加大了教育改革创新的力度，加大了财政支持教育投入的力度，包括高职教育在内的各级各类教育均获得了前所未有的发展机遇，尤其是从国家层面构建现代职业教育体系的提出，高等职业教育管理体制的调整，给高等职业教育的发展提出了新的要求，也赋予了新的使命。浙江金融职业学院作为国家首批28所示范性高等职业院校之一，一直在贯彻落实纲要的过程中，研究自身发展定位、狠抓学院内涵建设，努力办好一所高品质、高水平、高质量的示范性高职院校，其核心的理念是：坚持类型特色，创建十好学校，引领高职发展。

(一)

理念决定思路，思路决定出路。面对教育事业发展的大好形势，面对充满生机和活力的教育竞争，面对灵活多变的人才市场要求，一所高职院校要立于不败之地、走向成功，并不断发挥国家性高等职业院校的龙头领跑作用，必须安于自身定位、坚持类型特色。其基本思路是：

——坚持职业教育方向。职业教育是国家教育事业的重要组成部分。它的发展既与国际教育发展的潮流和趋势吻合，更与我国的经济格局和产业结构匹配。因此，大力发展职业教育将是党和国家今后相当长一个时期的方针，而适应全球尤其是中国经济转型升级的趋势和要求，高等职业教育的大发展更要摆上议事日程。通过高等职业教育的大发展培养和造就数以千万计的高素质技能人才，将成为当今中国尤其是沿海经济发达地区教育发展的重点之一，作为一所高等职业院校，应该从这一基点上考量自身的合理定位,安于职业教育类型。

——始终保持金融特色。浙江金融职业学院名为金融、校友在金融、历史在金融、资源在金融、影响力在金融,应该也必须从大金融的视野中寻找和确定自身的办学面向定位和培养目标定位,以金融和高等职业教育的双重概念确定和规范自身的行为,确立学校专业结构设置,人才培养规格和科研社会服务重点。把培养银行、证券、保险、信托等领域尤其是农村金融领域的一线操作技能型人才(如柜台操作服务、中后台基层服务、个人客户经理等)作为重点,找到可持续发展的市场定位。

——努力提升办学层次。高等职业教育是一个类型,类型中也有层次分类,不同领域、不同产业、不同行业对人才的结构需求是不相同的。浙江地处东南沿海,经济文化相对发达,金融职业学院定位服务大金融、面向大市场,相对人才供应充分、技术含量较高,因此,除了需要大量专科层次的技能型服务类人才以外,更需要一大批更具技术含量、知识和业务能力乃至复合型的技能技术和服务型人才,呼唤着我们必须突破现行学制和层次,向更高层次的职业教育方向发展,从而更好地为金融事业发展提供服务,也只有这样,才能使学校在未来竞争中占有一席之地并始终立于不败之地。在此基础上,我们要切实加强内涵建设,不断提高就业质量,扎实提升科研水平,推动学校在高等职业教育可持续发展道路上走在前列

(二)

坚持类型特色,这是办好高等职业教育的前提。而真正要办一所教学内涵丰富、办学水平、教育质量、管理能力和综合绩效都比较高的学校,必须全面贯彻党的教育方针,从高等学校人才培养、科学研究、社会服务、文化传承和创新等职能出发,将学校改革发展的内涵具体化,努力提升经济社会发展的契合度和贡献度。浙江金融职业学院理解的一流高职的内涵和目标是,必须努力做到十个好:

——素质教育领先学校。学校必须坚持育人为本、德育为先,坚持用中国特色社会主义理论武装学生,培养和引导全体学生自觉践行社会主义核心价值体系,并通过多层次、多载体、全方位的素质教育,培养学生具有良好的思想道德素质、文化知识素质、专业业务素质和身体身心素质,做到爱国守法、明理诚信。当前,要继续办好明理学院、淑女学院、银领学院、国际交流学院和创新创业学院,实施好学生发展千日成长工程,切实培养好社会主义事业的建设者和接班人。

——内涵建设先进学校。高等学校具有四大职能,集中体现了学校的

内涵和办学水平。对高等职业学校而言，人才培养工作是核心、教学工作是中心环节，必须以先进的教学理念引领专业建设、课程建设和课堂教学改革。以先进技术的推广应用推动学校教学资源建设。以敏锐的眼光调整专业结构布局，并以先进的人才资源开展好科学研究和社会服务，当前的主要任务是以一库（一个金融专业国家资源库），二重点（二个教育部专业服务产业升级项目），三优势（三个浙江省特色优势专业）为抓手，推进专业内涵建设和教学水平提高。

——以生为本榜样学校。以人为本，是党中央一再倡导的理念，更是科学发展观的核心，高等职业教育的任务就是培养适应社会主义现代化建设需要的生产、建设、服务、管理第一线的高素质、高技能人才。学校工作以学生为教育培养对象，必须想学生所想，满足学生所需，把教育经费投入的重点放在学生身上，把学生工作队伍配足、配强、配优。坚持“一切为了学生，为了学生一切，为了一切学生”，做到“关爱学生进步，关注学生困难，关心学生就业”，努力推进学生“品格优化、专业深化、形象美化、能力强化”，尤其是要千方百计地抓好学生就业工作，努力实现学生顺利就业、对口就业、优质就业。

——尊师重教模范学校。教师是学校的主体，是学校教书育人的主要力量，教师的师德风尚、能力水平、精神状态直接影响和决定着学生的成才成长和学校办学的水平，同时，教师身处教书育人第一线，用烛光精神、点燃自己、照亮别人，被誉为人类灵魂的工程师。教师工作崇高无私，党中央、国务院历来倡导尊师重教，作为教育者学校的党委和身处学校的各级各类干部，更应认真贯彻尊师重教的理念，切实把尊重教师、关心教师、服务教师、帮助教师放到要位。确保党和政府对教师和知识分子的各项待遇落到实处。并教育引导广大学生尊重教师、勤奋学习，要大力实施各类人才工程，为教师成名成家创造条件，认真抓好教师发展中心建设工作，切实提高教师职业教育水平，科学研究、师德教风、国际交流、全民健身、健康管理等方面的能力和水平。

——改革创新先行学校。改革创新是学校发展的动力，更是国家中长期教育改革发展规划纲要的核心思想，以提高质量为核心、以增强特色为重点、深化教育教学改革、推进体制机制创新，乃是高等职业教育今后一个时期的主要任务，因此，我们必须坚持与时俱进，努力在人才培养模式、合作办学模式等方面积极作为，走在前列。与此同时，建设现代职业教育体系，引领职业教育科学发展的任务历史地摆在了我们的面前，如何抓住机遇，在优势特色专业建设、国家专业教学资源库建设、现代职业教育集团建设、精品视频和网络课程建设、双师结构和教学团队建设，内部管理体制机制建设、招生制度试点与改革、本科层次高等职业教育和专业学士制度探索等方面，我们应力争先行先试，早出硕果。

——文化建设特色学校。推动社会主义文化建设大发展大繁荣是党的十七届六中全会的主题，也是以胡锦涛为总书记的党中主抓的工作重心，学校作为教育机构理应成为文化圣地，关键是从实际出发，凝炼和培育结合中西、兼顾史今，属于自己的文化。近几年来，浙江金融职业学院以超前的智慧和勇气。较早地在全国发起高职院校和文化建设论坛研讨和交流活动，并发表了大量论文论著和倡议。学校自身又从本校特点出发，孕育、凝炼培育了诚信、金融、校友为主要内容的三维文化建设体系，并都已经被评为省级以上文化品牌，今后的任务是：不断丰富内涵、不断创新内容、巩固提高光大，使我院文化建设既具特色，更走在全国前列。

——国际合作广泛学校。当今世界是一个开放的世界，未来的社会是一个跨文化交流的社会，因此，不断拓宽学校与海内外学校的合作与交流，创造条件提高教师的跨文化交流意识、能力和水平，拓宽教师的国际视野，通过各种途径（如交换生、访学生、留学生等）推动学生的国际交流和交往，是学校人才培养工作的重点；通过适当渠道，采用“3＋X”等形式提升学生学历层次，采用中外合作办学模式提高学生国际化水平，也不失为学校的国际化之路；而能够吸引外国官员和学生到学校来参训，学习中国文化和理念，更应该是前端性课题。总之，要让学校成为国际合作交流、交往频繁广泛的学校，提高学校办学的国际化水平。

——和谐建设典范学校。建设社会主义和谐社会是党中央的一贯号召和明确要求，学校作为一个教育机构，也是一个独立的法人，既担负着为推进社会主义和谐社会建设提供理论指导的职能，更担负着社会主义和谐社会建设提供实践案例的任务，特别是，中国的当今社会，是一个独生子女时代，独生子女寄托着家庭的希望和社会的未来，因此建设和谐校园，保持稳定有序、确保师生平安，就成为学校首要的职责和任务。在此基础上，学校应进一步加强工会、共青团、学生会、妇委会工作，推进民主管理和谐法治和加强党风廉政建设和反腐倡廉工作，确保学校保持廉政平安常态，推进和谐幸福建设始终走在同类学校前列。

——社会责任引领学校。社会责任问题是当今世界和社会的一个热门课题，在工商和金融等领域已广泛推行，高等学校有没有社会责任，这个问题一直没有引起热烈讨论，浙江金融职业学院在国家示范性高职院校建设过程中，于2007年起每年在《中国教育报》公开发布社会责任报告，开创了责任文化之先河，也引起了一定的社会反响，今后将长期坚持。与此同时，作为国家示范性高等职业院校，同时必须履行对口支援西部、引领服务战线的责任，通过举办各种论坛、研讨会、共建和共享专业教学资源库和各种社团组织，为整个战线做好服务，发挥作用。在此基础上，学校还强调提倡和积极参与帮困扶贫，慈善关爱，推进慈善文化建设，争做首善学校。

——校友工作带头学校。国内外大凡成功的学校都比较重视校友工作，都是校友资源开发、整理、利用和发挥地比较好的学校。由于办学历史和影响力等因素，目前高职院校的校友工作仍不尽人意。我校作为一所高职院校又是示范性高职，办学历史虽不是非常悠久，办学规模也不是很大，但培养人才层次高、产出大，影响力强，早在二十年前就开始研究校友工作，校友工作已走上规范轨道，并发起了中国高职研究会校友工作委员会。今后的主要任务是抓好自己的，为战线做榜样，关注战线的，为战线带好头。下一步自身工作重点是：加强总部、完善地市、延伸县域、覆盖广大。

总之，"特色鲜明、师生幸福、人民满意"是我们的宗旨，也是我们一贯的追求，"内涵建设干在实处，创新发展走在前列"是我们的工作方针。我们一定要以贯彻落实规划纲要为契机，积极发挥国家示范性高职院校的示范引领作用，在探索建立具有中国特色的高等职业教育可持续发展之路上做出更新更大的贡献。

（原载《光明日报》2012年2月25日）

面向三农　并重并举
大力培养高素质技能型职业化人才

周建松

《国家中长期教育改革和发展规划纲要(2010—2020)》明确指出，发展职业教育是推动经济发展、促进就业、改善民生、解决三农问题的重要途径，是缓解劳动力供求结构矛盾的关键环节，必须摆在更加突出的位置，与此同时，《纲要》还明确指出，职业院校要"坚持学校教育与职业培训并举，全日制与非全日制并重"，要"加快发展面向农村的职业教育，把加强职业教育作为服务社会主义新农村建设的重要内容"。根据这些指导思想和要求，职业院校如何从自身条件和专业特点出发，研究服务社会主义新农村建设的需要，就显得意义深远，责任巨大。

一、面向三农:社会主义新农村建设需要大量高素质技能型职业化专门人才

中国是一个农业国,新中国成立60余年来,国家坚持农业为基础,工业为主导的方针,实施“农业支援工业,工业反哺农业”的理念,推进了我国的国民经济和社会的发展,农业、农村、农民的面貌有了一定改善,但是坦率地说,虽经建国后六十多年的努力和改革开放后三十多年的建设,我国“三农”情况改观不明显,农业和农村发展仍然处在艰难的爬坡阶段,农业基础设施脆弱、农村社会事业发展滞后、城乡居民收入差距扩大的矛盾依然突出,解决好“三农”问题仍然是工业化、城镇化进程中重大而艰巨的历史任务。20世纪八十年代以来,中央虽每年都发布一号文件,反复强调农业、农村的发展,维护和保护农民利益,仍然达不到理想效果,农民清苦,农业薄弱,农村落后的状况在一定程度上依然存在。有鉴于此,2006年2月,中共中央国务院又发布《关于推进社会主义新农村建设的若干意见》(中发〔2006〕1号)文件,明确提出要按照“生产发展、生活宽裕、乡风文明、村容整洁、管理民主”的要求,扎实推进社会主义新农村建设。

社会主义新农村建设是一项全面复杂的系统工程,推进社会主义新农村建设也需要各方面的支持,其中,农村土地制度、财政投入机制、税收优惠制度等改革必不可少,而金融服务和人才队伍也是重要的方面。从某种意义上说,培养和留住一大批热爱农村、有专业技能和服务意识的高素质技能型职业化人才非常重要。

一是从三农事业发展的总体要求看,人才队伍是支撑。经过几十年的努力和探索,尤其是党中央国务院作出关于推进社会主义新农村建设的决定后,中央对三农事业的政策已经明确,政治路线已经确定,政策支持也有保证;政治路线决定以后,干部就是决定因素,人才就是支持要素,如何扭转农村培养不了人才,更留不住人才的状况,消除大量农村仅靠“妇女儿童”部队维持运行的落后局面,需要我们采取多管齐下的措施加以落实。

二是从三农事业发展的实际需要看,高素质技能型职业化人才最关键。我国农业的进步、农村的发展、农民的增收固然需要一大批领导和管理人才,也需要技术研发人才,但总体而言,从农业生产力水平和农村管理水平实际出发,从人力资源有效利用的要求看,提高农民整体素质,培养造就有文化、懂技术、会经营的新型农民和职业化人才更为迫切、更为实用,也就是说,通过职业教育的形式途径来解决农村人才问题更为现实和可行。

三是从农村金融事业发展的具体需求看，技能型农村金融人才需求巨大。中国的经济和社会发展已经从农业时代向城市化、工业化和现代化目标迈进，其中突出的标志是金融在国民经济和社会发展中的作用越来越重要。因此，在新一轮农村改革和发展思路和政策支持体系中，大力发展新型农村金融机构、繁荣和发展农村金融服务体系摆上了非常突出的位置。根据笔者的多次走访调研，仅农村应用型人才的需求就相当大，而现有农村经济金融人才的培养提高和农村经营管理类人才金融知识的学习和培训，任务就相当艰巨。

二、并重并举：为社会主义新农村培养高素质技能型职业化人才的重要途径

《国家中长期教育改革与发展规划纲要(2011—2020)》明确指出：职业教育要把提高质量作为重点，以服务为宗旨，以就业为导向，推进教育教学改革，同时明确，职业院校坚持“学校教育与职业培训并举，全日制与非全日制并重”是基本特色。实践证明，只有贯彻并重并举原则，才能真正把职业院校办好，也才能把为社会主义新农村服务的文章做好。

1.学校教育与职业培训并举适应高等职业教育的特点。高等职业教育是改革开放发展起来的新型高等教育形式，又是我国职业教育的较高形式，它是与经济社会和人民生活最贴近、联系最紧密的一种教育形式，同时也是与“三农”最贴近、最紧密的一种办学形态。由于职业教育强调人才培养中的校企合作、工学结合，重视教师队伍建设的双师素质、双师结构，强调学生培养中的职业能力与职业道德的统一，强调为社会主义现代化生产、建设、管理、服务第一线培养高素质高技能人才，它就有便利条件做到把学校教育面向职业、面向岗位，实行开门办学、开放办学，并不断扩大学校功能，提高学校服务面，也有利于提高人才培养和教育教学质量。

2.全日制教学与非全日制教学并重符合“三农”工作的要求。“三农”尤其是农业生产的一个重要特点是季节性，农村工作的特点之一也是它受季节和地区影响很大。例如中国的东南沿海与东北西北相比就有很大的地区差别，即使同一地区也有季节的差别，这就说明：农村有季节时机，季节和节气对三农工作影响很大甚至起着重要作用。这就要求我们在为“三农”培养和输送人才过程中，必须充分考虑其特殊要求。这几年，我们在高等职业教育发展过程中，研究探索了许多好的方法和措施，如新疆农业职业技术学院的“一轮半”教学法等，实践证明都是科学有效的方法；与此同时，农村工作

的季节性，更加说明了其学习教学和培养培训可以适应季节性要求进行不断地调整和优化，如农村农业类专业的学生可在农忙季节顶岗实习，农闲季节在校学习，学校也可根据农村季节来确定举办各种短期培训班，或者用双全制形式举办面向三农的成人教育高职学历班等。

三、面向三农、并重并举，培养高素质技能型职业化金融人才的实践

为社会主义新农村建设培养德才兼备、素能并重的人才，是各级各类学校共同的任务。对于那些国家重点建设的“211”、“985”院校而言，其立足点应该是为农业科技进步、农村社会发展培养创新型复合型人才；对于分布在县及县城以下的中等职业学校而言，则应该立足于培养农业、农村一线和基础性岗位的操作型人才；高等职业教育既是我国高等教育的重要组成部分，也是我国职业教育的重要载体和较高层次，其基本任务是为农业、农村培养一大批高素质技能型职业化专门人才，因此，每一所高职院校应该从各自区域、行业和条件出发，主动作为、积极作为、广拓市场，并力求形成特点、特长和特色。

浙江金融职业学院作为国家首批示范性高职院校，坚持以就业为导向、以服务为宗旨、走产学研相结合的道路，自觉履行社会责任，主动渗入“三农”领域，开辟了一条集人才培养、科学研究、社会服务、文化传承于一体的发展之路，其中致力面向三农，坚持并重并举，为新农村建设培养“面向农村真心、了解农村尽心、熟悉金融专心、苦练业务耐心、练好身体上心”的专门人才取得了明显成效，具体做法是：

1.坚持并重并举发展思路。根据职业教育特点和规律，按照农村经济社会需求特点，尤其是农村金融事业运行发展的需要，既重视农村合作金融专业建设，抓好全日制学历教育，也重视各种形式的岗位培训，在学历教育中，既重视农村合作金融专业的本专业建设，也注意对其他专业学生进行面向“三农”金融机构的专门化模块和方向教育培养，创造条件，转送更多的学生满足农村金融和涉农金融机构去。据统计，“十一五”期间，学校毕业生中，约有1/4的学生在农村和涉农金融机构就业。

2.坚持开放合作发展理念。在为社会主义新农村金融人才的实践中，学院充分遵循职业教育规律和学校特点，坚持走校企合作、开放办学之路，先后与浙江省农村信用联社及其全辖网络，与中国邮储银行浙江省分行及全辖网络，与中国农业银行浙江省分行及全辖网络，与浙江省小额信贷协会等单位签订协议，广泛合作，共同制定培养培训方案；与中国人民银行、浙江

省银监局、中国银行业协会等合作，研究专兼教师队伍建设和考证考级合作事宜，努力打造一个面向三农的立体化农村金融人才培养平台，每年合作办班至少100班次。

3.坚持立体培训发展格局。学院在打破专业设置界限，破格申办农村合作金融专业的同时，设置农村合作金融模块供全校学生就学。更为重要的是，学校充分利用“行业、校友、集团”的综合力量，在构建一个从岗前培训、专题培训、转岗轮训、骨干强训、中层管训、主管研训的农村金融人才培训体系方面作了积极探索，每年培训不少于20000人天次。

4.坚持自主创新发展思路。农村金融、经济专业培训需要量大，但缺乏系统教材和统一体系，高层关注的又比较少，更何况我国各地差别比较大，因此农村金融领域的教材和讲义均需要自主开发。近五年间，学院通过校企合作的路径，先后开发了《现代农村金融概论》、《三农经济概论》、《农村信用社业务》、《小额信贷理论与实务》、《村镇银行理论与实务》、《农户经济行为分析》等专业课程与教材，大大促进了学历教育和职业培训工作的开展。

5.坚持订单人才培养模式。订单式人才培养，是适应职业教育特点，有利于提高人才培养针对性、有效性和教育教学质量的质量，也有利于实现学校、学生、用人单位的三赢。浙江金融职业学院这几年毕业生总的订单培养比例在60％左右，而涉农类专业学生通过订单培养的比例在80％以上，全校学生面向农村金融机构的订单数为30％强。

以上五个方面的理念和做法，较好地实践了学院为社会主义新农村建设面向高素质、应用型、职业化金融人才的思路和理念，赢得了行业、企业和社会的高度赞誉，也是学习贯彻《纲要》的最好例证。

四、为“三农”培养高素质技能型职业化人才认识是前提，行动是关键

由于长期受封建思想的影响和重工轻农、重商轻农观念的束缚，跳出农门成为中国一代又一代人的不懈追求，人们深知农业基础地位的重要，但当事人不愿实践，于是较为普遍地出现了“一旦出现农村就少有人问津、一旦呈现国际就热闹非凡”的现象。对此，我们必须正视现实，积极应对，主动作为，我们的具体体会是：

1.必须提高为“三农”培养职业化专门人才的认识，大力发展面向农村的职业教育，这是《纲要》赋予职业教育的基本任务，也是各类职业院校的责任所在。对此，各级各类职业院校的党政班子和相关专业负责人及其教育管理部门必须有足够清晰的认识，尤其是学校党委，应该从把握办学方向和

坚持正确的舆论导向以及培养什么样的人高度来认识这一问题。

2.必须采取积极有效措施加以实践。面向三农的教育，既有专业针对性，也有模块适应性，其目的是为更多、更好、更快地满足和适应农村经济社会事业发展对人才的需求，高职战线既不能消极等待，也不能被动应付。浙江金融职业学院主动申请农村合作专业目录外专业并积极招生、自主招生，面向全校开放农村金融方向的专业教学模块，主动与浙江省农村金融系统联合成立校企合作的农村金融学院以及面向复转军人招收农村金融专业人才等举措，都是主动、积极、有效的行为。总之一句话，面向三农培养高素质应用型职业化人才关键在于用真心，真行动。

为建设物质富裕、精神富有现代化浙江
培养素质精良、技能过硬专门人才

周建松

刚刚召开的中国共产党浙江省第十三次代表大会，提出了建设物质富裕、精神富有的现代化浙江的总体目标，明确了建设经济强省、文化强省、科教人才强省和法治浙江、平安浙江、生态浙江的工作部署，这既是对全省各级党组织、全体共产党员和全省人民的一个巨大鼓舞，同时也对各地和各单位提出了新的工作要求。作为以培养生产、建设、管理、服务第一线高素质技能型人才为主要任务的高等职业院校，如何在推进建设物质富裕、精神富有的现代化浙江的进程中积极作为、发展强大，在经济强省建设中有为、文化大省建设中有声、科教人才强省中有位，在法制浙江建设中尽力、在平安浙江建设中尽责、在生态浙江建设中尽能，需要我们认真总结近年来我省高等职业教育发展成绩和经验，同时更要适应新形势，探索高等职业教育创新发展的新路子。

一、明确职责、牢记使命：高等职业教育担负着为物质富裕、精神富有的现代化浙江培养高素质技能型人才的重任

高等职业教育是我国高等教育的新的类型，也是职业教育的重要组成部分。作为一个新类型的高等教育，世界各发达国家都有一定的相关经验可资借鉴，但仍有探索和创新的空间。我国高等职业教育发展三十余年来，经历了一个艰难的发展历程，直到20世纪末21世纪初才有了真正意义上的、明确了目标定位的高等职业教育。经过10余年的快速发展，我国的高

等职业教育学校数已超过普通本科院校，规模上已占据高等教育的半壁江山，既有力地推进了高等教育大众化，满足了人民群众就读高等教育的愿望，同时，也为国家经济建设和社会发展培养了数以千万计的高素质高技能人才。

浙江省的高等职业教育虽然起步较迟，但按照高起点准入、高标准建设的要求，坚持从经济社会发展需求出发，按照产业设专业，瞄准岗位建课程，切实贯彻以就业为导向、以服务为宗旨、产学研相结合的发展道路，坚持政府主导、行业指导、企业参与、学校自主的办学体制机制，走合作办学、合作育人、合作就业、合作发展的发展道路，切实重视财政投入，始终强调内涵建设和人才培养质量，学校建设水平总体处于全国第一方阵，为浙江实现高等教育大省并推进从高等教育大省向强省迈进作出了重要的贡献，也在全国赢得了广泛的赞誉。

当前，浙江高等职业教育发展状况总体是好的。但是，我们必须清醒地看到：总体而言，浙江高等职业院校的专业结构和布局与经济和产业发展需求并不完全相适应，人才培养质量和水平还难以完全满足用人单位的实际要求，更与科技进步和产业转型升级的要求存在较大差距，层次上也达不到相应的要求。此外，从培养高素质技能型人才的需求看，财政投入不足和培养经费不充裕等矛盾仍十分突出，必须解放思想、锐意改革，以改革和创新的新成绩推进浙江高等职业教育的又好又快发展，真正把浙江高等职业教育做强做优。

（原载《教育与职业》2012 年第 36 期）

二、解放思想、创新突破：实现从专科层次向本次层次的突破是推进浙江高等职业教育发展的关键

（一）问题提出的主要理由

1. 浙江省经济社会发展水平一直走在全国前列，当前要实现可持续发展必须推进转型升级和引进“四大”建设，而经济转型升级和“四大”建设一靠技术、二靠人才、三靠资金，人才尤其是技术技能型人才相当重要。我国的高等职业教育经历十余年跨越发展，已经开始从量态扩张转向质态提升，从外延扩展转向内涵建设。随着浙江产业结构的不断升级，部分专业专科层次高职教育毕业生的知识结构已经不能满足浙江区域经济社会发展的需要，发展本科层次高等职业教育势在必行。

2. 浙江省高等教育正在推进由高等教育大省向强省发展，但是与经济

社会发展水平尤其是与同类发达省市相比，高等教育尤其是本科相对资源不足，需要提升和加强。目前，除浙江大学外，还没有一所省属院校进入“211工程”或“985工程”行列；现有14个一级国家重点学科全部在浙江大学，23个二级国家重点学科21个在浙江大学；具有博士学位授予权的学校只有8所，位居全国第12位；教学研究型大学设置数量不足，大学建制高校仅12所，占普通本科院校数的36%，低于全国平均水平。需要寻找和开发适应浙江特点的优质高等教育资源，本科层次高职教育应是其中的重要内容。

3.近年来，浙江省高等职业教育发展势头良好、成绩有目共睹，内涵水平居全国前列，具有提升办学层次的实力和条件。1999年开始，我省着眼于“浙江制造”对应用型人才的需求，高起点、高标准建设了一批高等职业技术学院。十多年来，国家示范性高职院校(骨干院校)建设政策的实施以及浙江高职强省战略的深入推进，我省高职院校在人才培养质量、服务区域经济发展能力方面得到很大提升，具备了探索本科层次高等职业教育办学的实力和条件。况且，优质高等教育资源十分丰富的兄弟省市如江苏省已经在探索，浙江更应迎头赶上。

(二)解决问题的思路

1.借鉴欧美日等发达国家以及中国台湾地区都有发展本科层次的经验和做法，尤其是我国台湾的高职教育已成体系。台湾的技术与职业教育系列教育主要培养应用科学与技术的实用专业人才，包括高级职业学校、五年制专科、二年制专科、二年制技术学院或科技大学、四年制技术学院或科技大学，学生完成职业技术本科教育后，可进入研究所攻读硕士班，再进入博士班深造。台湾的技术与职业教育上下衔接，与普通高等教育左右沟通，形成了一个渠道多样、体制完整、交叉互通、具有畅通升学进路的职业技术教育一贯体系，值得我们重视。当前可选择金融、装备技术、服务贸易等急需人才专业着手研究试点。

2.现有高等职业院校或优势专业试点并推进。经过近十年来的发展，尤其是经过国家示范性高等职业院校建设，部分高职院校已初步具备举办本科层次高等职业教育的条件和实力。这些学校的重点建设专业，在践行“校企合作、工学结合”的人才培养模式，在构建专兼结合的“双师”教学团队，在办好学历教育、大力开展岗位培训、推进终身教育方面，在为区域经济和行业服务方面均显示了相当的水平和实力，可以考虑从国家示范性高职院校的优势专业中遴选进行本科层次高职教育试点。

3.现有应用型(新建)本科院校明确定位为本科层次高等职业教育。应用型(新建)本科院校大多只经历了不到十年的发展历程,其应用型、技术型、与行业和区域经济社会紧密结合的特征十分明显。这些学校总体实力还不是很强,学术型特征也不突出,本科教学和服务当地经济发展仍然是其主要职能。从考虑人才结构和学校定性转型可能性角度看,将这些学校作为四年制本科层次的高职或专业硕士授予点培养单位是比较可行的。

4.关注全国部分省市(如江苏、天津、河北等省份)已有的探索和试验。作为国家职业教育改革创新示范区,天津市于今年高标准落实国家示范校、骨干校年度建设任务,深化中职、高职衔接培养模式改革试验,启动四年制高职教育改革试点工作,研究制定职业院校生人均教育经费标准。作为江苏省与教育部共建的"高等教育综合改革试点区"试点项目之一,南京工业职业技术学院和南京工程学院也于今年启动联合培养本科层次学生项目。2011年河北省启动了本科工程教育试点班作为该省人才培养模式改革试点项目,整个人才培养由邢台职业技术学院、承德石油高等专科学校、石家庄铁路职业技术学院和河北工业职业技术学院4所高职类院校与3所本科院校共同完成。国内院校的相关探索为我省发展本科层次高等职业教育提供参考和借鉴。

值得特别引起重视的是,最近正在编制的《现代职业教育体系规划(2012—2020年)》中,发展四年制应用技术大学已列在其中,浙江应早研究、早行动,为此做好充分准备,充分利用国家鼓励教育改革发展的时机,从浙江经济社会特点出发,争取成为全国本科层次高等职业教育率先试点省份,实现四年制高等职业教育发展的超越和领先。

三、加大投入,强化考核:从政府层面支持和促进浙江高等职业教育又好又快发展

作为浙江高等职业教育领域的一线工作者,我深刻感受了浙江省委、省政府近年来对高等职业教育发展的支持和重视,对认真参与了做强浙江高等职业教育的实践,对浙江高等职业教育近年来取得的成绩及其在全国领先的大好形势也深感欣慰。当然,对于兄弟省市这几年来创新的锐气、发展的朝气、支持的力度也深为震撼。浙江提出要建设物质富裕、精神富有的现代化浙江,需要政治、经济、社会、文化、生态等一系列领域的支持和支撑,就教育领域而言,在继续保持基础教育全国领先水平,推进高等教育从大省向强省迈进过程中,必须有新的举措和作为,如何充分利用浙江经济社会优势

条件，从浙江经济社会发展对人才需求的特点出发，做强浙江高等职业教育是非常重要和关键之举，它既有利于推进现代职业教育体系的构建，也有利于加快高等教育强省目标的实现，而要做强浙江高等职业教育，必须坚持五点论（或者必须做到五管齐下）。

（一）定位高一点

浙江省经济社会发展水平走在全国前列，浙江高等职业发展现状也走在全国前列，因此，必须站在高起点来定位浙江高等职业教育，这包括以下几个方面：一是按照全国第一方阵或第一流目标建设浙江高等职业教育，创新发展在先，质量提升在先，尤其是要明确打造浙江高等职业教育强省的目标。二是借鉴欧美等国和我国台湾地区发展本科层次高等职业教育的经验，率先在浙江推进四年制本科层次高等职业教育的发展，推动现代职业教育体系在浙江的探索和实践。三是花大力气支持和推进浙江高等职业教育的内涵建设，包括人才培养模式改革与创新、优势特色专业建设、双师素质和双师结构教师队伍建设、教育国际化和信息化建设等。

（二）生均提一点

坦率地说，从“十五”和“十一五”时期的情况看，浙江高等职业教育率先确定了生均拨款办法，所定标准在全国范围内讲还是比较高的。《国家中长期教育改革与发展规划纲要（2010—2020 年）》颁布实施后，党中央、国务院加大了对教育的投入，其中生均 12000 作为高等教育的标准被明确，教育部在有关文件中也明确要推广国家示范性高等职业院校建设经验，使得高等职业教育生均拨款达到本科水平，到目前为止，浙江尚未有明确的行动，应该摆上议事日程，现行生均标准多年未增加，而各学校的开支却连年上升，显然不很恰当，应该适当提高标准并建立年均增加制度。

（三）奖项多一点

除了生均拨款以外，对高等职业教育应该有一些专项和奖项，目前单一的生均拨款机制，有利于鼓励学校扩大办学规模，这在大力推进高等教育大众化阶段，是非常有意义的。但是随着高等教育进入内涵建设新阶段，必须在保持生均水平不断提高的同时，适当注重内涵建设专项和办学水平奖项，对人才培养工作中取得较好业绩的教师、专业、项目给予奖励性支持，如优势专业、特色专业、精品课程、资源库建设项目、科研项目等等。这里需要提出的是，目前教育厅确定的科研常规项目，对高职院校采用的是立项不资助的办法，应予以改进，其他内涵建设专项也要积极创造条件、加快出台政策。

（四）民办补一点

大力发展民办高等职业教育，这是推进高等教育大众化的重要途径，民办院校在基本建设等方面不用财政投入，对教育事业发展做出了重大贡献，政府应予以支持和鼓励，其办法至少有三：一是生均补一点，按招生人数给予一定贴补。二是奖项和专项一视同仁，给予支持。三是开展民为教育专门奖励活动。

（五）考评严一点

高等职业教育经过十多年的大发展，规模扩张阶段已基本结束，内涵建设和层次提升是下阶段的首要任务。在这样的背景下，重要的不再是解决适龄青年就读高等教育的问题，而是创造条件，让人民群众享受优质高等教育的问题，因此，在提高定位、增加拨款、加大奖励的同时，进一步深化办学体制机制改革，创新和优化人才培养模式改革，加强教育教学内涵建设，切实提高人才培养质量当是重中之重，为此必须要求各学校建立人才培养质量发布制度和社会责任履诺制度，尤其是要在建立由教育行政部门、学校、行业（企业）、毕业生（校友）、社会五方共同参与的质量评价体系上做点文章，以防止教育质量学校自己说了算，教育部门自娱自乐，应该由多方共同评价，实施严格的人才培养质量考评制度。

我们相信，由省第十三次党代会的推动，由浙江省良好的经济社会环境和财力支持，由浙江省教育行政部门、各主管单位和高职院校的共同努力，浙江高职教育一定会继续开拓创新，始终走在前列，成为中国高职教育改革建设的先锋和排头兵，为建设中国特色、世界水平的高职教育做出应有的贡献。

四、深化改革，重视内涵：全面提高高等职业学院教育质量和办学水平

发展好高等职业教育，固然需要政府为其发展创造十分有利的条件，需要充分调动和发挥行业企业的积极作用，尤其从要素投入和财力支撑的角度看，政府必须花大力气、用更大投入、筑更大系统，但是具体到每一所高等职业院校，当务之急、重中之重是进一步深化体制机制改革，创新人才培养模式，提高教育教学质量，这就需要我们苦练内功、眼睛内向、做好工作。

（一）积极探索开放开门办学新路子

校企合作、开放办学是职业教育类型的重要特色，也是提高职业教育教学质量的必由之路，如何充分利用各种有利要素和各方资源，坚持不懈地把

开放办学、面向行业企业需求这篇文章做深做好，值得我们认真加以研究。对于由市(地)人民政府主管主办的高职院校而言，立足区域、主动提高适应区域经济发展的能力，以新的专业设置和人才培养导向顺应区域经济新的增长点和发展方向应成为其思考重点；对于由行业主管主办的高等职业院校来说，则应思考如何依托行业、面向行业产业链、优化专业、开拓市场；对于各种社会力量和企业举办的高职院校，如何适应需求、办出特色、办出水平，也是一篇大文章。

(二)认真打造工学结合人才培养新模式

校企合作、工学结合、顶岗实习作为高等职业教育的办学模式已为《国家中长期教育改革与发展规划纲要(2010—2020年)》所明确，工学结合培养人才，也是提高高等职业教育人才培养适应性、适需性，注意把职业素质和职业能力有机结合起来的重要条件，工学结合不仅要使学生有工作经历，更重要的是要培养其劳动习惯和尊重劳动的精神，并在工作与学习相结合的过程中养成良好职业素养，提高技能和业务水平，使人才培养符合生产、建设、管理、服务第一线的要求。

(三)切实坚持以学业为本位的办学理念

以生为本，作为一句口号，对每一个学校来说并不难，难的是深入人心，内化为文化自觉，难的是在人、财、物投入方面真正体现以学生需求为出发点，难的是要让教师和学校的精心真正用于研究学生、了解学生、关心学生身上，难的是要把改革的立足点、出发点、归宿点都放到学生身上。对此，我所在的浙江金融职业学院有较多实践，但仍需深化和具体化。

(四)坚持以教学中心的指导思想

以教学为中心也是一句老话，但真正要落实好并不容易，要做到以教学为中心，既必须保证学校对教学的投入，也必须保证教师精力，用有效的办法和机制推进并确保学校投入重点在教学上，教师主要精力在教学上。要提倡教师甘于奉献、潜力教学，深化教学改革、推进教学创新、更新教学内容、讲究教学艺术、提高教学质量，为此，必须优化课表、重视课程、关注课堂、用好课本、重视课余、落实课外，着力在宏观、中观、微观教学改革和创新上下工夫。

(五)坚持以教师为主体的行动准则

学校提高人才培养质量，重视学生。而重视学生关键在教师，必须着力建设一支数量充足、素质精良、专兼结合、结构合理的教师队伍，为此，学校要认真落实国家有关人才政策，改革收入分配制度，广泛开拓财源，切实重视和加强专业带头人和青年骨干教师队伍建设，加强教师职业道德和教风建设，切实提高教师教书育人的能力、愿意和水平，为提高教育教学质量提供基础保证。

（六）坚持和谐稳定，切实提高学校管理水平

提高管理水平是一篇大文章，更是一门大学问。现代社会错综复杂，尤其是网络时代的青年学生，面对各种社会现象、社会潮流和社会诱惑，如何树立正确的世界观、人生观、价值观真正是一个系统工程，因此，高等学校不仅要承担好人才培养、科学研究、社会服务、文化传承与创新的职责，同时更要重视研究学校的稳定和和谐，必须加强学校内部管理，综合协调各个关系，确保学校办学朝着正确的方向、健康的轨道前进。

（原载《浙江教育报》2012 年 6 月 12 日，发表时略有删节）

为浙江金融强省建设提供金融人才保障

周建松

今年 3 月 28 日，国务院正式批准了《温州金融综合改革试点方案》，明确把推进金融组织创新、民间融资规范化、资本市场试点等 12 项工作列为中心任务，从国家战略的高度为浙江金融强省建设提供了新的政策支持与发展动力。早在“十一五”之初，浙江省委、省政府就酝酿提出了打造金融强省的目标，“十二五”规划中，则进一步明确提出了以中小企业金融服务中心和民间财富管理中心建设为重点的浙江金融强省建设战略，而温州金融综合改革试点于“十二五”关键之年的重磅推出则进一步印证了推进金融事业改革发展对于加快经济转型升级、促进发展方式转变的重要意义，也与浙江省第十三次党代会提出的建设“物质富裕、精神富有”浙江目标的前后呼应。

一、推进浙江金融强省建设必须做好金融人才保障这篇大文章

在推进浙江金融强省建设过程中，如何做好金融人才保障的问题已摆在了我们面前，需要给予认真对待，因为人才永远是决定我们事业成败的关键性因素。改革开放以来，特别是“两创战略”实施以来，浙江省经济社会发展始终走在全国前列，浙江金融业的发展也呈现出良好的态势，银行业的浙银品牌、证券业的浙江板块、保险业的浙江亮点初步形成。但是我们也应当看到，相对于整个金融业发展的大好形势，浙江金融业也存在着地方金融与

总体金融发展不均衡、银行业务与其他业务发展不对称、“两多两难”现象突出、金融人才相对缺乏等矛盾，客观上将制约金融强省建设的推进步伐。

特别就金融人才保障看，主要存在着三个突出的问题：(1)金融人才的绝对数量不充足、相对优势不突出。浙江省金融活动十分活跃，各金融机构经营效益与盈利预期较高，引发近年来新设网点、机构不断扩张，客观上造成金融人才绝对数量短缺；同时，浙江紧邻上海，在整体金融产业链上属于下游，高端业态发展不成熟，金融产业的人才吸引力和向心力相对不足。(2)金融人才培养、金融科学研究水平不高。不仅金融科学研究领域缺乏大家和领军人才，培养博士及高层次金融人才基地不多(目前仅浙江大学有金融专业二级博士点)、招生数量不足且培养质量不优并外流上海等地现象严重，而且面向县城、面向三农、面向中小企业的基层复合型金融专门人才，不仅数量不足，素质不高，且分布不均衡，不利于浙江金融业尤其是浙江地方金融本土金融业的发展。(3)金融人才开发、使用的相关激励、奖励政策保障力度不够。对于一个在实体经济上以民营经济为主体，在金融产业结构上以分支机构为主流(以浙江为总部的大银行较少)的大环境面前，浙江要吸引金融优秀人才、留住金融高端人才必须要在人才政策上有大手笔，用大投入、高激励来推动人才队伍的发展壮大。因此，如何在推进金融强省建设的同时做好金融人才保障问题必须摆上政府决策部门的议事日程。

二、做好金融人才保障的重心是构建适应产业发展需求的人才培养体系

金融人才的保障是一项系统工程，应当科学设计、合理布局、全面推进，但是其前提和重心应当是构建起一个适应产业发展需求的人才培养体系。只有在注重培养的基础上加大高端人才引进、提高人才使用力度，才能形成一个良性的人才保障循环。笔者认为，我们必须构建一个门类丰富(覆盖浙江金融产业发展的各个领域)、层次合理(基础和高端人才结构配比合理)、注重实际(兼顾浙江金融业发展的区域地位和长远定位)的现代金融人才培养体系。具体而言，从浙江省现有的高等院校结构和水平看，金融高端人才、领军人才、创新型人才的培养是个弱项，我们应当高度重视，适度发展，而且其成长与发展必然是一个长期的过程。从浙江省金融行业的发展重心和业务形态而言，“十二五”浙江省金融强省建设更需要大力培育一大批专业化、职业型、基础性金融人才。

之所以说要适度培养高端、重点培养基础金融人才，这是由浙江特定的经济金融形态决定。浙江省民营经济高度发达，中小企业广泛分布于各个地方，形成了各具特色的“县域经济”形态，因此需要构建面向基层、面向县

域、面向农村的金融机构体系和金融服务体系。未来浙江金融在业务形态上仍会呈现劳动密集型的结构特点，与上海的国际金融中心的业务分化与分工将进一步深化，金融专门人才量的需求依然存在。同时，浙江省民间财富丰厚、民间金融发达，已经形成了自身独特的运行机制和制度理解，因此未来民间财富管理中心的建设需要有真正了解浙江、了解地方、了解本土的专业化人才为其提供针对性服务，引导其合理性投资，完成其规范化改造，进而在人才培养的规格定位上未必是越国际化、越一般化为好。最后，"十二五"时期浙江省面临着很重的产业升级压力和经济结构调整重任，尤其是实现"浙商"的做强、做大，更需要金融产业为其提供强大的金融资本和金融服务支持，需要实现浙江与区域发展龙头上海之间的人才培养互动和联动。

三、高等职业教育应在专业化、职业型、基础性金融人才培养上大有作为

专业化、职业型、基础性金融人才的培养既可以通过普通高等教育的途径来实施，也可以采用职业教育的模式来实现，就浙江实际而言，高等职业教育应该大有作为。理由有三：

一是浙江省普通高校的现有金融人才培养规模相对有限，无法满足浙江省金融业发展的需求，未来的发展重心应是选择几所学校或几个专业作精作强，在培养高端人才上下工夫、出奇效。比如浙江省政府与浙江大学共建金融研究院就此一例。

二是浙江省在专业化、职业型、基础性金融人才的培育培养上原本具有很好的职业教育传统。例如，浙江金融职业学院作为省内唯一一所以金融命名的高等学校，其前身为成立于1875年的浙江省银行学校，建校三十七年来已为浙江省和全国培养了近50000名金融专业人才，全省金融从业人员的1/4为我校培养，其中走上省分行级以上领导干部的约2000人，支行(支公司)行业(经理)5000人左右，可以说，改革开放以来浙江省本土金融人才的培养有其历史贡献，证明了职业教育培养金融人才的路子行得通。

(3)高等职业教育的培养模式更符合浙江金融发展的现时需求。职业教育的特点就是以就业为导向，以服务为宗旨，讲求校企合作、工学结合，在人才培养上注重职业素质与职业能力结合，注重理论与实际结合，注重文化培育和业务培养协同，相对而言其毕业生"动手能力强、岗位适应快、实践水平高、工作安心好"，这与当前推进温州金融改革、加快金融强省建设步伐的急迫形式相适应。

当然，采用高等职业教育模式在培养专业化、职业型、基础性金融人才上也并非没有困难与挑战，比如相比其他行业，现行"一行三会"的金融管理

格局较为分散，更需要政府采取积极、主动的作为构建金融职业教育的校企合作平台，又如高职院校在人才培养层次上限于专科层次，客观上不利于满足金融业学历准入要求等等。但是，只要我们坚持改革创新、坚持质量提升，就一定能够在浙江金融强省建设中做出自己的贡献。

（本文原载《浙江教育报》2012 年 12 月 27 日）

索　引

参考文献

1. 教育部职业技术教育中心研究所.中国特色职业教育发展之路:中国职业教育发展报告(2002—2012).北京:高等教育出版社,2012
2. 俞启定,和震.中国职业教育发展史.北京:高等教育出版社,2012
3. 崔岩.高等职业教育集团化办学研究.北京:高等教育出版社,2012
4. 刘洪一,阮艺华,李建求等.高等职业教育创新发展模式研究:以东部地区为例.北京:商务印书馆,2012
5. 柴福洪,陈年友.高等职业教育名词研究.北京:高等教育出版社,2012
6. 程凤春.再论教育质量及其衡量标准——基于 ISO9000 族标准的分析.教育研究,2012(6)
7. 尹雨晴.对我国高职教育层次与类型问题论争的反思——兼论我国高职教育发展观.职教论坛, 2012(1)
8. 王炎斌.高职院校在现代职业教育体系中的作用.教育发展研究,2012(3)
9. 罗军强,方林佑等.高等职业教育历史研究.北京:光明日报出版社,2011
10. 杜安国.中国高等职业教育财政研究.北京.经济科学出版社,2011
11. 黄尧.职业教育可持续发展战略研究.北京:高等教育出版社, 2011
12. 范唯.探索现代职业教育体系建设的基本路径.中国高教研究,2011(12)
13. 胡小桃.社会中介组织参与高职教育质量保障体系构建:意义、路径与问题.职教论坛,2010(4)
14. 李名梁,谢勇旗.职业教育利益相关者:利益诉求及其管理策略.职教通讯,2011(21)
15. 石彬彬.构建通专结合的高职人才培养模式.中国高校科技,2011(10)
16. 欧阳剑波.产业转型升级与高职人才培养模式的嬗变.职教论坛,2011(22)
17. 杨菊仙.高校基层教学组织创新的价值取向与途径策略.江苏高教,2011(6)

18. 姚恺帆. 校企合作中的若干问题及其对策. 中国职业技术教育，2011(12)
19. 殷红，米靖，卢月萍. 我国高职院校校企合作研究综述. 职教论坛，2011(12)
20. 鲁昕. 履行政府职责　完善国家制度　大力推进中国职业教育的改革与发展. 中国高教研究，2011(3)
21. 姜大源. 现代职业教育体系构建的理性追问. 教育研究，2011(11)
22. 陈钢. 职业教育校企合作办学可持续发展的政策和制度保障研究. 2011(36)
23. 查吉德. 高职人才培养目标定位的新思考. 中国职业技术教育，2011(18).
24. 胡平. 经济结构战略性调整对高等学校专业结构设置的影响. 中国高教研究，2011(7)
25. 黄鑫. 关于国内中高职衔接研究之述评. 职教论坛，2011(18)
张登宏等. "双主体"育人模式的实践与思考. 中国高教研究，2011(3)
26. 叶鉴铭等. 校企共同体：企业主体学校主导. 中国高教研究，2011(3)
27. 宋秀英. 基于高职教学改革发展思路之探究. 职教论坛，2011(35)
28. 姜大源. 中国职业教育发展与改革：经验与规律. 职业技术教育，2011(19)
29. 梁绿琦. 高等职业教育研究资料选编. 北京：北京理工大学出版社，2010
30. 张新民. 高等职业教育理论构建. 长沙：湖南人民出版社，2010
31. 李红卫. 我国高职专升本政策回顾与展望——兼论我国发展高职本科的路径. 职教论坛，2010(7)
32. 蒋旋新. 中国特色现代职业教育体系历史基础与发展趋势研究. 职教论坛，2010(7)
33. 吕立宁. 关于五年制高职改革发展的思考. 中国成人教育，2010(2)
34. 李红卫. 改革开放后我国五年制高职政策回顾与展望. 职教论坛，2010(3)
35. 顾坤华. 江苏模式：五年制高职教育的改革创新. 教育与职业，2010(2)
36. 步社民. 高校基层教学组织的重构. 教育发展研究，2010(17)
37. 方向阳. 高等职业教育校企合作双方动机的冲突与治理. 现代教育管理，2010(9)
38. 刘景光. 当前国内外高职院校校企合作模式构建研究述评. 中国职业技术教育，2010(27)

39.张海峰.高职教育校企合作制度化研究.教育与职业,2010(6)
40.胡伟卿.关于高职教育校企合作发展趋势的思考.中国高等教育,2010(24)
41.卞建鸿.调整职教专业结构 适应区域经济发展.职教论坛,2010(32)
42.蒋新革,王韶清.试论高职院校专业结构的调整优化.教育与职业,2010(32)
43.徐健.职业教育专业结构与区域产业结构吻合度研究.中国职业技术教育,2010(24)
44.关立夫,石茂君,卜鹏楼.职业教育专业结构与区域布局.职业技术教育,2010(9)
45.邢运凯,陶永诚.高职院校科研误区及对策.中国高教研究,2010 (12)
46. 赵惠琳.论高职院校"双师素质"师资队伍体系的构建.教育与职业,2010(32)
47.马树超,郭扬.中国高等职业教育历史的抉择.北京:高等教育出版社,2009
48.郭玉梅.高等职业教育实践教学管理研究.北京:中国农业大学出版社,2009
49.李海宗.高等职业教育概论.北京:科学出版社,2009
50.马树超,郭扬.高等职业教育跨越转型提升.北京:高等教育出版社,2008
51.耿金岭.中等职业教育与高等职业教育衔接研究.合肥:中国科学技术大学出版社,2008
52.王明伦.高等职业教育发展论.北京:教育科学出版社,2006

致　谢

这两年，中国高等职业教育的一系列重大变化，在管理体制、宗旨任务、目标定位、社会认识上都出现了新的状况，或许微妙，或许振荡，或许明白，或许模糊。

这两年，我也发生了变化，从院长转任党委书记，但从事高职教育工作没有变化，主持学校管理运行工作没有变化，从事高等职业教育研究没有变化，经常写点什么没有变化。

因为有了变化，两年前出版了《高等职业教育的逻辑》后有了今天的《高等职业教育可持续发展研究》；因为没有变化，《高等职业教育的逻辑》是我关于高等职业教育领域的第三本专著，而很快又有了本领域的第四本专著。

《高等职业教育可持续发展研究》是我这两年写作的成果。我这个人，整天胡思乱想，经常胡思乱说，偶尔胡思乱写。这两年，除了金融领域（这是我的本行）写了一些东西，承担了一些课题，也出了一些成果，在高等职业教育领域，大约发表了30余篇文章。因此，本书与其说是著作，倒不如说是论文集。但与《高等职业教育的逻辑》与逻辑相关一样，《高等职业教育可持续发展研究》肯定与可持续发展有关。

感谢《中国高教研究》、《中国高等教育》、《教育研究》、《高等工程教育研究》、《中国职业技术教育》、《中国大学教学》、《教育发展研究》、《黑龙江高教研究》、《职业技术教育》、《现代教育管理》等杂志的支持，使我的成果不断问世。感谢我的领导周远清、马林云、刘希平、汪晓村、鲍学军、褚子育、赵关金、葛菲、刘桔等使我有不断写作的动力。感谢我的同事李逸凡、盛健、姜进、盖晓芬、吴胜、陈利荣、王琦、方华、王成方、褚国建等。感谢我的支持者高宝立、王小梅、徐越、姜嘉乐、汪大勇、赵伟、陈钢、杜小平、翁伟斌、谭旭。感谢我的指导者李进、马树超、陈解放、杨应崧、姜大源、石伟平、范唯、董刚等。当然更要感谢我夫人顾春红、儿子周中一的支持与配合。

在本书中，邹宏秋和张鹏超两位同志起草了素质教育章节的初稿，褚国建博士做了大量修改润色工作，学院文印中心董芳琳、朱丽燕做了文字录入工作，在此一并说明并致谢。

“高等职业教育可持续发展”既是一个深刻的理论问题，更是一个广泛持久的实践命题，作为一个忠诚卫士，我将不懈努力，继续探索。

周建松

2013 年 1 月 8 日